5공 ———
남산의 부장들

5공
남산의 부장들

권력, 그 치명적 유혹

1

김충식

블루엘리펀트

사람들은 권력을 모른다

돌아보면 딱 30년 만이다.

박정희 시대 18년을 다룬《남산의 부장들》서문을 쓴 것이 1992년이다. 그리고 올해 2022년 대한민국의 제20대 대통령은 검사 윤석열이다. 제5공화국이라고 일컫는 '전두환 시대'(1980~88)의 국가안전기획부장(정보부장) 5명에 대해 탈고하고 머리말을 적기까지 30년이 걸린 셈이다.

그렇다고《5공 남산의 부장들》을 쉬지 않고 준비했다는 의미는 아니다.

한동안 나는 박정희 시대 10명의 정보부장 역사를 기록한 것으로, 소임이 끝났다고 생각하며 잊고 지냈다. 그렇지만 습관처럼 자료를 모으고, 인터뷰하고, 메모하기는 했다. 저널리스트의 어쩔 수 없는 관성이고 직업병이었을까. 그래도 새 책을 써야 하나, 말아야 하나, 망설임은 신문사를 떠나 대학 강단에 선 16년 동안 계속되었다. 그렇게 주저하는 동안에도, 첫 책은 서점과 전자출판에서 살아남았다. 또 픽션 영화로 가공되어, 코로나 상황에서도 500만에 이르는 관객을 모았다. 독자, 관객의 관심과 질책으로 생긴 빚은 나에게 의무가 되었다.

윤석열 정치도 국가정보원 댓글 수사에서 시작됐다

그 30년, 강산이 세 번이나 바뀌는 세월에, 우리는 무엇을 이루어 전진했고 또 한편으로 쳇바퀴 돌고 있는가? 한국 정치는 안기부 혹은 국가정보원으로부터 얼마나 자유로운가? 우연찮게도, 윤석열 검사의 이름이 뜨기 시작한 건 10년 전, 그가 원세훈 국가정보원의 여론 조작(댓글) 사건 수사팀장을 맡으면서부터다.

그만큼 우리 정치는 안기부(국정원)의 음습한 그늘에 맞닿아 있다.

그 전신(前身)인 중앙정보부는 악(惡)의 소굴이었다. 정치 공작과 정치자금 모금, 선거 조작, 이권 개입, 도청(盜聽), 미행, 납치, 고문(拷問)에다 밀수, 암살도 서슴지 않았다. 심지어 5공의 전두환 장군도 1980년 정보부장에 오르자, 과거의 월권 폐해를 없애고 완전히 새로운 조직으로 만들겠다고 큰소리쳤다.

그런 5공이 국가안전기획부로 이름을 바꾸고 법을 고쳤지만, 밀수와 암살만 빼고 고스란히 1970년대의 정보부를 답습했다. 5공은 야당을 탄압하기 위해 국가 예산으로 정치깡패를 고용하기도 했다. '보통사람의 시대'를 내건 6공화국 노태우 정권도 다를 바 없다. 6공 안기부는 정치 개입, 선거 공작을 본분으로 여겼고, 그러다 선거운동 현장에서 요원이 신분증을 빼앗겨 망신도 당했다.

군부정권이 끝나고 문민(文民)정부 시대에는 달라졌는가?

김영삼 정권 때는 안기부의 김기섭 기조실장이 김현철의 정치자금을 숨겨주고 세탁한 혐의로 투옥된 바 있다. 김대중은 국정원으로 이름을 바꾸고 정보기관에 핍박당했던 지도자답게 탈각(脫殼)을 별렀지만 임동원, 신건 원장이 도청·감청 문제로 감옥에 갔다. 노무현 정부의 김만복 원장은 '선글라스 사건'에 이어 남북대화록을 흘리며 정치 곡예를 벌이다 스스로 사퇴했다. 이명박 정부의 원세훈은 여론 조작 등으로 감옥에 가서 2030년이나 되어야 출소할 것이라고 한다. 박근혜 정부 국정원의 남재준, 이병호, 이병기 세 국정원장은 특수활동비 상납으로 모두 감옥에 갔다. 그들에 대한 법적 단죄는 현재진행형이다.

뜬금없이 떠오르는 것은 '인수봉'이라는 시(정호승) 한 구절이다.

사람들은 사랑할 때 사랑을 모른다
사랑이 다 끝난 뒤에서야 문득
인수봉을 바라본다

그래서 생각해본다. 이 땅의 현대 정치사에서 정권을 뒷수발했던 정보부장(안기부장)들을 기록하면서, 인간과 권좌와 권력의 생리를 성찰해본다.

사람들은 자리에 있을 때 권력을 모른다
권력이 다 끝날 때에야 문득
정상(頂上)을 되돌아본다

권력은 멀쩡한 사람을 바보로 만든다. 영리한 지식인도, 힘센 장사도 한낱 부나방으로 만든다. 권력의 광기(狂氣)에 휘말려 인격과 생애의 자산을 날린다. 경제도 거품은 모르고, 주식도 상투는 모르는 것과 마찬가지일까. 그것이 인간 존재의 한계인 것인가? 이 책은 그러한 '설계 미스' 같은 인간 존재, 그리고 권력과 '인간 본질'에 대한 탐구이다.

윤석열 정부의 출범에 즈음해, 그 실세 측근들은 5년 후, 2027년 5월을 쳐다보면서 일해나가면 답이 나오지 않을까. 길을 잃은 나그네는 북극성을 찾는다. 권력에는 하산(下山)의 그날이 북극성이다. 그날은 어김없이 온다. 그리고 예외 없이 역사의 벌판, 숨을 수 없는 황야에 선다. 다 끝날 무렵에 인수봉 정상을 바라보면 너무 늦고 허망하다. 이 책은 선대(先代)의 피눈물 흘린 역사에 관한, 바보들의 행진에 관한 2번째 보고서다.

새롭게 쓴 이 책 두 권은 저자가 2006년 언론 현장에 있을 때, 생면부지의 기자를 교수로 초빙해주신 가천대학교 이길여 총장께 힘입은 바 크다. 연구와 강의, 자료 수집, 집필에 집중할 환경을 만들어주신 데 대해 지면을 빌려 깊이 감사드린다. 5공 남산의 부장 5인의 개별적인 활약상과 역사적 맥락, 그리고 추가적인 소회는 제2권의 서문으로 미룬다.

2022년 5월 무르익는 봄에
가천대학교 연구실에서
김 충 식

사실의 승리, 저널리즘의 개가(凱歌)

김 지 영

동국대 미디어커뮤니케이션학과 교수, 전 경향신문 편집인

　디지털 기술은 미디어 생태계를 완전히 바꾸어놓았다.

　미디어의 형태와 생산, 소비, 유통 등에서 모든 경계는 무너졌다. 자본과 소수 엘리트가 장악했던 미디어는 언제, 누구라도 소유하고 활용하는 시대로 바뀌었다. 문자 발명에 버금가는 문명의 전환, 인류는 그 축제를 구가하고 있다. 혁명이다.

　하지만, 혁명은 언제나 진실을 희생물로 요구하는 걸까. 사실(Fact)이 실종되고 저널리즘은 붕괴하고 있다.

　저널리즘의 뼈대는 '사실'이다. 사실의 검증, 사실과 의견의 구분인 것이다. 보도에서는 검증을 위한 취재원이 있어야 하며, 필자 의견을 마치 사실인 것처럼 왜곡해선 안 된다. 공자의 역사 서술 방식, 즉 춘추필법(春秋筆法)과도 매우 흡사하다. 춘추필법은 '우선 사실을 명백하게 규명하고

그 위에서 대의명분을 세워 포폄을 하는' 글쓰기이다. 사실의 검증, 사실과 의견의 구분이라는 저널리즘 원칙은 2500여 년의 시간과 동서양의 공간을 관통하는 보편적 지침인 것이다.

그런데 오늘날 숱한 미디어들이 쏟아내는 보도에는 팩트 자체를 조작한 가짜뉴스(허위 조작 정보)는 물론, 사실을 검증하지 않거나 글쓴이의 의견을 마치 사실처럼 왜곡한 것, 다른 매체의 보도를 표절한 불량 뉴스들이 차고도 넘친다. 검증이 아닌 추측, 편향성과 수익성이 그 원인이다.

서두가 너무 길어졌다. 그러나 이 긴 서두는 오로지 《5공 남산의 부장들》과, 이 역작의 저자에 대한 찬사의 표현일 뿐이다. 이 작품은 사실이 실종되고 저널리즘이 붕괴하고 있는 이 시대에 찬란히 빛나는 '사실의 승리'이며 '저널리즘의 개가'이다. 드물게 만나는 정통 춘추필법의 역사서이다.

1979년 10월 26일 그날 밤, 오랜 독재의 둑에 구멍을 낸 궁정동의 총소리. 국민은 '서울의 봄'을 열망했지만, 권력 탈취 야욕에 들뜬 군인들은 그 열망을 전면적으로 차단했다. 동트기 전이 가장 어둡다고 했던가. 그들은 광주를 무참히 짓밟고, 삼청교육대와 정치·언론·학원·노동의 현장, 평범한 시민들의 삶터에서 '인간'을 파괴하고 유린해갔다. 그 자리에는 고통의 신음 소리와 비명, 선혈이 낭자했다.

막상 서울의 봄은 그로부터 7년여가 지난 1987년 민주화 항쟁에 즈음해 싹을 틔웠다. 그 기간에도 정권을 찬탈한 군부 세력은 국민의 기본권과 민주주의를 흑암의 나라로 떨어뜨렸다. 그들은 강제로 헌법을 고치고 스스로 5공화국의 주체로 나섰으며, 나라와 백성의 공동선을 위해 최선을 다해야 할 정치의 자리에는 폭압과 공포가 들어섰다.

그들은 남산의 중앙정보부를 안기부(국가안전기획부)로 개칭했는데 안기부는 명실상부하게 '정권의 안전을 기획하는 부서'로 역할을 다했다. 독재 정권에 대한 비판과 반대를 감시하고 통제하고자 자행한 초헌법적 정치 사찰과 언론 통제, 정부기관 상주, 불법 강압적 수사, 도청·미행·고문·납치, 이와 관련된 계략과 음모·암투, 저항과 야합·배신….

공작정치의 산실 '5공 남산'을 중심으로 한 권력 무대, 그 막전막후(幕前幕後)에서 시간의 흐름이라는 씨줄에 인간 군상을 날줄로 엮어낸 교직물. 저자는 여기에 40여 년의 시간을 넘어 망원경과 현미경을 동시에 들이대고 그 교직물의 올들을 낱낱이 조명해 드러내고 있다.

비단 국내 정치 권력사만이 아니다. 독자들은 권력 세계의 동태에 필연적으로 연결되는 당대의 일반정치와 경제·사회를 덤으로 느끼고 미국, 중국, 일본과의 국제 외교 비사까지도 두루 섭취하게 된다. 이처럼 정확하고도 폭넓은 사실의 검증은 당시 관계자들의 많은 증언과 방대한 자료를 집요하게 추적한 기자정신의 결과이다.

그런가 하면, 독자들은 이 책을 읽기 시작하면서 손에서 떼지 못하는 자신을 발견할 것이다. 그것은 이 저작물이 정확한 사실을 건조하게 나열하는 데 그치지 않고 박진감과 스릴 넘치는 서사적 구조를 갖추고 있기 때문이다. 이는 순전히 저자의 문재(文才) 덕분이다. 그는 현직 기자 시절은 물론, 대학 시절부터 문장의 예술적 감각과 서사적 구성력이 탁월했다. 그와 알게 된 지 올해로 50년째가 되는 나이기에 주저 없이 말하는 것이다.

1장 '사나이 가는 大權 가도', 길 비켜라

6장 처형대 문턱에서 흐느끼는 김대중

7장 올림픽·미국… 국가는 군대가 아니네

8장 두 許 지고 장세동·노신영 뜨다

9장 총칼 대신 세 치 혀로 이간질·회유

1. 전두환(오른쪽), 노태우(가운데) 두 장군은 1979년 10·26으로 박정희가 암살당하자 군내 사조직 '하나회'의 지휘관들을 동원하여 정승화 계엄사령관(육참총장)을 체포, 12·12 반란에 성공한다. 그렇게 정권을 잡은 두 사람은 5공, 6공의 대통령을 지내지만, 1996년 김영삼 정부 때 특별법으로 구속되어 사형, 무기징역형을 받았으며, 2년 뒤에 특별사면으로 풀려났다. 사진은 군사반란 재판을 받는 법정에서 전두환이 노태우에게 손을 내밀어 잡는 장면. 왼쪽은 유학성.

2. 하나회 태동기의 사진. 전두환, 노태우 등은 육사 11기로 입학하여 장군의 꿈을 품고 오성회(五星會)를 만들었고 이것이 나중에 하나회로 발전해갔다. 뒷줄 맨 위 전두환, 그리고 시계 반대 방향으로 김복동, 노태우, 최성택, 박병하.

3. 유학성 중장. 1979년 전두환, 노태우의 군사반란에 가담해 육본 측 진압 부대의 서울 진입을 막는 데 한몫해내고 1980년 7월에 중앙정보부장(나중에 안기부장으로 개칭)에 올랐다. 1996년 12·12 군사반란 및 5·18 민주화운동 관련 재판에서 1, 2심 유죄 선고를 받았으나 대법원 재판 중인 1997년 병으로 사망하여 공소 기각되었다. '무죄 추정의 원칙'에 따라 국립대전현충원에 묻혀 지금까지도 논란이 되고 있다.

4. 박정희 시대의 마지막 국방부 장관 노재현은 1979년 3월 전두환 소장(1사단장)을 파격적으로 보안사령관에 추천해 결과적으로 전이 80년대 대통령까지 오르게 하는 디딤돌을 놓았다. 노재현은 특히 12·12 쿠데타의 밤, 총성에 놀라 도망쳐 다니다가 뒤늦게 전두환 반란군을 지지하고 나서 육본 측 장태완 장군 등의 원망을 샀다. 전민조 제공

5. 정승화 계엄사령관은 1979년 말, 전두환 합동수사본부장(보안사령관)을 동해경비사령부로 내치려 했으나 낌새를 알아챈 전두환의 선제공격을 받고 체포당해 '김재규 내란 음모'의 방조범으로 몰려 법정에 섰다. 그는 전두환 부하들에 의해 고문당하고 이등병으로 강등되었으나, 1990년대 들어서 무죄가 확정되고 대장 계급도 회복했다.

6. 정병주 특전사령관(오른쪽)은 공수부대 후배 전두환
   (왼쪽 끝), 노태우의 군사반란으로 총상을 입고 강제
   로 예편당했다. 그는 "울화가 치밀면 술병을 들고 구
   파발 서오릉 주변을 하루 종일 혼자서 터벅터벅 걷
   다가 아무 데서나 쓰러져 자곤 했다. 그러다 서울 북
   쪽 검문소를 지날 때는 노태우가 어떻게 저곳을 통
   과했을까 생각이 나고"라고 말했다. 정병주는 1989
   년 3월 경기도 송추 야산에서 사체로 발견되었다.
   실종 139일 만의 발견인데 경찰은 자살로 처리했다.

7. 정병주 특전사령관 비서실장으로 근무하던 비서실
   장 김오랑 소령이 12·12 군사반란에 맞서 홀로 정
   병주 곁을 지키다 사살당했다. 최세창 공수여단장
   의 지시를 받은 박종규 중령 등의 총격이었다. 박종
   규는 김오랑의 육사 선배이자 "같은 부대에서 함께
   근무도 했고, 군인아파트 위·아랫집에 살며 마주하
   던 형제 같은 처지에서 총격을 가했다."(김오랑의 아
   내 백영옥 인터뷰) 박종규는 그 공로로 소장까지 진
   급해 사단장을 지냈으나, 김영삼 정부의 하나회 척
   결로 예편한 후 67세에 식도암으로 사망했다. 사진
   은 사후 중령으로 추서된 김오랑의 묘(동작동 국립
   서울현충원).

8. 전두환이 실권을 장악한 1980년 2월 '안개 정국'에 모인 김종필, 김영삼, 김상만(동아일보 회장), 김대중, 정일권(오른쪽부터). 인촌기념관에 마련된 만찬에 김상만 회장이 초청하는 형식이었다. 그러나 신군부는 이 회동에 자극받아 더욱 내부 결속을 다지고, 정권 장악의 페달을 더 세게 밟았다고 글라이스틴(당시 주한 미국대사)은 회고했다.

9. '서울의 봄'으로 불리는 1980년 2월 사면·복권으로 김대중(왼쪽)이 풀려났다. 9년여 만에 김대중이 정치에 롤백하자, 김영삼(오른쪽)이 동교동을 방문해서 축하해주고 있다. 그러나 2달여가 지나 5·17 계엄 확대로 김대중은 내란 음모로 교도소에 구금되고, 김영삼은 집 안에 갇히는 신세로 전락했다.

10. 신군부는 1980년 5·17 비상계엄 확대와 더불어 법적 근거도 없이 국회를 해산시킴으로써 12·12에 이어 2차 쿠데타를 감행했다. 80년 5월 20일 국회의사당으로 들어가려던 황낙주 의원이 군인들에 의해 쫓겨나고 있다.

11. 전두환 신군부의 1980년 5·17 비상계엄 확대와 김대중 체포는 광주에서 유혈 사태를 부르고 말았다. 5월 19일경 광주 금남로에서 부서진 버스를 앞세운 시위대와 대치 중인 계엄군.

12. 1980년 5월 19일 광주 금남로에서 시위 군중에 경찰 병력이 밀리기 시작하자, 재투입된 계엄군이 진압봉을 받쳐 들고 시위 군중을 향해 전진하고 있다.

13~14.
광주 금남로 일대에서 숨진 수백 명의 희생자들을 매장하기 위해 광주 망월동에 긴급히 조성된 묘지. 지금은 광주 5·18 묘역으로 다듬어져 있다.

15. 전두환 신군부는 광주 유혈 사태를 딛고 1980년 6월부터 군사혁명위원회라고 할 '국가보위비상대책위원회'를 만들고, 7월에는 전두환 중앙정보부장의 후임에 유학성(오른쪽)을 앉혔다. 임명장을 주는 이는 최규하 대통령(왼쪽).

16. 전두환 소장(오른쪽)은 1980년 3월 중장으로 파격 승진한 데 이어, 5달 뒤인 8월에는 대장으로 초고속 승진을 거듭했다. 최규하(왼쪽)는 형식상 진급 신고를 받긴 했지만, 이미 실권을 장악한 신군부의 들러리였다.

17. 최규하(오른쪽)의 대통령 자리를 기어이 빼앗아 대통령에 취임하는 전두환(왼쪽). 최규하는 사임하라는 친구 김정렬 장군의 권유를 거절했으나, 재차 "불명예스럽게 말년을 보내겠느냐?"는 위협에 하는 수 없이 하야를 결심했다.

18

18. 전두환(오른쪽)은 쿠데타 정권을 안정화하기 위해 미국의 인증이 절실했다. 레이건(왼쪽) 미국 대통령과의 회담(1981년 2월 2일)을 위해, 사형 판결이 확정된 김대중을 처형해서는 안 된다는 미국의 압력에 굴복했다. 김대중의 목숨과 한미 정상회담을 맞바꾸는 물밑 협상을 위해 전두환의 특사 정호용 특전사령관, 유병현 합참의장이 워싱턴을 오갔다.

19

19. 수도경비사령관 박세직 소장(오른쪽)이 1981년 8월 갑자기 실각하여 세간의 이목을 끌었다. 육사 12기의 잘나가던 '쓰리 박'(박세직, 박준병, 박희도) 중의 한 사람인 박세직은 "차기 대권은 나다!"라는 실언(박준병의 얘기)으로 전두환의 분노를 샀고, 동기생 박준병 보안사령관(왼쪽 끝)의 비호에도 불구하고 내쫓겼다. 전두환은 나중에 박세직을 한전 부사장, 안기부 차장, 총무처 장관 등으로 구명해주었다.

20

20. 노태우는 '2인자'치고는 드물게 정상에 오른 케이스다. 전두환은 통치권 강화를 위해 노태우를 대장으로 승진시켜 옷을 벗기고 정무장관으로 발령했다. 그러다 1982년 봄 경남 의령에서 경찰관이 총기를 난사해 주민 62명이 사망하는 사건이 나자 내무부 장관으로 차출되었다. 사진은 내무부 장관 시절의 노태우.

21. 전·노 군사반란에 가담해 육군참모총장에 오른 황영시 대장(가운데)이 1981년 12월 전역하는 이희성 대장(오른쪽)
    과 함께 사열하고 있다.

22. 전두환 대통령이 동남아 순방 일정 중에 싱가포르를 방문한 1981년 7월 2일 싱가포르 대통령 권한대행 여김셍(왼쪽)
    과 이스타나궁 내에서 골프를 하고 있다.

23. 경남 진해 앞바다에서 전두환 대통령이 1981년 8월 여름휴가 중 낚시로 고기를 잡고 있다.

제1장

'사나이 가는 大權 가도', 길 비켜라

전두환 굵고 짧았던 '셀프' 정보부장 48일

중앙정보부의 제10대 부장은 전두환 장군이다.

1961년 6월 10일 남산 중턱에 중앙정보부를 세운 이는 김종필이었다.

그 목적은 5·16 쿠데타 정권의 "혁명 과업을 수행하는 데에 장애가 되는 요인을 제거하고, 안전보장(반공, 북한)에 관련된 국내외 정보를 수집하며, 안보 관련 범죄를 수사하고, 군을 포함한 국가 각 기관의 정보·수사 활동을 조정·감독"하는 것이었다.

구미(歐美) 자유민주 선진국에 이런 선례는 없었다.

중정은 대통령 직속으로, 그 수사권을 검찰의 지휘 아래 두지 않고 반대로 검찰 위에 두었다. 중정은 업무 수행에 필요한 협조와 지원을 전 국가기관에서 받게 되어 있었다. 조직 구성, 소재지, 정원, 예산·

결산 등도 비밀이고 심지어 예산도 다른 부처의 예산에 얹어서 계상하는 특수 조직이었다.

미국의 중앙정보국(CIA)을 본떠 만들었지만, 미국과 비할 수 없이 막강했다.

남산의 중정은 그야말로 무소불위(無所不爲)의 초법적인 '슈퍼파워'였다. 가령 미국으로 치면 연방수사국(FBI), 검찰, 경찰, 군(軍) 수사기관을 예외 없이 CIA 아래에 두는 형태의, 말도 안 되는 권력기관이 한국 중앙정보부(KCIA)였던 셈이다.

제1대 김종필 부장의 뒤를 이어 김용순, 김재춘, 김형욱, 김계원, 이후락, 신직수, 김재규, 윤일균(직무대행), 이희성(서리) 9명이 차례대로 부장을 맡았다.

박정희 시대인 3공화국, 4공화국(유신 정부)은 이들 9명의 정권 조타수(操舵手) 겸 정치공작사령부의 수장에 좌지우지되고, 마침내 1979년 김재규 정보부장의 총격 암살로 박정희 18년은 막을 내렸다.

전두환이 중앙정보부장에 취임한 날은 1980년 4월 14일.

거슬러 올라가보면 전두환은 대위 시절인 1963년 김용순~김재춘 부장 교체기에, 중정 인사과장을 지냈다. (그 전에 대위로 국가재건최고회의 민정비서관도 지냈다.) 그러니까 17년 만에 중앙정보부 '바닥' 출신이 최초로 부장에 오른 의미가 있다. 그 이전 부장들은 모두 박정희의 낙점으로 떨어진 낙하산 인사였다.

전 대위가 장군이 되어 부장으로 금의환향한 것이다.

전두환은 현역 중장(보안사령관)으로서 중정 부장을 겸해서 맡았기에 '서리'(署理) 꼬리를 붙였다. 법적으로 현역 군인은 겸직이 불가한 자리

전두환 중앙정보부장(제10대)이 유학성 장군에게 부장을 물려주고 있다(1980년 7월). 신군부는 이 무렵 '차기는 노태우'라는 잠정 합의도 했지만, 노태우는 7년 동안 가슴 졸여야 했다. 유학성은 1981년 1월부터 조직 명칭을 국가안전기획부(안기부)로 고쳐 첫 안기부장이 되었다.

였으나, 그와 참모들이 '부장'직을 간절히 원했다.

요즈음 표현으로 '셀프 겸직'이다.

대통령 최규하도 반대했을 뿐만 아니라 국무총리 신현확도, 계엄사령관 이희성도, 청와대 정무수석 고건 등도 한결같이 만류했지만, 기어이 셀프 겸직을 강행했다. 그렇게 무리를 무릅쓴 이유와 경과를 나중에 낱낱이 기록하게 될 것이다.

그리고서 딱 1개월 보름여 근무했다.

80년 6월 2일 사표를 냈다. 6월 1일 발족한 싹쓸이 통치기구인 국가보위비상대책위원회(국보위)의 수장(상임위원장)으로, 실제로는 대통령 같은 권력을 휘둘러야 했기 때문이다. 그래서 정보부장을 할 여유도, 필요도 없었다.

'사나이 가는 大權 가도', 길 비켜라

그의 남산 임기는 짧았지만, 권력은 컸고 발자국은 깊었다.

79년 말 박정희 사망 이후 표류해온 중정의 중심을 잡고 제도적, 인적 구조조정으로 틀을 잡았다. 그리고 무엇보다 정보부의 예산 120억 원(1년 총예산의 약 15%)을 새 정권 창출에 필요한 국가보위비상대책위원회(민주정의당의 산모 격이다) 창설 및 운영 자금 등으로 가져다 썼다. 정치자금을 따로 모을 필요가 없었다.

전두환은 6월 2일 중정 부장을 사임하고, 공석이 된 부장 자리를 군 선배 유학성 중장(12·12 쿠데타 동지의 1인)에게 넘겨준다. (7월 18일)

전두환은 국보위 상임위원장이라는 과도기적 의자를 8월 말에 걷어차버리고, 대통령이 되어 9월 1일 취임한다. 급한 대로 박정희 유신 헌법에 근거한 대의원 간접선거로 대통령에 취임했고, 그해 가을에 5공 헌법으로 고쳐서 81년 2월 5공 대통령으로 재취임했다.

5공의 정보부장(개칭해서 안기부장=국가안전기획부장)은 모두 5명이다.

전두환, 유학성, 노신영, 장세동, 안무혁이다.

노신영만 외교관 출신이고, 나머지 4명은 군 장성 출신이다. 전두환은 헌법상으로는 5공 출범 전에 정보부장에 취임했지만 크게는 5공으로 분류하는 것이 맞겠다. 유학성은 전두환에 이어 정보부장을 맡았지만, 81년 1월 1일 국가안전기획부로 개칭되어 안기부장이 되었다.

5공의 부장들 5명을 이야기하기 위해서는, 10대 정보부장 전두환의 성장 과정과 박정희가 갑자기 죽고 만 79년의 10·26 암살 상황을 되짚어야 한다. 그리고 그 직후에 벌어진 12·12 쿠데타, 80년의 5·17 싹쓸이, 5·18 광주항쟁을 살펴야만 한다.

왜냐하면, 5공 철권통치의 오른팔, 남산의 부장들은 5공 출범기의 무도한 하극상(下剋上) 유혈 쿠데타와 광주항쟁, 그로 인한 정통성 결핍으로, 8년 내내 처절한 싸움을 벌여야 했기 때문이다. 상대는 대학생, 야당, 재야, 노동계, 민주화 세력, 그리고 국민 여론과의 전투였다.

5공의 부장들은 그 태생적 한계와 싸우면서 해가 지고 달이 뜨는 8년 세월을 릴레이로 보냈다. 그 모진 싸움은 정보부장, 안기부장들의 사명이자 운명이었다.

전두환 인생의 3대 은인 이규동 · 박정희 · 박종규

전두환 생애에 3대 은인(恩人)이 있다.

이규동(장인), 박정희, 박종규(경호실장)이다.

박정희는 3공화국과 유신 대통령으로 군인 전두환을 파격적으로 발탁해서 키워주었다. 박통은 전두환 대령을 1공수여단장, 73년의 장군 진급, 75년의 청와대 경호실 근무, 78년의 사단장 부임, 79년 3월의 보안사령관 발탁에 이르기까지, 고비 고비에서 지독한 편애(偏愛)를 보여주었다.

그래서 '박통의 양아들'로 불렸다.

동아일보 강성재 기자(2002년 작고, 당시 청와대 출입기자)는 "전두환, 김복동 장군은 박통의 양아들이라고들 한다"라고 말했다. 전두환이 1사단장 시절, 파주 지역구 박명근 국회의원(공화당)은 공천에 힘을 써달라고, 그의 사단 위병소 앞에 서서 절을 올리기도 했으니, 가히 그 육군 소장의 위세를 짐작할 만하다. 당시 주한 미국대사 글라이스틴 회

전두환 생애의 3대 은인은 이규동, 박정희, 박종규이다. 장인 이규동 장군(맨 오른쪽)은 경남 합천에서 태어나 대구공고를 다닌 전두환을 데릴사위처럼 받아들여 박정희에게 소개했다. 박정희는 그 청년을 18년 동안 총애하고, 전두환의 군내 사조직 하나회를 감싸주었다. 박종규는 전두환이 위기에 처할 때마다 '친형님'처럼 구해주고 이끌어주었다. 왼쪽 사진은 1961년 5·16 군사 쿠데타 직후의 박정희 소장(가운데)과 박종규(왼쪽), 차지철(오른쪽). 차지철은 김재규 정보부장과 충성 경쟁을 하다 박정희와 함께 암살당함으로써 전두환 집권의 레일을 깔았다.

고록에도 전두환의 '아버지 같은 박정희'라는 대목이 나온다.

"70년대부터 전두환 대령을 비롯한 하나회 몇 장교들은 (대통령이 준희귀한) 일제 크라운 세단 차를 가지고 있었다. 장군들도 지프 차나 국산 코로나 차를 타는데 그들은 달랐다. 전두환이 회장인데, 회원들은 활동비도 받았다. 재벌로부터 지원금을 받기도 하고 대통령으로부터 활동비를 받기도 했다. 직급에 따라서는 一心(일심)이라는 글이 새겨진 지휘봉을 받았다."(문홍구, 1979년 합참본부장)[1]

그 전두환 하나회를 후원하는 선배 그룹은 윤필용, 박종규, 서종철, 황영시, 차규헌, 유학성, 진종채 등이었다.[2]

유신 말기, 79년 3월 전두환 제1사단장의 보안사령관 발탁은 군대 사회에서는 경천동지할 사건이었다.

소장 달고 '천하 제1사단장' 나간 것도 빠른데, 그 사단장도 1년 2개월 만에 그만두고, 중장 보직인 보안사령관이라니 다들 놀랄 수밖에 없었다.

그 퍼즐부터 풀어나가야 한다.

그 자리 보안사령관에 있었기에 그가 1년 반 만에 대통령에 오를 수 있었으니까.

전두환 이전의 진종채 보안사령관까지는 3성 장군 이상의 보직이 었다. 진종채 전임인 김재규 보안사령관도 박정희의 동기생이자 중장이었다. 그런데 별 2개의 그것도 새파란 40대 소장이, 전임 진종채가 2군사령관으로 나간 뒷자리를 이어받았다.

진종채 사령관은 차지철 경호실장이 헐뜯어서 쫓겨났다.

보안사가 차지철 휘하에 있던 경호실 모 장군을 뇌물 혐의로 불러다 조사했다. 그리고 얼마 후 진종채는 경호실 한 경호관의 사상 문제를 박 대통령에게 직보했다. 그런 일로 진종채는 차 경호실장에게 찍혀 2군사령관으로 좌천당하게 되었다.[3]

아이러니가 아닐 수 없다.

차지철 때문에, 그의 밑에서 작전차장보로 근무하면서 그토록 마음 고생 하던 전두환 소장이, 차지철이 깔아놓은 레일을 밟고 마침내 정상 가도로 치달린 것은 과연 요지경 인생의 한 단면이다.

'전두환 보안사령관' 발탁에는 황혼에 접어드는 유신 말기의 기막힌 '파워 게임'이 드리워져 있다. 그리고 장기 집권에 도취한 박정희의 권력욕, 충성 독점욕을 읽을 수 있다. 필자는 비서실장이었던 김계원 씨(1923~2016)의 생전에, 전두환이 보안사령관에 오른 배경을 물은 적이 있다. 그는 웃으면서 "박정희 대통령의 발탁 인사였습니다. 전두환을 좋아하셨지요"라고 짧게 대답했다.

국방부 장관 노재현이 전두환을 보안사령관으로 천거했다.

김종필, 김계원, 정승화, 박준병, 장세동, 허화평 등의 증언과 기록을 종합해보면 정확하게 일치한다.

왜 하필 전두환이었는가?

당시에 경호실장 차지철은 갖은 월권과 횡포로, 군부와 권부(權府)에서 '공공의 적'이자 증오와 지탄(指彈) 대상이었다.

노재현, 차지철 견제 위해 전두환 보안사령관 추천

차지철은 김종필 말마따나 '얼간이' 같은 데가 있었다. 그런 차지철을 말년에 중용한 박통도 총명이 흐려진 것이었다고, 신현확(당시 부총리)은 혹평했다.

신현확 전 총리는 차지철, 최규하 등을 중용한 대통령 박정희를 '만년에 총명이 흐려진 것'이라고 평가했다. "영민하고 현명했던 박정희가 나중에, 중심이 흐트러지고 판단력이 흐트러진 느낌이었다. 복잡하고 어려운 문제는 생각하지 않으려 하고, 고분고분한 사람만 옆에 두고, 반대하고 비판하는 사람은 영 골치 아파 했다."(신현확). 사진은 1976년 보건사회부 장관 신현확이 박정희 대통령을 수행하고 있는 장면.

77년 문홍구 수도군단장이 차를 경호실장으로 모시던 때 일이다.

차 실장이 문 장군을 비롯한 경호실 간부들을 집합시켜놓고 일장 훈시를 하는 말이다.

"북의 공중 침투는 휴전선에서 바람을 이용하여, 낙하산으로 청와대 본관의 옥상에도 내릴 수 있다. 그러므로 본관 전부를 창경원(동물원) 조류 보호망처럼 덮는 계획을 세우라."

문 장군이 머뭇거리면서 반론했다.

"다른 경계 방법이라면 모를까, 본관 전

체를 덮는 망을 씌우는 것은 좀 곤란합니다. 국민의 집은 내버려두고, 오죽 급하면 대통령 집만 저렇게 씌우는가?라고 하면 무어라고 답을 해야 합니까? 청와대는 외국 국가원수나 외교관이 빈번히 드나드는 곳이기도 하고요."[4]

차 실장은 그래도 곧이듣지 않고, 다른 장군에게 그 계획을 맡겼으나 결국은 터무니없는 발상이라 흐지부지되었다.

문홍구의 회고는 이어진다.

76년 처음 경호실에 들어가니 차지철이 실장이었다. 차 실장을 만나니 전속부관을 불렀다. 그때 부관이 90도로 허리를 굽혀 절을 했다. '천황 폐하에게나 하던 최고의 경례'라고 일본 군대에서 훈련받은 문홍구는 생각했다. 그러자 차가 말했다.

"우리 경호실 사람들은 모두 저렇게 경례해야 합니다. 문 장군도 저렇게 실장에게 절을 해야 합니다."

경호실 요원들에게 독일 나치의 친위대 복장 비슷한 제복을 입혔다. 그러고는 영빈관 큰 홀에 그들을 정렬시켜놓고 대통령에 대한 충성을 다짐하는 축배를 든다.

"경호실장이 우렁차게 대통령의 만수무강을 선창하고, '목숨을 바쳐서 각하의 안녕을 지킨다'라는 구호를 힘차게 외친다. 그 모습은 한편으로 진지하기도 하고, 어찌 보면 위선처럼 보였다. 그러고도 10·26 암살 현장에선 화장실로 도망친 차지철 아닌가." (문홍구 장군 회고록)[5]

그 무렵 차지철의 처신은 눈꼴 사나운 목불인견(目不忍見)으로 지탄받았다.

'사나이 가는 大權 가도', 길 비켜라

청와대 비서실은 오전 7시 30분에 수석 회의를 시작해서, 8시~8시 30분 사이에 비서실장이 집약해서 대통령에게 보고하곤 했다. 보고 사안 중에 설명이 필요하면, 담당 수석비서관이 실장을 따라간다. 어느 날, 고건 정무수석이 김계원 비서실장의 뒤를 따라 박통 집무실로 갔다.

그런데 그 전에 차지철 경호실장이 와 있었다.

경호상의 긴급 현안이 있을 까닭이 없겠으나, 차는 양보하지 않고 뒷짐 진 채 서 있었다. 대위 출신 경호실장이, 특별히 급할 것도 없는 보고를, 육군 대장 출신의 김계원 비서실장에게 양보하지 않는다? 10·26이 나자 청와대 안팎에서 "차지철이 결국 일을 저지르고 말았다"라고들 험담했다. (고건 증언)[6]

차지철 경호실장의 말버릇도 고약했다.

국회의장 백두진(1908~1993)이 차보다 나이가 무려 26살이나 많은데도 부하처럼 다루었다. (실제로 백두진이 국회의 차지철 계파였다는 기록은 많다.) 김계원이 1979년 합동수사본부에서 진술한 기록에, 간덩이가 부은 차지철의 언행이 나온다.

79년 6월 20일 그러니까 10·26보다 약 4개월 전이다.

박정희 대통령은 서울에 온 후쿠다 다케오 전 일본 총리와 경기도 기흥의 관악골프장(현재의 리베라)에서 골프를 쳤다. 거기에 김계원 비서실장, 차지철 경호실장, 백두진 국회의장 등도 함께 가서 어울렸다. 운동이 끝나고 목욕을 하는데 샤워실 숫자가 적어서, 먼저 들어간 백두진을 기다리던 차지철이 벌거벗고 기다리다 못 참고 한마디 했다.

"어이, 빨리 나와요, 늙으면 죽어야 해." (차지철)

차지철(오른쪽 끝) 경호실장은 박통(가운데 키 작은 사람)이 총애하고 주목하는 전두환 작전차장보(차의 왼쪽)를 견제하고 싶어했다. 전두환에 따르면 나이가 3살이나 아래인 차지철이 "육사 시험에 떨어져 간부 후보로 장교가 되었다"고 고백하면서 형님으로 모시겠다고 말했다는 것이다. 그런데 막상 전이 경호실에 아랫사람으로 오자, 딴사람처럼 구박했다. 차지철은 국기강하식 때마다 전두환에게 분열식 '제병 지휘'를 시켰고, 전두환이 창피스럽게 여겨 이를 면해달라고 간청해도 딱 잘라 거절했다.

"미안하외다~."(백두진)

77년경 노재현 국방부 장관이 문홍구 수도군단장을 불러 개탄했다.

"차지철 요즘 너무 안하무인이다. 문 장군 생각은 어때요. 이런 행동들을 대통령 각하께서도 알고는 계시나요?"[7]

그런 노재현의 울분을 지켜본 청와대 작전차장보 노태우도 회고록에 "노재현 국방부 장관은 차지철 실장이 군에 간섭하는 걸 못마땅하게 생각하고 있었고, 차지철 실장은 김재규 중앙정보부장과는 예전부터 사이가 좋지 않았다"라고 기록하고 있다.[8]

노재현은 전두환 소장이 자기 편이라고 확신했다.

전두환이 보안사령관이 되면, 차지철 실장을 견제할 수 있다고 보

'사나이 가는 大權 가도', 길 비켜라

앗다. 거기에 김재규 정보부장, 김계원 비서실장은 비록 노재현과 '한편'은 아니었으나 차지철에게 진저리치던 참이었다. (실제로 보안사령관 후임에 김재규는 문홍구 수도군단장[중장]을, 차지철은 이재전 경호실 차장[중장]을 은근히 기대했었다고, 노재현이 훗날 전두환에게 말했다.)

차지철을 잡으려면, 전두환밖에 없다!

노 국방의 아이디어, 각하가 십수 년 총애하고 땅굴도 발견한 전두환이라면 통할 것이라는 계산은 적중했다.

그러나 차지철만은 이 결재가 나자, 노재현 장관에게 짜증을 냈다.

차는 "각하도 처음에는 너무 빠르다고, 부정적이었던 인사 아니냐"고, 노재현에게 힐난했다. 가뜩이나 박통의 총애를 받는 전두환을 경계하고 핍박해온 차지철이다.

그런 우여곡절 속에 전두환은 보안사령관이 되고 이듬해 그 누구도 상상조차 하지 못한, 대권 가도를 밟아간다. 폭풍우 몰아치는 유혈 낭자한 길이었지만, 10·26 변란을 틈타 하나회 군벌은 전두환을 앞세우고 일사불란하게 진격해갔다.

장인 이규동, 육사 동기 박정희에게 전두환을 소개

전두환과 박통의 '질기고 오래된 인연'(허화평의 표현)은 멀리 1950년대로 거슬러 올라간다.

여기에 장인 이규동이 등장한다.

박준병의 술회, 장세동 인터뷰 기록, 허화평 기록 《나의 생각, 나의 답변》 등이 전하는 유장한 '전두환 스토리'는 근현대사의 한 조각이요, 그대로 한 편의 드라마다.

전두환이 육사에 입학한 것은 1951년.

아직 포성이 멎지 않은 전란의 와중, 38선을 둘러싸고 일진일퇴하는 긴박한 상황이었다. 벚꽃 피는 후방 진해에서 4년 기식(寄食)이 보장되는 장교 양성 코스, 육군사관학교는 대인기였다. 200명 모집에 1400여 명이 응시, 7 대 1의 경쟁률이었다. 대학을 다니다 입대한 학도병 등 사병들이 많이 응시해 합격자의 3분의 1을 차지했다. 노태우, 정호용, 백운택도 사병으로 육사에 진학했다. 200명 모집에 28명을 예비합격시켜서 총 228명을 뽑았는데 전두환의 성적은 정확히 꼴찌에서 두 번째 226등.

아슬아슬한 턱걸이 합격이었다.

228명을 20일 동안 기초군사훈련이라 하여 혹독한 체력 테스트로 28명을 탈락시켰다. 200명의 생도는 성적순으로 25명씩 8반으로 편성되었다. 정호용은 "전두환 장군과 나(정호용)는 8반이었다. 그런데 8반에서 장군이 가장 많이 나왔고, 후배 기수도 비슷해서 육사에서는 '8반이 장군반'이다"라고 말했다. (1979년 12월 기자들에게)

그때 육사 참모장이 이규동 장군이었다. 이규동은 만주에서 잔뼈가 굵은 군인으로, 같은 만주 출신의 육사 2기로 박정희, 김재규와 함께 국군에 합류했다.

전두환 생도는 축구부에 들어가 골키퍼로, 주장으로 활약했다.

마침 육해공군 3군 사관학교 체육대회를 치르는 책임자가 이규동 참모장이었다. 그는 씩씩하면서도 싹싹한 전두환을 주목했고, 딸 이순자를 전에게 맡겨 1959년 1월 사위로 삼았다. 결혼식 축사를 노태우 중위가 맡아주었는데, 피로연에서 휘파람 실력을 과시해 박수를

육군사관학교에 1951년 11기생으로 입학한 전두환. 그는 200명을 뽑는데 1400여 명이 몰린 시험에 가까스로 합격했다. 육사는 체력훈련 등에서 탈락시킬 28명의 예비합격자를 합쳐 228명을 뽑았는데, 전두환은 226등이었다. 꼴찌에서 두 번째 합격자가 역사의 진로를 바꾼 셈이다. 당시 6·25 전란 중이라 진해의 육사는 선망의 대상이어서 합격자의 3분의 1, 대략 70명 정도가 현역 사병 출신이었다. 노태우, 정호용, 백운택 등이 사병 출신. 육사는 필기시험 성적순으로 8개 반으로 분류해 전두환, 정호용은 4년 내내 8반이었는데 "8반에서 장군이 가장 많이 나와 '8반은 장군반'이라는 말이 생겨났다"라고 정호용이 말했다.

받았다. (노태우 중위도 넉 달 뒤인 5월 결혼식을 올리는데, 그때 사회를 본 친구가 전두환이었다.)

이 결혼은 시골 청년의 인생을 바꾸어놓고 만다.

일약 장군 집의 '데릴사위'가 된 것이다. 빈한했던 시골 청년이 장군집 사위가 된 휘황한 성공 신화, 이는 그가 평생을 친인척 족쇄에 시달리는 그림자도 드리운다.

그는 경남 합천의 헐벗고 굶주린 소년 시절을 이렇게 회고했다.

"시골에서 묘사(墓祀) 지낼 때, 돼지 한 마리 잡으면 마을 애들이 줄을 좍 서서 고기를 타 먹는 거야. 눈치 살펴서 한 번 더 얻어먹기도 하고. 돼지고기 두 점 정도를 손에 넣어 집으로 가면, 그걸로 국을 끓여서 온 식구가 다 먹지. 고기를 얻어왔다고 해서, 그놈만 더 주는 법도 없어. 그런 빈한한 시절에 부모들은, 공부 잘해서 최소한 면장이라도 해서 먹고살아라, 그런 거지. 부자 되라는 말도 안 해." (1986. 5. 23.)

"나는 묵을 참 좋아해. 농촌 출신은 된장찌개를 안 좋아할 수가 없지. 먹을 것이 그것뿐이니. 우리 어릴 때야 된장에다 참외 껍데기, 수박 껍데기를 넣어서 끓여주니 국도 아니고 된장도 아닌 거지만 잘들 먹었어." (1986. 3. 23.)

전두환이 8살 때, 가족은 만주로 이사 갔다.

아버지 전상우가 사고를 쳤다.

그는 합천 고향 동네 노름꾼의 빚보증을 서면서 종토(宗土)를 저당 잡혔고, 이 땅이 문제가 되어 주재소 순사부장(일본인, 시오즈키 가쓰야)의 출두 요구를 받았으나 응하지 않았다. 그러다 마을 어귀 강둑에서 순사부장과 맞닥뜨렸는데, 순사부장이 포승으로 묶으려 하자 전상우는 그의 허리춤을 붙잡아 강둑 아래로 던져버렸다고 한다.

체포가 두려워 만주로 도망쳤다. 가족도 뒤따라 만주로 갔다.

지린(吉林)성 판스(磐石)현 후란진(呼蘭鎭)으로 피신하였다.

소년 전두환은 그곳 후란보통소학교 1학년에 다녔다. 그러나 어머니가 간절히 귀향을 원해서 2년 만인 1941년 가족이 고향으로 돌아오다 대구에 정착하였다. 전두환의 회고.

"대구에서 우리 집안은 불우했다. 아버지가 일본말을 잘하는 것도 아니고 특별히 일을 잘하지도 못하셨다. 그러니 아무 기반도 없는 대구에서 가난하게 살 수밖에 없었다. 딸 하나 둔 노인 집에 월세로 방을 얻어 들어갔다. 먹을 게 없어서 한 주일에 보리밥 두 번 먹으면 다행이고 점심 식사는 굶는 날이 더 많았다.”

이듬해 대구 내당동 산비탈에 움막집을 지어 나갔다.

기둥 몇 개 세우고 짚단으로 벽을 둘러친, 비닐하우스의 구식 버전이다. 방바닥에 짚을 깔고 자니 아침에 일어나면 털어도 털어도 지푸라기가 붙어 있어서, 동네 친구들은 움막집 아이라고 놀려댔다. 물지게를 져 나르고, 뒷산에서 땔감을 주워오는 나날, 온 식구가 나물죽으로 연명했다. 전두환은 나중에도 결고 밥을 물에 말아서 먹지 않았다고 한다. 나물죽 시절을 떠올리기 싫어서였다.

소년은 정규 소학교에도 들어가지 못했다.

금강학원이라는 데 들어가 비정규 교육을 받다가 희도초등학교 5학년에 편입해 들어갔다. 교사는 소년 학적부에 ‘모든 일에 열의가 있음. 주의력, 기억력이 풍부하며 책임감이 왕성’이라고 적었다.

6년제 대구 공립 공업중학교 기계과에 입학, 축구부 골키퍼로 뛰었다. 가난한 가정 형편 때문에, 학교에 다니면서 신문 배달, 한약재 배달, 낫토 배달 같은 일도 했는데 집마다 개가 짖고 달려들어 혼이 났다. 그는 이 트라우마로 평생 개를 싫어했다.

전두환의 대구 중학 시절도 비참했다.

“일제강점기, 내가 10살 때 대구에 살던 일본인들의 낫토(納豆, 일본식 청국장) 공장에 취직했어요. 그걸 먹는 일본인 집에 배달하는 일이었지. 그 사람들 지독했어. 내가 일요일에 배달 마치고 나니 점심때가 되었는데, 자기네들끼리 먹으면서, 나한테는 먹으라는 소리 한마디도 안 해.

내가 낫토를 수레에 싣고 혼자 언덕길 가다가, 내 체중이 가벼워서 뒤집히는 사고를 냈어. 낫토에 죄다 흙이 묻어 못 먹게 되고, 그러자 그만두라는 통보였어. 잘린 것이지. 내 잘못이긴 했어도, 돈 한 푼 못 받고 그 집에서 쫓겨났지.

어려서 신문 배달도 해보고 대구 약전 골목에서 약 운반도 해보았는데 다 실패했어. 나는 끝까지 붙어 있고 싶었지만, 주인이 나가라고 해요. 나이가 어리다는 이유로. 그런 상황에서도, 나는 불행하다고 생각한 적이 없어. 언젠가 나도 너희보다 낫게 될 거야, 하고 별렀지. 일본말로 요오시!(좋아) 하면서." (1986. 7. 11.)

그런 소년이 육사 생도가 되고, 장군 댁 사위가 되었다.

이영진 "전두환은 좌충우돌 일 저지르고 뒷감당 못 해"

영관급으로 진급할 때까지 처가살이였다. 그 시절, 장인·장모를 친부모처럼 잘 모시면서 지낸 시설을 반추하기도 했다.

"내가 처가에서 10년을, 아이들 셋 낳을 때까지 살았다. 우리 속담에 좁쌀 세 알만 있어도 처가살이는 하지 말아라, 하는 것이 있지만, (처가에서 잘해주어서) 나는 양심적으로 지금 말해도 불편이 없었다. 장인·장모님에게 기분 나쁜 게 없었다. 지금 미국 가 있는 둘째까지 처가에서 길렀어. 나는 좀 독한 놈이라서 조금이라도 서운한 눈치가 보이면 굶어 죽더라도 나가서 살았겠지. 얻어먹더라도 큰소리치면서 얻어먹어야지. 거기 처가에서 정말 정이 많이 들었어요." (1986. 11. 1.)

친부모 이상의 은혜를 입은 것이다.

1960년경, 전두환이 중위가 되자 장인 이규동 장군은 육사 동기생 박정희에게 데리고 가 소개했다. 박정희가 서울 영등포 6관구사

'사나이 가는 大權 가도', 길 비켜라

1959년 8월 미국 특수전학교 유학 시절의 노태우(오른쪽), 전두환(안경 낀 사복 차림), 이영진 대위(왼쪽 끝, 육사 12기). 이영진에 의하면, "전두환 선배는 일을 벌여놓고 뒷감당을 못 해 불안하게 만드는 면이 있었다. 예측하기 어려운 행동 때문에 조마조마했다. 학구적이고 논리적인 뒷받침이 없이, 후배는 무조건 복종해야 한다는 터무니없는 프라이드와 자신감이 문제였다"라는 것이다.

령관이던 시절에, 장인은 박 사령관에게 사위를 자랑하면서 장래를 부탁했다.

그러자 박정희 사령관이 대뜸 전두환에게 말했다.

"자네, 여기 와서 내 부관을 하게나."

그러나 전두환은 사양했다.

"저는 부관 체질이 못 됩니다."

박정희는, 전두환이 '감사하고 영광이지만 죄송하다'라고 하자, 고개를 끄덕였다. 이렇게 박 소장, 전 중위 두 사람은 장인 이규동의 소개로 처음 만났다.

부관 체질이 못 된다고 하는 전두환.

전두환의 숫기, 외향적 성격을 그 무렵 가까이서 경험한 이영진(李瑛珍, 육사 12기, 재미 사업가)의 회고가 흥미롭다.[9]

"1958년경 전두환 선배가 당구라도 치러 가자고 청하면 종종 어울리기도 했다. 이듬해 그는 서울 종로구 계동 처가(이규동 장군)에서 신혼 생활을 하고 있었는데, 그의 방에서 밥도 먹고 가까이 지냈다. 역시 그의 숫기는 알아줄 만했다. 자신이 좋아하기만 하면, 여자든 후배든 간에 상대방 역시 자신을 좋아하게 되리라고 단정해버리는 그 자신감은 바로 사내다운 숫기에서 비롯되는 것이었다."

전두환, 노태우와 함께 미국 특수전학교(노스캐롤라이나주, 포트브래그 Fort Bragg)에 함께 갔을 때의 추억.

"1959년 전두환, 노태우, 나(이영진) 셋이서, 특수전 교육 전기 과정을 마치고 틈나는 시간을 이용해 뉴욕시를 구경하러, 내가 운전하는 자동차로 떠났다. 뉴욕시에 거의 다 와서 차선이 많아지고 지나가는 차도 많아졌는데도, 전두환 선배가 굳이 운전하겠다기에(그때는 운전면허를 갓 땄음) 마지못해 운전대를 넘겨주었다. 불안해진 노태우 선배가 뒷좌석에서 말렸지만 전 선배는 막무가내였다. 그러나 전 선배는 그만 길을 잘못 들어 맨해튼으로 들어간다는 것이 고속도로로 다시 나오는가 하면, 맨해튼의 북쪽 할렘으로 들어가 주유소에서 기름을 넣고 나오다가 흑인 차와 충돌해서 옥신각신하기도 했다. 일을 벌여놓고 뒷감당을 못 해 불안하게 만드는 그의 일면이 이런 것이다."

전두환의 좌충우돌 스타일에 맞지 않아 이영진이 멀어지고 만 사연.

"사실 전두환 선배와 가까워질 기회는 많았다. 그러나 그와 함께 있노라면 예측하기 어려운 그의 행동 때문에 불안했고, 학구적이고 논리적인 이론의 뒷받침 없이, 후배는 선배에게 무조건 복종해야 한다

'사나이 가는 大權 가도', 길 비켜라

는 터무니없는 프라이드와 자신감이 싫었다. 좋든 궂든 사생활을 함께할 수밖에 없는 미국에서 우리는 서로 애써 피하려고는 했지만, 아주 사소한 문제에서부터 충돌이 불가피했고, 귀국할 때쯤에는 나와 전 선배의 사이가 상당히 나빠져 있었다."

이영진 중위는 미국 유학을 마치고 돌아와 육군본부 특전감실로 발령이 났다. 특전감 이지형(李賢衡) 장군에게 전입 신고를 마치고 나오는데 전두환이 먼발치에서 보고 한마디 던졌다. 옆에 있던 노태우도 들었다.

"이영진, 너 동창회 명단에서 제명해버릴 거야!"

이 무슨 뚱딴지같은 소리인가! 제명이라니!

아마도 후배인 이영진이 선배를 제쳐놓고 혼자 육군본부 특전감실로 명령이 난 것이 불만인 모양이었다. 이런 때 아무 말 하지 않으면, 로비나 한 것처럼 뒤집어쓰게 될 것이다.

"전 선배님. 오해하지 마십시오. 그 발령은 저도 모르는 일입니다."

이영진 중위는 전두환 선배에게 볼멘소리로 변명해야 했다.

5·16 도운 전두환의 '육사 생도 지지 데모' 선동

1961년 박정희가 5·16 쿠데타를 일으켰다.

박정희·김종필이 장면(張勉) 정부를 3600명의 군인과 탱크로 뒤엎긴 했으나, 미국의 반발과 이한림 1군사령관 등 기존 군부의 저항으로 성사가 불투명했다. 자칫 개화파 김옥균의 '사흘 천하'(1884년)처럼 반란군으로 몰리면 총살될지도 모르는 상황이었다.

박정희의 1961년 5·16 쿠데타는 사흘 뒤 육사 생도의 서울 시내 '혁명 지지 행진'으로 비로소 성공을 보장받았다. 서울대 학군단 교관이던 전두환 대위는 육사 후배들을 충동질해 시가행진을 기획했고, 이것이 성공해 "불확실하고 유동적이던 혁명의 기류를 결정적으로 확산시켰다"라고 자부했다.

 이를 두고 김종필은 나중에, "혁명이건 쿠데타건 사흘이 고비다. 그것은 동서고금을 통해 똑같다"라고 필자에게 말했다.

 서울 시민들도 불안하기만 했다.

 쿠데타가 나고 장도영·박정희 계엄군이 들어섰지만, 어찌 되어갈지 상황은 오리무중(五里霧中)이었다. 카터 매그루더 미 8군 사령관을 비롯한 주한미군, 그리고 장면파 장성들의 반발로 쿠데타군은 초조하게 식은땀을 흘리고 있었다.

 이때 대위 전두환은 서울대 학군단(ROTC) 교관이었다.

 박정희 장군의 혁명이 성공해야 한다!

 동기생인 이상훈(6공의 국방부 장관) 등과 연락하여 육사 생도 지지 데모를 벌이기로 했다. 마침 쿠데타 주동세력 김종필, 오치성 등도 그

것을 간절히 원하던 참이었다.

"육사 출신 장교들과 생도들이 일제히 지지 데모를 해서, 혁명이 군부 전체의 합의이고 기대라는 것을 서울 시민과 국민에게 보여야 한다."

전두환은 이렇게 선동했고, 이상훈 대위 등이 시가행진 코스와 시간을 정하고 방송 메시지와 결의문을 작성했다. 정권파의 강영훈 육사 교장(중장)이 안간힘을 다하여 전두환, 이상훈 대위의 책동을 저지하려 했으나 역부족이었다.

3일째인 61년 5월 18일 육사 생도들은 정복을 입고 태릉 육사를 나서 동대문~반도호텔(롯데호텔)~시청 코스로 시가행진을 벌였다. 그 뒤를 혁명군 완장을 찬 쿠데타군이 따라갔다. 서울 시민들은 연도에서 박수로 환호했다. 이제 여론은 완전히 쿠데타군 편이 되었다.

"육사 생도의 시가행진이, 쿠데타 성공의 분수령이었다"라고 장면 총리의 비서실장이던 선우종원은 필자에게 말했다. 김대중도 이 점에 의문의 여지가 없다고 필자에게 말했다. 미국도 정권파 군부도 더 이상 박정희 쿠데타군을 뒤엎을 여지가 없어지고 말았다. 전두환도 "육사의 지지 행진이 불확실하고 유동적이었던 (쿠데타 성공) 기류를 결정적으로 확산시켰다고 자신 있게 말할 수 있다"라고 기록을 남겼다.[10]

박정희, 전두환 대위에게 "정치에 나서서 날 돕게나"

5·16 아침에 마지막 주권(株券) 한 장을 거머쥔 전두환 대위는 혁명 주체 말석에 끼어들었다. 동향 박정희의 눈에 들어, 국가재건최고회의 민원 비서관으로 발탁되었다.

비서관으로 일하던 그 무렵 육군 고등군사반(OAC) 입교 명령이 났다. 이삿짐을 챙긴 뒤에 최고회의 의장 박정희에게 인사드리러 갔다. 박정희가 반기며 말했다.

"자네, 전역하게나. 공화당에 들어와서 정치를 해봐."

"각하, 저는 정치는 모릅니다. 한 번도 생각해본 일이 없고, 제 체질에도 안 맞을 것 같습니다."

"남들은 서로 하겠다는데, 자네는 하라는 데도 못 한다고?"

"육군 대위인데, 돈도 없고 정치는 어려운 거 아닌가요. 여러 가지 생각해보아도 제 형편에는 맞지 않는 것 같습니다."

전 대위는 가족과 상의해보겠다면서 피했다.

그러자 박정희는 벌컥 화를 내며 "왜 그런 일을 집에 가서 안사람과 상의하겠다는 말인가? 그래, 그럼 알았으니 그만 가봐"라고 역정을 냈다. 그렇게 쫓겨나다시피 나와 밤잠을 설쳤다. 그런데 다음 날 아침 의장 비서실장이 불러서 다시 올라갔다. 박정희는 뜻밖에도 선선히 말했다.

"내가 다시 생각해보니 전 대위 말도 맞아. 군에 돌아가서 정통 코스를 밟아서 훌륭한 지휘관이 되는 것도 나라에 충성하는 길이지. 어제 내가 뭐라고 야단친 건 미안하네. 마음에 두지 말고, 가서 열심히 공부하고 군대 생활 잘하게."

"네, 아무리 생각해보아도, 저는 군에 남는 게 좋을 것 같습니다."

이렇게 박, 전은 서로가 서로에게 든든한 신뢰로 악수를 하고 헤어졌다. 이것이 2번째의 만남인데, 전두환은 이때를 늘 이렇게 자랑했다.

"박 대통령은 그런 나를 좋게 보고 기특하게 여겼다. 다들 정치 바람 들어서 권력 잡겠다고 아우성치는데, 군에 남겠다고 하는 것을 잘 보신 것 같다. 5·16 때 그렇게 정치에 나섰다면, 무슨 청장이나 하나 하고 끝났겠지."

1963년, 박정희 군부가 민정(民政)으로 전환한 직후, 전 대위가 대대장으로 나가게 되어 인사드리러 박정희 의장을 찾아갔다. 마침 인사하는 그 자리에 김용순 정보부장이 있었다. 김종필에 이은 제2대 정보부장에 막 오른 참이다. 김용순 부장이 "그러면 전 대위를 데려가겠습니다"라고 하고 박통이 고개를 끄덕였다.

전두환 대위는 처음에 그 말을 알아듣지 못했으나, 김용순 부장이 정보부에 일을 시키겠다고 했고, 박통이 그러라고 재가한 것이었다. 전두환은 대대장 나가는 대신에 중정에서 근무하게 되었다. 그러나 김용순이 너무 짧게 그만두어 제3대 부장 김재춘도 잠시 모셨다.

그렇게 전두환은 남산 정보부의 인사과장으로 반년 남짓 일하게 된다. 그가 정보부에 제출한 인사기록 카드의 신원보증인은 이규동, 박종규 두 사람. 전두환의 생애를 좌우한, 박정희와 더불어 3대 은인들이다.

전두환은 소령으로 진급해 육본 인사참모부, 육군대학을 거쳐 제1공수특전단 대대장 대리로 나갔다. 중령으로 진급하여 제1공수특전단 부단장을 거쳐, 67년경 수경사 30대대장으로 갔다. 30대대(나중에 30경비단)는 청와대를 경비하는 부대로, 훗날(1979년) 12·12 쿠데타의 현장이 되는 곳이다. (79년 12·12 쿠데타의 그날에는 전두환의 오른팔 장세동 대령이 30경비단장이었다.)

전두환 직전의 30대대장은 손영길 중령이었다.

손은 박정희 소장의 사단장 시절 전속부관이었고, 육사 11기 전두환, 노태우, 김복동의 동기다. 73년 윤필용 불충(不忠) 사건에 연루되어 군복 벗을 때까지, '박정희의 충복'으로 소문난 인물이다.

박준병, 장세동, 허화평 등에 따르면 전 중령은 청와대 외곽을 경비하는 30대대장으로서 또 한 건을 크게 올린다. 박정희의 돈독한 신임을 더 쌓는 계기였다.

전두환이 북악산을 향하여 박격포를 배치하는 계획을 세웠다.

밤중에 간첩이라도 나타나면 청와대 뒤편 일대에 조명탄을 쏘아 대낮처럼 밝게 해서 격멸해야 한다는 구상이었다. 보통 보병대대는 3개 소총 중대와 화기(火器) 중대 1개로 편성하는데 당시 30경비대대는 박격포를 창고에 처박아놓고 놀리는 상태였다.

그러나 그 박격포가 향하는 북악산 방향은 바로 지존 대통령이 계시는 청와대, 불충스러운 구상이다. 수경사령관 최우근 장군조차도 그 아이디어에 고개를 흔들었다. 각하에게 결례가 되기 때문이다.

수경사령관을 능가하는 숯 대대장의 청와대 끗발

전두환은 물러서지 않았다.

당돌하게 실세 박종규 경호실장을 찾아간다. 박통 '빽'을 등에 업은 전 중령은, 박종규를 형님처럼 모셨고 그래서 거리낄 것이 없었다. 윤필용 사건으로 군복을 벗을 뻔한 위기도, '형님' 박종규가 전두환을 감싸주어 살아났었다. (그 보은으로 박종규는 80년대에 IOC 위원으로 호강한다.)

"포병 출신인 대통령 각하께서는 이해해주실 것입니다. 81밀리 포를 배치해서 유사시에 조명탄을 쏠 수 있도록 해주십시오."

박통이 허락했다. 대대장 끗발이 수경사령관을 능가했다.

그날부터 30경비대대는 매일 30분가량 박격포 발사 훈련을 했다. 부대원들은 힘들어했지만, 전 중령은 "상황이 발생하면 자다가 일어나서라도 조명탄부터 쏴라"라고 훈련을 다그쳤다.

그런데 아니나 다를까.

1968년 1월 21일, 무장공비 김신조 일당이 스며들어왔다. 휴전선을 몰래 뚫고, 서울 서부의 은평구 진관사 야산을 넘어, 밤을 틈타 낮은 포복으로 청와대 뒷산까지 이른 무장 습격조다.

그날 전두환 대대장은 모처럼 일찍 귀가했다가, 비상이 걸려 며칠간 고생한 부대원들을 격려하기 위해 술과 안주를 챙겨 귀대했다. 대대장실로 부하들을 불러 막 술 한잔을 돌리려 하는 참에 갑자기 총성이 울렸다.

자하문 초소 부근에서 종로경찰서 최규식 경감(경무관 추서) 조와 김신조 일당의 총격전이 벌어진 것이다.

30대대의 포 사수들이 조명탄을 쏘아 올렸다.

훈련해온 그대로였다. 청와대 뒤 북악산이 환하게 밝아졌고, 무장공비들이 혼비백산 달아났다. 부대는 그날 현장에서 5명을 사살했고, 10여 일에 걸쳐 군경 합동으로 28명을 사살하고 김신조를 생포했다. (그 와중에도 무장공비 3명은 북으로 달아난 것으로 파악되었다. 그중에 박재경은 1985년 남북회담차 서울에 북측 대표단의 수행원으로 넘어왔다. 철조망 지뢰밭을 포복으로 넘어가서 차 타고 판문점 거쳐 내려온 것이다.)

육영수 여사가 직접 전화를 걸어, 은인 전두환 중령에게 고맙다고 말했다.

박정희는 그 뒤, 가상스러운 전두환 부대를 불시에 방문했다.

어둠이 걷히지 않은 새벽녘, 전두환 중령과 부대원이 웃통을 벗고 연병장을 돌고 있었다. 박통이 "부대의 목욕 시설을 좀 보자"라며 훑어보더니 말했다.

"너무 형편없군."

박통이 경비대대의 건물 헐어 있는 곳과 목욕 시설을 특별 예산으로 보수해주었다.

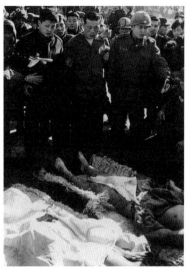

북의 무장 특공조 31명이 1968년 1월 21일 어둠 속에서 청와대를 기습하여 박정희를 암살하려 시도했다. 그보다 2년 전 청와대 외곽 경비를 맡는 30경비대대장에 부임한 전두환 중령은 기습을 예견이나 한 듯 조명탄 발사 연습을 거듭해 김신조 특공조를 제압하는 데 큰 공을 세웠다. 사태가 마무리된 이후, 육영수 여사는 고맙다고 전화로 칭찬했고, 박통은 경비대대에 들러 부대원의 목욕 시설을 보수해주었다. 사진은 생포된 김신조가 동료 특공조의 시신을 확인하고 있는 모습. 김신조는 기독교에 귀의해 목사가 되었다.

1969년 전두환은 30대대장에서 서종철 참모총장 수석부관으로 갔다.

거기에서 운명을 바꾸어주는 인물과 만난다.

바로 노재현 참모차장이다. (노재현은 10년이 지나서, 79년 12·12 '하나회' 반란의 날, 결정적인 열쇠를 쥐고 있다가 전두환 반란군의 편에 서게 된다.)

노재현은 참모차장이었고, 붙어 있는 총장실 사이에서 노재현과 수석부관 전두환은 매일 얼굴을 마주했다. 마산(노), 합천(전) PK 동향 두 사람은 형제처럼 가까워졌다.

그때 벌써, 군 인맥에서 서종철-노재현-박희동(육사 3기)-전두환

'사나이 가는 大權 가도', 길 비켜라

으로 이어지는 끈끈한 관계가 무르익었다.[11]

이 때문에 10년 후, 1970년대 후반 유신 말기의 육참총장 구도가 야릇하게 변한다. 결과부터 말하면, 정승화가 79년 2월 1일 육참총장이 될 때부터 보이지 않는 권력 충돌의 불꽃이 튀었다. 그 앙금이 12·12로 이어지는 측면도 있다.

이세호 육참총장 후임 자리를 놓고 한판 암투가 벌어졌다.

노재현 장관은 박희동 3군사령관을 육참총장으로 밀었다. 같은 육사 3기에다 유난히 가깝게 지낸 동향 친구다. 노는 마산, 박은 밀양이 고향이다.

"각하, 육사 2기인 이세호 총장 후임에는 3기 박희동이 가야 하지 않겠습니까?"

박정희 대통령에게 보고하는 자리에 우연히 김계원 비서실장이 배석하게 된다. 김 실장은 박통과 노 장관의 참모총장 인사 논의에 자리를 비켜서는 자세를 취했으나, 대통령이 그대로 앉으라고 권해서 앉았다.

노 장관은 박희동을 단수로 추천했다.

박통은 썩 내키지 않는 표정이었다. 김계원은 포병 후배이기도 한 노 장관에게 말했다. "각하께 추천을 올리려면 복수로 해야 하지 않겠나."

그제야 노 장관은 정승화 카드를 내밀었다. 박통은 "이 사람이 좋겠군" 하며 집어 들었다. 김계원 씨의 추론에 의하면, 노재현 장관은 이미 차지철 경호실장과 '박희동 육참총장' 카드를 합의했고, 그래서 단수로 내밀었다는 것이다.

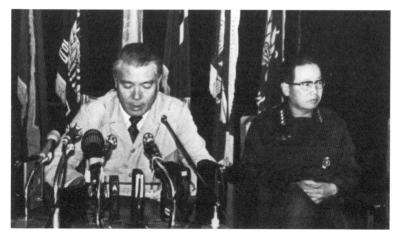

노재현 국방부 장관(왼쪽)과 정승화 육군참모총장. 노는 육참총장에 박희동을 밀었으나 김재규 라인의 정승화가 총장에 올라 서먹한 관계였다. 1979년 전두환 일당에 의한 12·12 군사반란으로 정승화 계엄사령관(육참총장 겸무)이 연행되자 노재현은 '아군끼리의 유혈 시가전'을 피한다는 명분으로 반란군 편에 섰다. 그는 뒤늦게 정승화 체포를 재가하고 최규하 대통령에게도 승인해주자고 건의했다.

김재규-김계원-정승화

차지철-노재현-박희동

그러한 대결 구도 속에서 김재규, 김계원의 논리는 이랬다.

"각하! 현재의 육참총장 이세호가 2기이니, 3기(박희동)가 가는 것이 틀린 건 아니지만, 이미 3기인 노재현 장관이 총장을 이미 지냈지 않습니까. 5기(정승화)로 세대 교체가 필요합니다."(4기는 1948년 여순반란 사건의 소용돌이 속에 전멸하다시피 하여 총장감이 없는 상황.)

정승화는 육사 교장으로 있으면서, 아들 박지만을 돌보는 등 박통의 신임을 두텁게 얻어놓은, TK(경북 김천)였다.

그리하여 정승화 육참총장이 탄생한다.

그렇게 뒤집히자 차지철은 머리를 썼다. 이재전 중장(경호실 차장)을 불러 노 장관이 공식으로 총장 임명 통보를 하기 전에 '정승화 총장'에게 전화를 걸어 다음과 같이 축하 인사를 전하라고 했다.

"당연히 정승화 총장인데, 노재현 장관이 박희동을 밀었다니, 말이나 됩니까. 각하께서 기꺼이 정 총장을 택하셨다니 다행이고, 참으로 축하드립니다."

차지철의 이중(二重) 플레이였다.

이러한 전갈을 들으면서 정승화는 '경호실장이 국방부 장관과 참모총장의 사이를 이간질하는구나'라고 느꼈다고 한다. 물론 그 경호실 차장의 전화 이전에, 정 총장은 김재규 정보부장으로부터 생색을 겸한 '진짜' 축하 전화를 받은 터였다.

전두환은 1970년, 베트남전쟁에 참전한 주월 백마부대 29연대장이 되었다.

서종철 육참총장의 수석부관에서 월남 백마 29연대장으로 나갈 때, 전두환은 자기 후임으로 친구 노태우를 찍어서 건의했다. 그러나 서종철 총장은 "노태우가 빠릿빠릿하지 못하고, 순발력도 떨어지니 수석부관 자리에는 안 맞는다"라고 손사래 쳤다.

그러자 전두환은 옆방의 육참차장 노재현을 찾아가서 노태우를 지원 사격해달라고 했다.

"같은 노(盧) 씨인데, 서 총장님을 설득해서 꼭 노태우 좀 받아주시라고 도와주십시오."

차지철 대위, 노태우 대령 엄호해준 전두환의 오지랖

전두환의 오지랖 덕분에 노태우는 그 자리를 물려받게 되었다.

전두환은 월남에서 박통으로부터 정이 듬뿍 담긴, 친필 위문편지도 받곤 했다. 월남에서 돌아온 71년 전두환은 다시 제1공수특전여단장으로 뛴다. 파격이었고 더 놀라운 것은, 73년에 동기생의 선두주자로 준장으로 별까지 단 것이다.

그리고 76년 청와대 경호실 작전차장보로 간다. 75년 육영수 여사 피살 후, 박종규가 물러나고 차지철이 경호실장이 된 후였다.

전두환은 작전차장보 인사에 불만을 터뜨렸다.

차지철 실장이 나이도 어리고, 육사 출신 선배도 아닌데 그 밑에서 일하라고 하니 자존심이 상했다. 후배 박세직(육사 12기, 하나회)이 국방부 장관 서종철의 보좌관이어서, 그를 통해 서 장관을 찾아가서 면담했다.

"그만두고 예편하겠습니다."

그랬더니 서종철 장관은 박통의 친필 서명(熙)이 든 결재 서류를 보여주며 달랬다. 대통령이 챙기고, 장관이 달래야 하는 장군이 되어 있었다.

그러나 전두환은 차지철 경호실장 턱밑에서 괴로운 나날을 보냈다.

전두환이 76년 경호실 작전차장보로 발령 나자, 차 경호실장도 긴장했다. 각하의 총애를 듬뿍 받는 전두환이 신경 쓰였다.

전두환은 회고하곤 했다.

"차지철은 내가 경호실장 자리를 가로챌까 봐서 전전긍긍했어. 대통령의 신임을 빼앗길까 봐 두려워한 거지. 군 사령관급의 중장을 경호실 차장으로 깔고 앉은 데다 또 장군인 나를 아랫사람처럼 부리는 거야.

원래 육사 시험 떨어지고 장교가 된 데 대한 콤플렉스가 대단해. 60년대 초, 내가 소령 때 일이야. 미국의 특수전(레인저) 훈련부대에 나랑 같이 위탁 교육을 받으러 간 적이 있지. 최세창, 장기오도 같이 갔어. 거기서 차지철이 퇴교당해 본국으로 송환당할 뻔한 위기를 내가 건져주었어. 그때 차지철이 나한테 '형님으로 모시겠소. 사실은 육사 12기 시험에 떨어져 보병학교로 가서 장교가 된 거야'라고 했지. 그 이래 나한테 고개 숙이고 기었어."(전두환 육성 증언)

하나회 후배들은 차지철의 퇴교 위기를 이렇게 전했다.

전두환 소령은 차지철 대위와 미국에서 레인저 훈련을 받을 때까지, 공수단에서 5·16에 가담했다는 차지철을 모르고 지냈다.

어느 날, 미국 남부의 늪지 횡단 훈련을 했다.

개인장비와 무겁기 짝이 없는 기관총 같은 공용화기를 메고 가는 철야 행군이었다. 너무 무거운 공용화기를 몇 명이 교대로 짊어졌다. 차 대위의 차례가 오고, 그것을 멘 채 늪지를 헤쳐 건너야 했다. 그러나 키도 몸집도 작은 그가 늪지에서 낑낑대고 물을 먹으며 건너는데 아무도 거들어주지 않았다. 거의 다 건널 무렵에야 교대해주었다. 차 대위는 울화가 치밀었다.

차지철이 미군에게 주먹을 날렸다.

그 일로 차는 징계위에 회부되었다. 그때 전두환 소령이 한국군의 선임 장교로 징계위에 불려가서 말했다. 최세창, 장기오도 같은 훈련 과정에 있었으나, 전두환이 선임이어서, 미군 앞에서 서툰 영어로 열변을 토했다.

"미군 사병이 한국군 장교를 감독하는 것도 자존심 상하는 일이다.

전두환은 미국에서 공수훈련을 받고 패스파인더(Pathfinder) 마크를 가슴에
달고 초기의 1공수특전단에 근무한 걸 무척 자랑스럽게 여겼다. 플로리다에
서 레인저 훈련을 받던 중, 차지철 대위가 미군 병사를 폭행해 강제 송환될 위
기에 처하자 앞장서서 도와주기도 했다. 왼쪽 사진은 한미 합동훈련에서 미
군을 격려하는 전두환 1공수여단장. 오른쪽 사진은 미국에서 훈련을 받을 때
의 전두환 소령.

거기에다 키 작은 사람에게 무거운 공용화기를 짊어지게 하고, 교대
도 안 해주는 것은 한국에서라면 있을 수 없는 일이다. 그래서 불상
사가 생긴 것이다."

차지철은 퇴교당하고 '곧바로 본국 송환'감이었지만, 전두환 덕분
에 벌점만 받고 살아났다. 그래서 전 소령에게 차가 자기의 과거를 털
어놓고, 형님으로 모시겠다고 충성 맹세를 했다는 것이다.

그런 차지철이 막상 윗사람이 되자 돌변해 전두환을 괴롭혔다.

76년 6월, 차지철 경호실장으로서는 과거가 켕기는, 껄끄러운 전
두환을 밑에 두게 된 것이다. 전두환의 기를 죽이기 위해 '왕따'했다.
그 심보를 환히 읽고 있는 전두환은 괴로워했다.

친구 노태우에게 심정을 털어놓곤 했다. 노태우가 기록했다.

"전두환 장군이 가장 자존심 꺾이고 괴로운 일은, 차지철 실장이 토

요일이면 하기식을 한다고 경복궁 30경비단 연병장에다 (육참총장과 장성들, 장관, 국회의원 등) 내빈들을 초청해 사열과 분열식을 시키는 일이었다. 차 실장이 임석 상관이 되고, 작전차장보인 전 장군이 연병장에서 부대 지휘를 해야 했다. 전 장군이 몇 차례나 그 일만은 면해달라고 했지만 차 실장은 일언지하에 거절했다. 차는 사열식 행사에 참석하는 걸 가장 큰 즐거움으로 여겼다고 했다. 나는 속으로 차지철이 참 고약하구나 하고 생각했다." (노태우 회고)[12]

그러나 차지철은 노태우가 작전차장보로 오자, 듣던 것과는 딴판으로 잘만 대해주었다. 노태우는 전두환한테서 들은 불평, '경고'와 너무 달라서 감동했다. 노태우는 경쟁 상대가 아니라고 여긴 것일까.

아니면 '발톱을 감추는 독수리' 노태우를 얕보고, 또 박통이 사랑하는 노태우를 자기 편으로 끌어들이려 한 것일까. 아무튼, 노태우는 "차 실장이 내게 각별히 잘해주어서 인간적으로 고마웠다"라고 회고록에 남기고 있다. 참으로 상대적인 것이 인간관계인 모양이다.[13]

제2장

반란군의 핀치, 그리고 찬스

땅굴 발견으로 박정희의 '효자' 된 전두환 사단장

전두환 1사단장의 또 다른 행운은 땅굴 발견이었다.

북한이 휴전선 일대에 땅굴을 파고 있다는 얘기가 체포된 간첩의 입에서 나왔다. 그래서 그의 부임 몇 년 전부터 서부전선 일대에 땅굴 시추 작업이 계속되고 있었다. 그러나 쉽게 드러나지 않아 땅굴 자체가 없는 게 아닌가 하는 회의론도 일었다.

전임 사단장(우종림)은 그것을 발굴하지 못하고 고생만 하다 떠났는데, 우종림이 뿌린 씨앗은 전두환에게 열매로 떨어졌다.

전두환은 "끈기와 행운의 결실이었다. 땅굴 유무 논쟁을 제어하고 끝까지 미군의 시추 협조를 끌어낸 것이 주효했다"라고 말했다. 그 공로로 5·16민족상도 받았다.

그 땅굴은 정치적 의미가 컸다.

78년경, 미국의 카터 행정부는 인권 탄압을 이유로 박정희 유신체제를 괴롭히고 있었다. 박정희의 핵무기 개발을 견제하고 미군 철수 카드로 위협하는 등 한미관계가 소용돌이치고 있었다. 박동진 외무부 장관조차도 '불편한 관계'(inconvenient relation)라고 실토하던 시절이다. 미국 정가와 미디어에서는 박동선 로비, 김형욱의 증언 등 '코리아 게이트'로 한국 두들겨 패기가 유행이었다.

땅굴 발견은 그런 상황에서 북의 남침 흉계를 세계에 알리고, 유신 독재를 변명하는 구실이 되어주었다. 박통으로서는 '효자 전두환'이 고맙지 않을 수 없었다. (허화평 기록)[14]

돌이켜보면, 1979년 귀신 들린 것 같은 조화(造化)가 더 있다.

계엄이나 전시에는 '보안사가 정보부 위에 서도록' 하는 대통령령에 박정희가 서명해놓고 10·26을 맞은 것이다. 보안사(합동수사본부)가 계엄령하에서 정보부와 검찰, 경찰 등 모든 수사 권력을 통제하는 위상, 이것은 전두환에게 기막힌 행운이었다.

70년대 후반은 정보부가 압도적 힘을 떨치던 시절이었다.

국방부와 보안사는 그전부터 주장해온 바가 있다. '아무리 정보부가 수사기관 조정 권한을 쥐고 강력하다 해도 계엄이나 전시에는 당연히 군령권자의 자문 참모 역할이어야 한다'라는 논리를 내세워왔고 그 말이 맞았다. 하지만 정보부의 파워에 밀려 끙끙 앓을 뿐 진척이 없었다. 그런데 전두환이 79년 3월 보안사령관이 되고 신임을 확보한 덕에, 박정희가 죽기 전에 이 대통령령 개정안에 서명해주었다.

그리하여 계엄령하에 합수본부장 전두환 천하가 온 것이다.

"(대통령을 암살한) 범인은 중앙정보붑니다."

전두환 보안사령관(계엄사 합동수사본부장)이 국민 앞에 처음 선보인 10·26 사건 수사 발표 장면(1979. 10. 28.). 백동림 수사국장(왼쪽)과 이건개 검사(오른쪽)는 "정승화 계엄사령관의 경우, 애당초 김재규의 박정희 대통령 및 차지철 경호실장 암살과는 전혀 무관했다"라고 검찰 수사(1996)에서 밝혔다. 백동림은 이 때문에 수사에서 배제당했고 이학봉이 주로 나섰다.

　10·26 다음 날인 27일 군·검·경 합동수사본부에서 내놓은 전두환의 첫 발언이었다.

　모든 수사기관을 보안사에 복속하게 하고 그 '수사 권력'으로 정승화 계엄사령관까지 덮쳐 군권을 잡을 수 있었다. 그리고 80년에는 5·17 쿠데타로 정권까지 장악했다. 박정희의 유지(遺志)라고 신군부가 우기는 대목이다. 전두환도 "박 대통령이 당신의 최후와 그 뒷수습을 나에게 맡기려고 그렇게 일찍 나를 보안사령관에 임명하신 것이구나, 하는 생각에 인연의 무서움을 느꼈다"라고 했다.[15]

　전두환 보안사령관이 경제를 공부했다는 대목도 뜬금없다.

　79년 3월, 전두환이 보안사령관이 되고 몇 달 지나자 생뚱맞게도 경제를 공부하겠다고 나섰다. 경제과학심의회의 사무국장 박봉환(나중에 재무부 차관, 동력자원부 장관)을 삼청동 입구의 보안사로 은밀히 불

러 경제를 가르쳐달라고 자청했다.[16]

"경제를 모르고서는 군 정보기관도 안 된다는 생각이 들었습니다. 재무부 이재국장도 지내고, 대통령 각하의 신임도 두터우신데, 저한테 경제를 좀 가르쳐주시면 좋겠습니다."

군대 장성으로는 좀 '오버'하는, 경제 공부 욕심이 왜 났는지는 수수께끼다.

그런데 왜 하필 박봉환이었나? 중앙고를 나온 김종인(노태우 정부의 경제수석)의 매제, 그러나 전두환과의 연결고리가 쉬 떠오르지 않는다.

이장규 이코노미스트(중앙일보 전 편집국장)의 설명.

"장덕진 경제과학심의회의 상임위원장이 박봉환을 전두환에게 추천했다. 박정희 대통령은 주요 경제 이슈가 생기면, 경제기획원과 한국개발연구원(KDI), 한국은행, 경제과학심의회의, 네 군데서 보고를 받고, 최종 결정을 내렸다. 장덕진 위원장이 이끌던 심의회의에 박봉환은 정통 재무 관료로 파견 나가 있었다. 전두환 사령관은 장덕진에게 부탁했고, 장이 박을 천거한 것이다."

전두환의 경제 공부. 간첩 잡는 보안사령관치고는 어울리지 않는 향학열이지만, 훗날 그 자신과 5공에 엄청난 나비 효과로 작용했다.

전두환은 열심히 공부했다고 한다.

박봉환은 한 주일에 두어 차례 보안사에 드나들었다. 그러면서 경제정책이 무엇이며, 물가 안정이 왜 중요한지를 가르치고, '인플레는 히틀러의 양아들'이라거나, '자본주의를 망치려면 먼저 그 나라의 통화가치를 타락시켜라'(레닌의 말) 같은 비유로, 장군의 머리에 경제학을 심었다.

전두환이 5공 내내 물가 안정에 살인적 집착을 품게 된 계기다.

그렇게 시작한 경제 공부에, 차차 다른 경제 과외교사로 김재익, 김기환, 사공일, 차수명, 유갑수 등이 등장하고, 그들은 나중에 전두환 정권의 '경제 브레인'으로 발탁되어, 경제수석(김재익), KDI 원장(김기환), 상공부 차관보(차수명), 금융통화위원(유갑수)을 맡게 된다.

위컴 사령관 "반란 전두환을 군사재판에 넘겨라"

79년 12·12 사태는 군사반란으로 규명되었다.

대법원에서 확정된 재판의 결과(1997년)이기도 하다.

그러나 5공 정권과 전두환을 정확히 이해하기 위해서는, 단순한 법적 판단을 넘어서서 다층적인 자료와 증언 회고록(주한 미국대사, 주한미군 사령관 포함)을 통한 입체적 재점검이 필요하다.

그날 밤, 노재현 국방부 장관의 무책임한 도주와 유약한 처신(신현확의 기억), 결과적으로 반란군을 도운 것은 손가락질을 면치 못한다. 5·16 때, 장면 정권과 박정희 반란군 사이에서 양다리 걸쳤던 장도영 육참총장을 떠올리게 한다는 것이다.

문홍구 중장(당시 합참본부장)의 증언.

"12·12 거사 몇 주 전에, 8군 사령관 위컴 장군이 국방부 장관과 나에게 '육사 출신 장군들 중심으로 심상치 않은 정치적 움직임이 있다'는 정보를 주었다. 그때 노재현 장관실에 들어가서 말했다. 그러자 노 장관은 '나도 전두환 장군을 불러 알아보았으나, 그런 일은 절대 없을 것이라고, 안심하라'라고 말했다."[17]

문홍구 수도군단장(왼쪽)과 존 위컴 주한미군 사령관(오른쪽)의 대화 장면(1976). 위컴 사령관은 1979년 12·12 며칠 전 문홍구 장군에게 "육사 출신 장군들의 심상찮은 움직임이 있다"라고 정보를 주었다. 위컴은 이형근 퇴역 장군(한국 군번 1번)으로부터 그러한 정보를 들어서 전한 것이었다고 회고록에 밝혔다. 문홍구가 국방부 장관 노재현에게 사전에 방비할 것을 주문했으나 노 장관이 묵살하는 바람에 결국 전두환 일당의 반란이 일어났다.

존 위컴 사령관도 그 정보의 소스를 회고록에 공개했다.

이형근(1920~2002, 전 육참총장, 합참의장) 장군에게서 들은 정보였다.

이형근은 군사반란이 나기 보름쯤 전인 79년 11월 말 위컴한테 찾아가서 "육사 11, 12, 13기 출신들 사이에 불만이 높아지고 있다. (진급이 적체되어) 군 경력이 위태롭게 된 중령, 대령급에도 불만이 급증하고 있다"라고 걱정한 적이 있다.[18]

떠도는 정보, 소문의 큰 흐름은 두 갈래였다.

첫째는 군부의 인사 적체로 쌓인 육사 출신들의 불만이었다.

반란 성공 후 실세 대령이 말했다.

"정승화가 계속 잡으면 10년은 더 해먹을 것이고, 그렇게 되면 육사 11기부터 17기까지는 10년은 더 기다려야만 했다. (나중에 거사에 성공해서) 우리 12·12 참여 대령들이 선배들 옷 벗기기에 나선 건 사실이다. 박 정권 18년 동안 군이 크지 못하도록 교묘하게 요리해왔기 때문에, 영관급의 불만이 누적되어왔다. 나는 군대 생활 18년에 월급이 17만 원밖에 안 된다."[19] 실세 대령이 기자들 앞에서 한 공언이다. 박정희가 사라진 권력의 진공을 음험하게 노리고 있었다는 얘기다.

둘째, 정승화 체포를 통해 하나회 육사 시대를 여는 것이다. (그러나 현실적으로 계엄사령관이므로 쉬운 일은 아니었다.)

보이지 않는 정승화·전두환 대립 갈등 구도에서, 정승화 계엄사령관을 끌어내리고 싶어 했다. 골수 박정희파인 전두환의 보안사(합동수사본부)는 "정승화가 10·26 저녁 궁정동 암살 현장 근처에 있었다, 김재규의 암살을 알고도 몇 시간 머뭇거렸다"라고 트집 잡아 법적으로 내란 방조로 덮어씌우려 했다. 그런데 합수본부의 수사1국장 백동림 대령, 이건개 검사 등이 그건 말이 안 된다고 반대했다. 그러자 전두환 등 하나회 세력은 "낚시(암살)는 같이 안 했지만, 매운탕(권력)은 생각이 있었다"(이학봉 수사국장)라는 논리로 비켜섰다.

문홍구 중장은 노재현이 전두환을 의심하지 말고 안심하라고 해도 반신반의했다.

합참 정보국장 김용금 장군을 불러 더 살펴보고 분석하도록 했다. 과연, 전두환 일당이 육사 출신과 하나회를 무기 삼아서 무언가 획책하는 낌새가 있었다. 두 사람은 노 장관실에 다시 갔다.[20]

그러자 노재현 장관은 노발대발. 돋보기안경을 내던지며 소리를 내질렀다.

"아니라는데, 도대체 왜들 그러냐?"

18년 전, 양다리 걸친 육참총장 장도영이 장면의 비서실장 선우종원에게 신경질 부리며 대꾸했다.

"박정희가 그런 짓(쿠데타) 안 한다는데 왜들 그러십니까? 내가 다 알아봤습니다!"

그대로 판박이가 아닌가.

노재현은 전두환의 음모를 알고 있었다.

그러나 알고도 설마 했던 것일까. 나중에 신군부 대령은 기자 브리핑(80년 1월 중순)에서 솔직히 밝혔다.

"전두환 사령관이 노재현 국방부 장관에게 정승화 체포를 3번이나 건의했다. 2번은 거절당하고, 3번째는 면박당했다. 그러는 사이 역으로 전두환 사령관을 동해방위사령관으로 내쫓는다는 소리가 들리고, 정승화가 12월 13일 개각에서 자기 세력 최세인, 박영수 장군을 심으려고 해서 거사를 결심한 것이다. 누가 먼저 선수를 치느냐는 피차 3, 4일 앞서고 뒤지는 차이밖에 없었다."(12·12 기자 브리핑에서 실세 대령)[21]

노재현 장관은 양측의 움직임을 손바닥처럼 들여다보고 있었다. 그러면서도 시치미를 떼고 있었다. 속으로 끙끙 앓았다고 해야 맞을 것인가.

전두환은 노재현 장관을 기댈 언덕으로 삼았다.

반란을 저지르면, 설마 전두환을 총 쏘고 토벌하지야 않겠지! 새파란 전두환 소장을 보안사령관으로 천거해준 노 장관 아닌가? 그리고 79년 육참차장(노)-총장 수석부관(전)으로 만난 이래 10년을 다져온 돈독한 동향(경남), 친형제 이상의 유대가 아닌가.

신현확 국무총리와 위컴 주한미군 사령관. 1980
년 초 실권을 장악한 전두환은 신 총리에게 접근
하여 "대통령을 맡아주십시오"라고 했으나, 신 총
리는 "네가 뭔데 일국의 총리에게 대통령을 맡으
라 마라 하느냐, 건방진 놈!"이라고 쏘아붙였다.
전두환이 신현확의 의중을 떠보기 위해 던진 말
로 보인다.

신현확(당시 국무총리)의 증언도 객관적으로 귀 기울일 만하다. 신 총
리는 신군부의 핵심들과 동향이며, TK 인맥의 대부로도 불린다.

전두환이 80년 봄 그에게, '최규하 대신 대통령을 맡아주십시오'라
고 말한 적도 있다.

"네가 뭔데 일국의 총리에게 대통령을 맡으라 마라, 하느냐, 건방
진 놈!"

신현확은 후배 전두환을 향해 쏘아붙였다.[22]

그건 탐색이었다. 전두환은 호통을 듣고도 즐거웠을 것이다.

노태우 수도경비사령관도 신현확의 동생과 경북고 동기동창이라
는 학연을 타고, 신 총리에게 접근하여 대통령으로 업으려 한 적이 있
다. 그때도 신현확은 단호히 손을 내저었다.

12·12 반란으로부터 20여 년이나 흐른 뒤, 신현확 전 총리(2007년

작고)가 육성으로 남긴 테이프 40여 개를 아들 신철식(국무조정실 정책조
정차장 역임)이 정리해서 《신현확의 증언》[23]을 펴냈다. 이 책은 반란의
진상과 본질을 이해하는 데 도움을 준다.

신현확 "총장 체포하려다 총격전? 이건 내란 아닌가"

12·12 저녁이었다.

최규하 대통령의 지시로 내각 개편안을 만든 신현확 총리가, 저녁
8시경 삼청동 총리 공관으로 올라갔다. 최통은 아직 청와대로 입주
하지 않고, 총리 공관을 쓰고 있었고, 그래서 신 총리는 자택에서 출
퇴근했다.

최통과 신 총리가 조각 협의를 마무리할 무렵인 저녁 8시경, 전두
환 합수본부장(보안사령관)이 대통령의 결재를 받을 일이 있다고 들어
왔다. 황영시(1군단장), 차규헌(수도군단장), 유학성(군수차관보), 박희도(1
공수여단장)가 군복을 입은 채 우르르 몰려오는 품이, 그야말로 무력
시위였다.[24]

"무슨 결재입니까?"

"정승화 총장 체포 건입니다."

신현확이 벌떡 일어섰다.

"전 본부장, 제정신으로 하는 말이오? 아니 상관인 정 총장을 체포
하겠다는 말인가?"

"박 대통령 시해 사건 마무리를 위해서는 어쩔 수 없습니다. 체포
조가 출동했으니, 지금쯤은 상황이 끝났을 겁니다. 늦었지만 여기에
사인을 해주십시오."

"왜, 사전 결재를 받지 않고, 이러는 거요. 문제를 일으켜놓고 사후 결재를 받겠다는 게 말이나 되는 소린가?"

두 사람이 옥신각신 언쟁을 벌였다. 최규하 대통령이 한마디 했다.

"장관 결재도 없이, 절차를 무시하고 연행부터 한다? 앞뒤가 전도되어도 유분수지."

이때부터 비서실에서 심상찮은 보고가 들어오기 시작했다. 국방부에서 총격전이 벌어지고, 서울 시내 모처를 ○○부대가 점령했습니다! 최통과 신 총리는 그동안 군부에서 이런 반란의 씨앗이 자라고 있는 줄은 꿈에도 모르고 있었다.

10·26 시해 현장에서 50m 떨어진 별채에 정승화 육군 참모총장이 불려와 있었던 것은 사실이지만, 사건 자체에 군부나 외세의 개입이 없었던 것은 이미 명확하게 드러난 바 아닌가.

신현확이 최 대통령을 향해 말했다.

"이러다가 큰일 나겠습니다. 절대 결재하시면 안 됩니다. 그런데 당신들, 국방부 장관 결재는 왜 없는 거요?"(신)

"지금 연락이 되지 않습니다. 어디 계신지 모르겠습니다."(전)

전두환은 국방부 장관 결재 없이, 대통령에게 직보하고 결심받은 전례도 많다고 둘러댔다. 50년대 자유당 정권 때 특무대장 김창룡이 이승만 대통령에게, 70년대 강창성이 박정희 대통령에게, 장관을 건너뛰어 보고하고 실행해왔다는 궤변을 늘어놓았다. 일을 저질렀으니, 결재는 받아야 했다. 이미 한남동에서는 총격전이 벌어지고 유혈 사태가 난 판이다. 최통도 그런 쿠데타 장성들의 속내를 꿰뚫어 보고 있었다.

전두환 일당의 군사반란이 일어난 12·12 심야, 육본 측은 유혈 시가전을 우려하여 반란군이 제시한 '병력 출동 자제'를 받아들였으나, 전두환 일당은 약속을 어기고 기만적으로 1공수여단, 9사단 29연대, 기갑여단 등을 출동시켜 국방부와 육본을 장악해 승세를 굳혔다. 초저녁 육참총장 공관의 총성에 놀란 노재현 국방부 장관은 담을 넘어 미군 벙커로 도망쳤다가 뒤늦게 육본 측 장태완 수경사령관 등에게 "말로 하라. 병력 출동을 금지한다. 피를 흘려선 안 된다"라고 명령했다.

"지금 상황이 어떻게 진행되고 있소?"(신)

"정 총장은 이미 체포되었는데, 육본 지휘부에서 반발이 일어난 거 같습니다."(전)

"반발이라니, 상황을 있는 그대로 보고하시오."(신)

"정 총장이 체포되니, 육군 지휘부에서 저항이 생겼습니다. 그걸 진압하기 위해 우리 측 수경사와 9사단이 이미 서울에 진입했습니다. 육본에서는 총격전이 벌어지고 있습니다."

"이건 내란 아닌가? 이러다 북한이 내려오기라도 하면 어쩌려고 그러나?"(신)

신현확은 최통과 몇 마디 나누고는 ○○사단을 전화로 부르도록 했다.

사단장은 서울로 올라가는 중이라고 했다.

"왜 사전 승인 없이 이동하는가? 여기 대통령 각하가 내 옆에 앉아 계신다. 국군 통수권자의 지시 없이 왜 움직이나? 본대로 돌아가라! 이건 대통령의 명령이다. 즉각 돌아가라!"

그래도 부대는 경복궁 30단 반란 지휘부의 지시대로 서울로 진입하고 있었다.

신 총리가 반란군의 출동을 막는 사이, 육본 측의 병력 동원은 노재현 장관에 의해 제지당한다.

노재현은 자정 무렵 합참본부장 문홍구에게 이렇게 지시했다.

"전두환과 통화했는데, 정승화 장군을 체포하는 외에는 다른 목적이 아무것도 없다. 앞으로 군내의 변화는 없을 것이니, 안심하라. 그리고 수경사 안에 있는 다른 장군들에게도 잘 이야기해서, 흥분하지 않도록 하라. 경복궁 30단에 있는 황영시, 유학성, 차규헌 장군들도 모두 무지한 사람이 아니니 조용하게 일을 처리하도록 하시오."

합참의장 김종환, 그리고 중앙정보부장 이희성으로부터도 같은 내용의 전화가 왔다.

"병력 출동 안 했지요?"

그러나 이 시각 거사 부대는 1공수여단을 비롯해 서울 시내로 진입하고 있었다.

육본 측의 패색이 짙어졌다.

수경사령관 장태완은 전차 몇 대를 동원해서 서빙고의 정 총장을 구출하려고 시도했으나 허사였다. 전차장과 조종사들이 사령관의 명령이라 해도 듣지 않는다는 것이었다. 휘하의 30단장 장세동에게 당장 오라고 명령해도, 못 간다고 항명하는 것은 마찬가지였다. 하나회의 결속이 명령 계통을 무너뜨린 것이다.

장태완은 정병주 특전사령관에게 전화를 걸어보았다.

특전사의 1개 대대 병력이라도 수경사로 보내줄 수 없느냐고 물었다. 그러나 정병주도 "거사 군에 포섭되어 모두 이탈해서 말을 안 들으니 자신이 없다"라고 한다. 정병주는 그 직후 부하 최세창의 3공수여단 요원의 M16 소총에 맞아 복부 관통상을 입고 쓰러졌다. (눈을 떠보니 순천향병원이었다.) 그의 비서실장 김오랑 소령은 반란군에 사살당했다.

노 장관은 전두환의 계산대로 반란군의 편에 섰다.

노재현은 12·12 밤 10시경 전두환 합수본부장과 통화했다.

그때 노 장관은 전을 통해 긴박한 상황에 대해 파악했다.[25] 하지만, 육본 계통(정승화)과 반란군의 무력 충돌 상황에서 총에 맞을까 더럭 겁이 났다. 노재현은 새벽 1시, 제1공수여단과 국방부 옥상에 배치됐던 수경사 병력 사이에 발생한 총소리에 겁을 먹고 국방부 건물 지하 1층 어두운 계단에 숨어 있었다. (보안사 실세 한 사람에 의하면 계단 밑 쓰레기통 속이었다고 한다.)

무려 새벽 3시가 다 되도록 숨죽이고 있다가, 수색병에게 들키자, "나, 장관이야"라고 하면서 고개를 내밀었다.

12월 13일 새벽 3시경, 절망에 빠진 장태완 수경사령관에게 노재현 장관이 전화를 걸어 말했다. 숨어 있다가 나타난 장관치고는 당당했다.

"야, 장태완! 너는 왜 자꾸 싸우려고만 하나! 말로 해, 말로! 피를 흘려서는 안 된단 말이야."

"피 흘리고 말 것 없이 이제 상황이 다 끝나갑니다. 지시를 내려주십시오."

"병력을 철수시키고, 상황을 끝내도록 해."

장태완은 기록을 남겼다.

"한남동 총장 공관에서 총격전이 벌어진 지 8시간 동안 보이지 않던 노 장관이, 전세가 합수본부(반란군) 쪽으로 완전히 기운 이후에야 나타나서 '상황 중지' 명령을 내리니 그의 저의에 의문이 들면서, 복장이 터지는 아픔을 느꼈다."[26]

그 이전에 노재현 장관은, 육참차장 윤성민이 정승화 총장의 빈자리에서 지휘권자가 되어 맞서려는데, 윤에게 명령했다.

"각 부대를 장악하고, 절대 움직이지 못하게 하라. 병력 출동은 안 된다."

3군 사령관 이건영 중장에게도 똑같이 지시했다.

그 직전 윤성민 육참차장은 (하나회와 연줄이 없는 갑종 출신의) 윤흥기 여단장의 9공수를 출동하라고 했었다. 9공수가 출동하자, 반란군 지휘부는 경악했다. 만일 9공수가 반란군의 1공수보다 서울에 더 빨리 도착한다면 큰 충돌, 총격전이 예상됐기 때문이다.

이때 윤성민은 노재현 장관과 유학성의 전화를 받고, 서울을 향했던 9공수에 회군(回軍)을 명령한다.

사태를 유화적으로 해결한다는 상호 약속에 따라, 9공수가 돌아갔다. 하지만, 박희도의 1공수는 기만적으로 출동해서 육군본부와 국방부를 점령해버렸다. 장태완, 문홍구 등 정승화 총장 세력은 완전히

속임수에 넘어간 셈이다.[27]

자정이 지나면서 1, 3, 5공수부대 말고도, 9사단 29연대 등 거사 부대들이 서울로 진입한다는 보고가 들어왔다. 안종훈 장군이 말했다.

"이것은 치밀하게 계획된 쿠데타요. 우린 속수무책이오."

통신 감청을 장악한 보안사 전두환 일당은 육본의 움직임을 손바닥처럼 들여다보면서, 반란군을 출동시켜 쿠데타에 성공했다. 그런 반란군에 협조한 김종환(합참의장)은 그 후 내무부 장관으로, 이희성은 육참총장으로 영전되어갔다. 반란군을 도와준 대가요, 논공행상이었다.[28]

새벽 3시 브루스터 CIA 지부장의 급한 전화 통화

12·12 그날 밤, 미국도 놀라고 초조했다.

12월 13일 새벽 3시경, 미국의 CIA 한국지부장인 로버트 브루스터가 전두환에게 전화를 걸었다. 이 전화를 황진하 소령(부관, 나중에 17, 18대 국회의원)이 받았다.[29]

브루스터를 황진하 소령은 몇 차례 마주친 적이 있다. 전두환 사령관과 브루스터가 몇 번인가 만날 때, 황 소령이 통역했었다.

"사태가 매우 심각하게 돌아가고 있다. 내가 도울 일이 없겠는가?"

황 소령을 통해 전두환이 대답했다.

"최규하 대통령께서 노재현 국방부 장관의 소재를 찾고 있는데, 파악되지 않고 있다. 노 장관이 최규하 대통령께 빨리 가는 것이 사태 안정에 도움이 될 것 같다." 20여 분 후, 전화(브루스터)가 다시 왔다.

"노 국방부 장관의 소재를 찾아냈다. 최 대통령한테 가라고 했다. 노 장관이 대통령 계시는 삼청동 공관까지 가는데 신변 안전을 보장해줄 수 있는가?"

전두환이 대답했다.

"물론 안전을 보장한다. 즉각 노 장관을 총리 공관으로 출발토록 전해달라."

삼청동 공관으로 가는 길은 보안사령부 앞을 지나가야 한다.

전두환은 기민했다. 통신을 장악한 반란군 일당은 노재현 국방부 장관을 총리 공관 도착 직전에 가로막고 세웠다. 노재현에게 미리 쿠데타 상황을 설

전두환(1980년 3월 중장 승진)과 부관 황진하 소령(뒤). 12·12 쿠데타 다음 날인 13일 새벽 미국 중앙정보국(CIA) 서울지부 브루스터 지부장이 보안사령관에게 전화했을 때, 부관인 황진하 소령이 받았다. 브루스터는 노재현 국방부 장관이 용산에서 삼청동 공관(최규하 거주)으로 안전하게 이동하도록 돕고, 전두환과 글라이스틴 간의 면담(정동 미국대사관)도 주선했다.

명하면서, 반란군의 입장대로 보고했다. 사태는 이미 기울었고, 고개를 끄덕인 노재현은 삼청동으로 갔다.

30~40분 후 노재현은 다시 귀로에 보안사로 와서, 전두환 사령관과 10여 분 단독 대화를 마치고 사라졌다. (황진하 목격담)[30]

주한 미 8군 사령관 존 위컴 장군이 극도로 분노했다.

노태우의 9사단 29연대는 미 8군의 통제를 받기 때문에, 더욱 화가 났다. 더구나 국방부로 가던 그의 승용차에 유탄이 날아가 맞기도

했다. (노태우가 한 말) 미 8군 벙커에 노재현 국방부 장관이 위컴과 같이 있다가 그 차를 얻어 타고 국방부로 가는데, 1공수가 들이닥쳐 총격전이 벌어졌다. 미군 운전사가 목숨에 위협을 느꼈다고 한다. (위컴 회고록)

12·12 후 한국 장성들이 용산 미군 골프장에도 못 다니게 했을 정도로 위컴 사령관은 분기탱천했다. (허화평 기록)[31]

신현확 증언은 계속된다.

새벽 3시경, 가까스로 내란 충돌을 막고 있는 상황에서 노재현 국방부 장관과 겨우 연락이 되었다. 사태를 알고나 있는가? 왜 즉각 대통령이 있는 이곳으로 오지 않는가? 힐난했다. 국방부 장관이 대답했다.

"못 가겠습니다. 지금 총격전이 벌어지고 양쪽이 대치하고 있는데, 어떻게 갑니까? 이 대치 상태를 뚫고 갈 수가 없습니다."

신 총리가 다시 물었다.

"그러면 내가 거기 가면 나하고 같이 오겠습니까?"

겁쟁이 장관은 그러겠다고 대답했다.

새벽 3시경, 신 총리가 삼엄한 대치 상황 속으로 발걸음을 떼자 최통이 걱정스럽게 "정말 가주시겠습니까?" 하고 물었다. 차를 타고 종로2가 종각 부근에 이르니, 탱크가 막아섰다. 국무총리라고 소리쳐도 병사들은 막무가내, 곳곳에서 승강이를 벌이며 겨우 용산 국방부 청사에 3시 50분경 도착했다.

국방부 현관은 1공수의 진입과 총격전으로 모두 부서지고, 사방에 유리 파편이 흩어져 있었다. 내란의 현장, 바로 그것이었다.

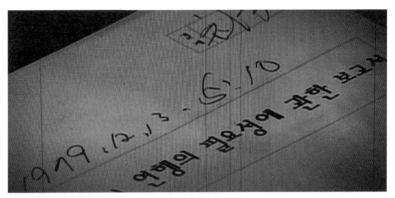

최규하 대통령이 '정승화 연행' 서류에 남긴 서명과 일부러 불법 연행을 명기하기 위해 적은 시각. 12월 13일 5시 10분이 선명하다.

노 장관을 겨우 태우고 총리 공관으로 향했다.

그런데 노 장관은 총리 공관 못 미쳐 보안사 앞에서 내렸다. 전두환은 노루목을 지키고 있다가 그를 낚아챈 것이다. 노재현은 정승화냐, 전두환이냐 택일하라면 무조건 전두환일 터이다. 10년 전 육참차장 시절부터 다져온 의형제 같은 동맹 아니던가. 거기서 국방부 장관으로서 수사 착수 계획서에 뒤늦게 도장을 찍었다.

그리고 최규하 대통령과 신 총리 앞에서, 대통령의 재가를 건의했다.

신현확 총리의 증언.

"허탈했다. 쿠데타 장성들을 끌고 들어와 무력시위를 하는 전두환에 맞서고, 내란 사태를 막으며 새벽까지 버텨왔는데, 군부를 책임지는 국방부 장관이 이토록 유약하다는 말인가?"[32]

최통은 쿠데타 장성들(특히 백운택)의 겁박에도 견디면서, 죽을 뻔했다고 고백(김종필에게 한 말)할 정도로 버티었건만, 국방부 장관이 백기

전두환 대통령이 이임하는 글라이스틴 미국대사와 악수하는 장면(1981. 6. 9.). 신군부의 1979년 12 · 12 군사반란 직후 글라이스틴은 전두환에 대해 "미국은 민간 정부만을 상대할 뿐"이라며 냉소적이고 반감이 컸으나, 보름도 안 되어 누그러진 태도를 보였다. 공개된 외교문서에 의하면, 글라이스틴 대사는 1979년 12월 28일 박동진 외무부 장관을 만나 "(미국이 새로운) 군부 지도자들을 배척하거나 경원시하는 태도를 취하는 건 아니다"라고 꼬리를 내렸다.

를 드는 마당에 어쩔 도리가 없다.

최통은 재가 서류에 서명과 함께, 특별히 시각을 적어놓았다. 사후에, 반란군의 폭압에 의해 마지못해 사인했다는 취지로.

12월 13일 05시 10분.

쿠데타는 일단 성공이었다.

12월 13일 날이 밝아오자, 미국 CIA 브루스터 지부장으로부터 보안사에 다시 연락이 왔다.

글라이스틴 주한 미국대사가 합수본부장 전두환을 만나고 싶어 한다는 것이다. 10시에 미국대사관 직원 관사의 귀빈실에서 만나게 되었다.

전두환과 권정달 처장, 그리고 부관 황진하 소령이 관사에 들어서자, 귀빈실 입구에는 철창으로 둘러싼 검은색 버스가 시동을 건 채 서 있었다. 현관에는 커다란 셰퍼드 개가 이빨을 드러내고 경계했다. 긴장한 황진하 소령은 점퍼 안주머니의 권총을 확인한 후 심호흡을 했다. 쏘면 맞서 쏘아야 한다.

모두 6명이었다. 미국대사, 브루스터, 통역, 그리고 전두환, 권정달, 황진하.

글라이스틴 대사가 운을 뗐다.

"미국은 지난밤 발생한 한국 내 사태에 매우 우려하고 있고, 심각하게 주시하고 있다. 전방 병력을 한미연합사 승인 없이 움직인 것은 심각한 문제다. 왜 이런 사태가 일어났는가?"(대사)

"박 대통령 시해 사건 수사 과정에서 발생한 일이다. 수사를 마쳐야 하는 막바지에 왔는데도, 범인 김재규와 육군참모총장 정승화의 진술이 엇갈려, 수사 마무리가 안 되기 때문에, 두 사람을 대질 심문하려다 발생했다."(전)

"육군참모총장이 연행되니 군이 흔들리고 있다. 아직 북한 동향에 특이한 것은 없지만, 걱정스럽다. 한반도 안보는 동맹국인 우리로서 최대 관심사다. 정말 순수하게 암살 사건의 수사 목적이었나?"(대사)

"나는 국가원수를 살해한 역사적인 사건의 수사 책임자이다. 확실히 수사하려다 생긴 일을 놓고 왜 순수한가 아닌가를 묻는가?"(전)

"군부의 동요가 걱정되고, 그러면 안보에 영향을 줄까, 우려되기 때문이다."(대사)

전두환이 한술 더 떠서, 능청스럽게 둘러댔다.

"분명하게 순수한 수사 목적이다. 그리고 대사는 아는가? 시해 사건의 배후에 미국 CIA가 김재규의 뒤에서 조종했다는 소문이 무성한 것을. 확실히 수사해야 그것도 해명되지 않겠는가?" (전)

황진하는 당일 미국이 전두환의 의중을 파악하는 데 집중하는 것을 느꼈다. 그런 국면에서 전두환은 천연덕스러운 궤변으로, 첫 단추를 잘 꿰었다.

위컴 "미군 철수에, 경제 원조 끊길 각오하라"

그날 13일 오후에 전두환은 존 위컴 한미연합사 사령관을 만나고자, 브루스터 지부장을 통해 교섭했으나 만나지 못했다. 위컴 회고록[33]과 글라이스틴 회고록[34]에는 의도적으로 회피한 것으로, 명기하고 있다. (일부, 전두환이 홍순용 중령을 통역으로 데리고 가서 만났다고 기록하고 있으나 못 만난 것이 분명하다.)

위컴은 글라이스틴 대사보다 더 흥분해 있었다.

위컴은 소문난 원칙주의자이고 독실한 모르몬교 신자답게, 노재현 국방부 장관 앞에서 펄펄 뛰었다. 연합사 병력이 자기 승인 없이 이동한 사실에 대해 도저히 묵과할 수 없고, 쿠데타군의 행태는 용서할 수 없는 군법회의 회부감이라는 것이었다.

"육참총장 정승화 장군, 합참본부장 문홍구 장군 등을 감금한 건 이유도 없고 부당하다. 쿠데타 주동자들의 짓을 인정할 수 없다!" (위컴)

전두환 합수본부장과 반란군은 위컴의 분노 폭발에 간담이 서늘해졌다.

위컴은 노재현 장관 말고도, 김종호 합참의장, 유병현 한미연합사 부사령관에게도 전두환, 노태우, 황영시를 군사재판에 회부해야 한다고 소리쳤다. 미 8군의 작전통제권 아래 있는 전방 부대를 쿠데타에 동원한 자들을 용서할 수 없다고 분노했다.

위컴의 주장은 틀린 데가 없었다.

서울로 들이닥친 반란군 3개 부대, 즉 9사단 29연대, 2기갑여단의 1개 전차대대, 30사단 90연대는 확실히 한미연합사령관의 지시 없이는 움직일 수 없는 부대였다. 황영시 1군단장 예하이긴 하지만 미 8군의 작전통제권 아래 있는 것이 분명했다.

위컴은 화가 난 데다, 글라이스틴 대사도 전략상 전두환을 만나지 말라고 해서, 둘이 짜고서 면담을 거절했다.

대사는 위컴 장군에게 "미국이 전두환의 군 명령체계 위반, 사회 불안을 일으키는 위험한 행동을 얼마나 심각하게 여기는지를 깨닫게 해줄 필요가 있다"라고 면담에 응하지 말라고 했다. 주한미군 사령관이 만나주는 것 자체가 반란 수괴 전두환의 위상을 공식적으로 인정하는 게 된다는 것이 대사의 계산이었다.

위컴은 그 대신 12월 13일 노재현 장관을 만났다.

간밤의 총탄 자국이 선명한 국방부 청사에서 만난 노재현은 밤사이에 달라져 있었다. 피곤한 모습이고 기가 죽어 있었다.

그런데 간밤에 위컴과 함께 미군 벙커에서 목청 높이던 것과는 달리, 마치 아무 일도 없었던 것처럼 전두환 일당의 앞잡이가 되어 있었다. 반란군의 행적과 동기에 대해 변명을 늘어놓았다. 전두환이 시킨 얘기를 연기하는 것에 불과했다.

그 옆에는 카세트 녹음테이프가 대화를 기록하고 있었다. 위컴은

전두환, 노태우의 군사반란 직후 존 위컴 주한미군 사령
관은 한미연합사의 지휘를 받는 9사단 29연대 등이 불
법 동원된 데 대해 극도로 화를 내며 "(반란군은) 김일성
에게 초대장을 보낸 거나 마찬가지 아닌가? 앞으로 미군
철수, 과학기술 이전, 미사일 공동 개발, 미국산 무기 판매
등을 다시 검토하지 않을 수 없다"라고 신군부를 압박했
다. 위컴은 불쾌감의 표시로, 용산의 8군 골프장에 한국
군 장성들의 출입을 금지하고, 전두환의 면담 요구에 응
하지 않다가 2개월 후에야 만나주었다. 위컴은 6·25전
쟁, 월남전에 참전했으며 1983년부터 4년여 미국 육군참
모총장을 지냈다.

생전 처음 겪는 경험이었다고 기록했다.[35] 녹음기도 있으므로 반란군이 들을 것이다. 위컴은 전두환 일당이 들으라는 듯이 퍼부었다.

글라이스틴 대사와 짰던 대로 싸늘한 이야기를 해주었다.

"노 장관, 당신의 설명은 아무리 생각해봐도 납득할 수 없고 신빙성도 없다."

노재현이 긴장한 표정으로 경청했다. 위컴은 계속 압박했다.

"간밤의 사태는 북한의 침략을 일으킬 수 있으며, 한미관계에 불안을 초래할 것이다. 미국은 앞으로 미군 철수, 과학기술 이전, 미사일 공동 개발, 한국에 대한 미국의 무기 판매, 경제 원조와 한미연합사령부의 책임 및 권한 강화를 위한 최근의 제안 등을 포함한 대한(對韓) 외교정책을 전면적으로 다시 검토할 상황에 이르렀다."[36]

하나하나가 폭탄선언이었다. 나라 존립이 걸린 사안들 아닌가.

노재현이 놀라서 자세를 고쳐 앉았다. 그러더니 한미관계를 위해라도 최선을 다해 노력해달라고 요청했다.

위컴이 다시 냉랭하게 대꾸했다.

"나는 군인의 역할이 내 본연의 임무이기 때문에, 한미관계 정상화 같은 것은 권한 밖의 일이다. 그건 오히려 어제 일을 저지른 군부 세력이 해야 할 일이다."

노재현은 목청을 높이며 쇼를 했다.

"간밤 일은 정승화 총장 체포에 대한 오해가 빚은 결과일 뿐이오. 그들(신군부)도 애국자이며 정치 질서를 어지럽힐 의도는 없었어요."

위컴은 기록했다.

그 뒤로도 몇 분간 더 이야기가 있었지만, 대화가 아니었다. 위컴은 권력을 잡은 신군부를 향해, 노 장관은 워싱턴에 있는 위컴의 상관들에게 전하고자 하는 말을 고장 난 레코드처럼 서로 반복하는 것에 지나지 않았다.[37]

12월 13일 나온 미국 정부의 공식 성명.

"글라이스틴 대사가 전두환 소장을 만났다. 대사는 한국 군부의 분열이 북한의 침공을 초래할 것이라고 강력히 경고하고, 대단히 우려하고 있다고 지적했다. 대사는 또 헌정 질서를 유지하고, 정치 자유화를 향해 진전을 이룩하는 것이 중요하다고 역설했다. 그리고 국무총리, 국방부 장관을 만나서 연합사 작전통제권 아래에 있는 군부대를 이동시키는 것은 용납할 수 없는 위험한 행위라고 경고했다."

쿠데타군과 가족들은 앞이 캄캄하고 아득했다.

미국 정부도 인정해주지 않고, 위컴 사령관도 "미군 철수, 과학기술 이전, 미사일 공동 개발, 한국에 대한 미국의 무기 판매, 경제 원조까지 재검토할 상황"이라며 군법회의에 넘긴다고 하지 않는가.

'전두환은 물론이고 이순자도 거사가 실패한 게 아닌가 해서, 한때 기절하고 식음을 전폐한 일도 있다고 소문났다.' (문흥구 회고록)[38] 실제로 이순자가 "위컴 때문에 일이 실패하는 게 아닌가 해서 남편이 졸도했다"라고 말했다는, K 장군의 부인 증언도 있다. 이 부인은 서빙고에 갇힌 남편을 구명하러 갔다가 이순자로부터 그런 말을 들었다고 한다. (이계성 기록)[39]

뿔이 난 위컴을 비롯한 미군 장성들을 무마하는 데 앞장선 건 급거 상경한 김윤호 광주 보병학교장이다. 황영시를 '형님'으로 불러온 김윤호는 영어에 능통했다. 그래서 주미 대사관 무관으로 근무한 경력이 있고 미군 장성들과도 교분이 많았다. 황영시가 새벽에 대미(對美) 창구로 김윤호를 급히 불러왔다.

김윤호는 브루스터 CIA 지부장과 글라이스틴 대사에게 12·12 군사반란을 변호하면서 "전두환 등이 정치에 나서는 일은 없을 것"이라고 세뇌해갔다.

그는 대미 창구 용도로 광주에서 불려와서, 반란군 요인들의 기념사진 촬영 시(12월 14일) 앞줄의 황영시 옆에 좌정했고, 그만큼의 가치를 충분히 발휘한 셈이다. 황영시가 육참차장으로 영전하자, 황이 있던 1군단장으로 영전해갔다.

위컴조차도 김윤호가 나름의 역할을 해냈다고 평가했다.

"쿠데타그룹(신군부)은 미국을 설득해 지지를 얻어내는 것이 시급했다. 이 과제를 해결하는 데 김윤호의 공이 컸다. 김 장군의 설명은 그의 오랜 친구인 브루스터를 포함한 미국 지인들을 설득하기에 충분했고, 그 공로로 1군사령관, 합참의장까지 올랐다. 쿠데타 주동자들이

김윤호를 고른 것은 탁월한 선택이었다."(위컴 회고록)[40]

위컴은 반란 사건 두어 달이 지나 80년 2월 16일 수괴 전두환을 정식으로 만나주었다.

10년은 괜찮은데 부관참시(剖棺斬屍)당할 운명

12·12 초저녁, 반란의 주역들은 죽기 아니면 살기였다.

반란 지휘부 30단과 보안사령관실의 숨 가쁜 분위기를 허화평은 이렇게 기록했다.

"죽기 아니면 살기였다. 입이 바싹 타들어갔다. 겁이 없었다고 하면 거짓말이다. 앉지도 못하고 서서 전화통에 매달렸다. 가까운 연대장이나 참모들에게 전화를 걸어서, '사단장이 그러더라도(반란군 사살을 명령하더라도) 상황이 그러니 너희가 함부로 움직이면 복잡해진다(서로 다 죽는다)'라고 밤새 설득했다. 누구누구한테 걸었는지 기억도 나지 않을 정도다. 순간순간 긴장이 파도처럼 몰려왔다."[41]

공포의 밤이었다.

정승화 측 수경사령관 장태완이 "경복궁 반란군 놈들 대갈통을 포사격으로 날려버리겠다"라고 벼르던 밤이다. 그날, 12·12 밤에 경복궁 30단에 모인 장성 가운데도, 차마 자기 부대에 전화를 걸지 못한 장군이 있었다.

반란군 진지에서 차규헌, 황영시, 유학성이 나서서 목숨을 걸고, 육본 측 병력을 나오지 말라고, 연줄을 찾아 목이 터지라고 전화통에 매달리던, 그 호떡집에 불난 것 같은 긴박한 시각에, 머뭇거린 장성이 있었다.

박준병 대장(왼쪽)이 1984년 7월 전역하는 자리에서 정호용 육참총장이 악수하고 있다. 박준병은 1979년 12·12 반란 캠프에 초청되어갔으나, 전두환의 병력(20사단) 동원 요청을 거부했다. 정승화 육참총장 연행 과정에서 총격이 벌어지고 육본 측이 경복궁 30단 반란 캠프를 공격하겠다고 벼르자 전은 박 사단장에게 20사단 병력을 불러 국방부와 육본을 제압해달라고 했었다. 그러나 박 사단장은 "지휘 계통 이외의 명령으로, 전쟁터에 보내야 할 내 부대를 출동시킬 수 없다"라고 뿌리쳐, 9사단과 1공수가 출동하게 되었다. 그런데도 전두환은 박준병을 보안사령관, 민정당 사무총장 등으로 중용했다. 박준병은 1996년 '반란 재판'에서 무죄가 확정되었다.

속이 탄 허화평이 "전화 좀 거세요!"라고 소리쳐도, 끝내 전화통을 들지 못했던 장군. 그도 인간이어서 겁이 났을 것이다. (허화평의 말)[42]

누구였을까?

20사단장 박준병(나중에 보안사령관, 대장 예편)이었다.

한남동 총장 공관에서 유혈 총격이 벌어지고, 육본 측의 강경 대응으로 상황이 급박해지자, 전두환이 박준병 사단장을 옆방으로 불렀다.

박준병은 30경비단에 도착해서야 '정승화 덮치기' 작전을 알았다.

그보다 사흘 전, 전두환으로부터 "12일 저녁 6시 반, 경복궁 30단에서 저녁 식사나 같이하자"라는 연락이 전부였다. 전두환은 기밀이 새나갈까 봐 반란을 미리 말해주지 않았다. 노태우 9사단장만은 알고서 온 듯했다.

전이 다급하게 박준병에게 부탁했다.

"박 장군, 20사단 병력을 출동시켜 국방부와 육군본부를 장악해주시오!"

박준병은 순간 고민했다.

1961년 5·16 당시 부관 시절이 주마등처럼 스쳤다. 그는 박정희 쿠데타를 반대하던 1군사령관 이한림의 부관이었다. 이한림이 반혁명으로 붙잡혀갈 때 상관 이한림을 따라나섰다. 이한림이 말했다.

"나 죽으러 가는 거야. 네가 왜 따라오냐. 오지 마라."

"아닙니다. 저는 사령관님의 부관입니다." (박준병)

그래도 군이 호송 지프에 따라 타는 걸 막진 않았다. 그렇게 원주에서 서울까지 따라와서 이한림 사령관과 함께 20여 일 철창에 갇혀 지낸 흑역사가 있다.

박준병 사단장은 전두환의 요청을 거부했다.

"20사단은 전쟁이 나면 전쟁터로 가야 하는 부대입니다. 그런 부대를 지휘 계통 밖에 있는 분의 명령을 받아 출동시킬 수 없습니다."

전두환은 그 말을 듣자, 구구하게 그 이상 요청하지 않았다.

전두환은 즉각 노태우 소장에게 9사단을, 박희도 준장에게 1공수특전여단을 출동시키라고 했다. 국방부와 육본은 박희도 공수여단이 치고 들어가 점령했다.[43]

그런 상황에서 허화평이 "전화 좀 걸어주세요!"라고 외친다고 들을 리가 없었다. (이 판단으로 인해 박준병은 12·12 군사반란 재판에서 무죄를 선고받고 2016년 국립 대전현충원 장군 묘역에 묻혔다.)

다들 실패와 총살이 두려운 12·12 밤이었다.

이튿날부터 '개혁 주도 세력'으로 데뷔한 장군 한 명도, 그날 새벽은 햄릿처럼 머뭇거리며 고뇌로 지샜다. 천금성(작가)의 인터뷰에 의하면, 전·노의 요청으로 12·12 밤 서울로 향하긴 했으나, 새벽까지 그 긴 시간을 어떻게 허비했는지 설명하지 못했다. 그 장성은 '성공한 쿠데타'를 자축하는 13일 아침에 보안사에 나타난 시간도 07시다, 09시다, 할 만큼 오락가락했다.

멀쩡한 합법 지휘 계통인 정승화 육참총장을 체포하는 반란은 그만큼 두려웠다. 반란 주모자들끼리도 의리와 '범의'(犯意)와 공포로 혼란스러운 밤을 견뎌내야 했다.

날이 새자, 미국대사 글라이스틴이 비난하고, 미 8군 사령관 위컴이 반란군 장성들을 군사재판에 넘긴다고 별렀다. '전두환이 졸도해서 식음을 전폐했다고 이순자가 말하더라'라고 소문난 그 상황이다.

총성은 멎었지만, 아직 쿠데타가 성공한 것은 아니다.

반란군의 운명을 누가 알 것인가?

1979년 12월 14일의 이른 아침, 명리(사주팔자) 감별로 유명한 유충엽(2008년 작고)은 전화를 한 통 받았다. 그의 이야기를 들어보자.[44]

"노석(老石)인가? 나야 나."

대전에 사는 도계(陶溪) 박재완(朴在玩)이었다.

박은 당대 최고의 운명감별사로 이름을 떨치고 있었다. (박재완이 1992년 9월 29일 90세로 작고하자 조선일보, 연합뉴스 등은 부음 기사를 썼다.)

"이른 아침에 웬일이십니까?"

"나 지금 서울에 와 있네. 급히 오느라고 만세력이 없는데, 만세력 좀 보내주시게."

만세력은 사주팔자를 해석하는 '암호 풀이 코드' 같은 것이다.

"그러지요, 어디에 계십니까?"

"여기가 어디인지는 나도 잘 모르겠네, 사람이 그리 갈 걸세."

10여 분 정도가 지나자, 비원 앞에 있는 유충엽의 집에 한 청년이 나타나서 만세력을 가져갔다. 책을 건네주니, 정중히 받아 들고는 총총히 사라졌다. 그렇게 가까운 거리라면 보안사령부(당시의 수도통합병원) 부근일 것이다. 대전에서 '박 사주'를 보안사가 잡아오긴 했는데, 막상 사주팔자의 해독 코드(만세력)가 없이는 안 되는 걸 몰랐다.

오후에 박재완으로부터 다시 전화가 왔다. 만날 시간도 없이, 올라온 차편에 내려가야 한다면서, 만세력은 다음에 돌려주겠노라고 했다.

훗날 대전에서 두 사람이 만났을 때, 그날 얘기가 나왔다.

"국가 대사(?)를 물을 것이 있다는 몇 명에 의해, 어둠이 채 가시기 전, 서울로 납치당했지."(박재완)

어딘지 알 수 없는 구석방에서 다섯 사람의 사주를 보았다.

공교롭게도 그들은 전부 금수종왕격(金水從旺格)이었으며, 신원은 알지 못한다고 했다. 5인은 전두환, 노태우, 황영시, 차규헌, 유학성 이었을까?

"나라에 큰 변란을 저지를 사람들이네. 내년(庚申年)부터는 대운, 왕운(旺運)이지만 10년쯤 지나면 목화(木火)운이 오니, 급격한 추락이

전두환 등 신군부 핵심 5인의 운명을 감정한 박재완 옹. 그가 1992년 9월 작고하자 동아일보, 조선일보, 연합뉴스 등이 부음 기사를 냈다.

오고, 옛날 같으면 부관참시(剖棺斬屍)를 한다고 야단일 텐데….”

2021년 겨울 사망한 전두환의 혼령이 누울 곳도 정하지 못하는 것을, 40년 전에 내다본 셈일까? 금수종왕격은 빨리 성공하고 빨리 쇠퇴하며, 세력 또한 극단적으로 왕성했다가 극단적으로 쇠퇴하는 운이라고 한다.

훗날 박재완은 후배 유충엽에게 의미심장하게 말했다.

재월령즉 위재이환(財越嶺卽 爲災而還)!

재(財)가 재(嶺)를 넘으면 재(災)가 되어 돌아온다.

재물이 지나치게 불어나서 크기가 산보다 커지면 오히려 재난의 시발점이 된다는 뜻이다. 1990년대 중반 김영삼 정권 시절, 전두환·노태우가 각각 수천억 원의 비자금으로 구속되는 것도 벌써 그때 예견했다는 말인가?

전두환에 치인 김종필 “봄이되 봄 같지 않다”

보안사 서빙고에 잡혀간 육본 장성들은 혹독한 겨울을 나야 했다.

육군 대장 정승화가 심하게 당했다. 그의 신음, 곡성 같은 비통한 기록.

수사관들에게 구타당하며 절규했다.

“너희가 나를 고문할 모양인데, 예비역 편입원이라도 쓰겠다. 육군

대장이 너희에게 당할 수는 없다. 그러자 '그런 것 안 써도 돼, 이미 예편되었으니, 총장도 아니고 아무것도 아니니 걱정 마라!' 그러면서 곡괭이 자루 같은 몽둥이로 허벅지, 정강이, 목 뒤를 치고, 마치 미쳐 날뛰는 것처럼, 서로가 격려라도 하는 듯이 때렸다. '이 새끼, 바른대로 말해, 김재규하고 공모했지? 다 알고 있어. 이 자식, 거짓말 해봐야 소용없어!' 내가 6·25 때 죽었어야 했는데 살아서 오늘날 부하들한테 고문당하고 억울한 누명을 쓰고 맞아 죽는구나."(정승화 수기)[45]

반란에 성공한 전두환 신군부는 기세등등했다.

이건영, 장태완, 정병주, 문홍구, 김진기를 '국가 반란죄'로 기소하려고 했다. 서빙고 수사관들은 법전을 들이대며, "보안사에서 검사 몇 명을 불러 당신들을 국가 반란죄로 기소할 계획을 하고 있다"라고 했다.

그야말로 도적이 매를 드는 적반하장(賊反荷杖)이었다.

저들이야말로 휴전선 지키는 전방의 사단 병력을 서울로 불러온 자들 아닌가.[46]

80년 1월은 '안개 정국'으로 밝아왔다.

새해는 왔으되 앞이 보이지 않는 오리무중(五里霧中)의 나날이었다.

김종필은 "봄이되 봄 같지 않다(春來不似春)"라고 했다.

김종필 사자(使者)가 전두환을 만났으나, 퇴짜 맞은 이후의 '선(禪)문답'이다. 사자(使者)는 최영희였다.

80년 1월, 박정희 대통령 밑에서 육참총장을 지내고 국회의원(유정회)을 하던 최영희는 전두환 합수본부장을 찾아가서 만났다. 새 대통령에 김종필을 세워서, 신군부와 동행하자고 제안할 요량이 있었다.

최영희는 1958년, 전두환·이순자 커플의 결혼식 주례였다.

전두환의 장인 이규동의 부탁으로 주례를 서주었다.

이규동 3형제는 일제강점기에 모두 만주로 건너가, 거기에서 군대에 들어가 생계를 이어갔다.[47] 해방 후 고향에 돌아왔다가, 세 형제 모두 군문에 들어갔다.

그리고 최영희가 2군사령관을 할 때, 큰형 규동은 관리참모부장, 규승은 수송과장, 규광은 헌병부장으로 일하는 특이한 인연이 있었다. 나중에 형제는 장군으로 커서 규동은 경리감, 규광은 헌병감을 지내게 된다. 본래 전두환 청년은 출신이 한미했고, 장군 집의 데릴사위 처지였다. 그래서 초급장교 시절, 장인을 아버지로 모시고 처가살이를 했다. "10년이나 처가살이했고, 그때 한집에 사는 장인어른께서 화장실 사용에 불편해하셨다"라고 되뇌곤 했다.

그래서 최영희는 기대가 컸다. 모처럼의 주례선생이 가는 마당이니, 주례 체면을 봐서라도, 또 장인 이규동을 생각해서라도, 귀 기울여주기를 기대했다.

그러나 전두환은 전혀 아니올시다였다.

최영희가 전두환에게 "김종필밖에 대안이 없지 않은가? 아무리 유신이 붕괴하고, 야당의 두 김이 날뛴다고 해도, 김종필을 앞세우면 우리가 이길 수 있다"라고 했다.

전두환은 고개를 저었다.

"김종필만이 아니고, 3김 모두 안 됩니다. 김종필은 국민의 평가에 비리·부패 분자로 썩어 있습니다."

그러면 선택지가 무엇인가?

최영희가 반문했다. 3김 중의 하나를 택하든지, 아니면 전두환 사령관이 직접 나서든지 둘 중 하나가 아닌가, 하고 되물었다. 그러자 전두환은 대답했다.

"그래서 고민 중입니다. 여러 가지를 생각 중입니다."[48] 전두환 신군부는 이미 딴 길, 정권 창출을 결정해놓았다. 다만 차마 그렇게 내놓고 최영희에게 말하지는 못했다. 손톱, 발톱 감추고 더 뜸을 들여야 했다.

전두환·이순자 커플의 결혼식 주례를 선 최영희 예비역 대장. 전의 장인 이규동과 형제들인 규광, 규승을 모두 2군사령부에서 거느린 특이한 인연이 있다. 최영희는 전두환에게 김종필을 대통령으로 세워 신군부와 함께 가자고 제의했으나 거절당했다.

제3장
―
천하의 급소 움켜쥔 전두환

전두환 애창곡 "결심하고 가는 길, 폭풍 어이 없으랴"

전두환의 '여러 가지 생각'의 파편들이 여기저기 남아 있다.

80년 1월 말, 전두환은 김대중에게 손을 뻗쳤다.

김대중의 측근 이용희 의원을 통해서였다. 김대중은 "전두환 장군이 만나고 싶어 한다"라는 유혹에 안국동 뒷골목에 있는 합수부의 안가로 갔다. 모략, 구설에 휘말릴 위험도 있었지만, 호랑이를 잡으려면 그 굴로 들어가야 한다고 판단했다.

그 무렵, 김대중은 적정 탐색차 신군부의 그들을 만나고 싶어 했다.

계엄사령관 이희성에게도 만나자는 말을 넣었고, 한완상 교수를 통해 수도경비사령관이 된 '2인자' 노태우를 만나자고도 해보았다. 그러나 아무도 반응이 없던 참에 전두환의 제의가 온 것이다.

이용희 의원은 그 전해 79년 11월 말 국회 예결위에서 따졌다. "박정희 사망으로 유신체제도 끝났는데, 김대중을 집에 묶어 연금(軟禁, 가두기) 상태로 두는 것은 너무 부당하다"라고 소리쳤다.

"김대중 씨를 왜 반년 이상, 작년 5월 30일 신민당 전당대회 이래 묶어놓고 외출조차 못 하게 하는가? 당장 사면·복권하라고 요구하는 것이 아니다. 불법적으로 자행되고 있는 집구석 가두기에서 풀어주어야 한다." (이용희 발언)

그러자 뜻밖에도 신군부의 이학봉 대령으로부터 전화가 왔다.

이학봉 대령은 이용희에게 '국회의 올해 예산 처리에 협조해달라'고 부탁했다. 벌써, 보안사 대령이 '국정'에 협조를 구하다니 맹랑했다. 암튼 두 사람은 그렇게 안면을 텄다.

이학봉은 2월 초, 이용희에게 김대중 면담을 요청했다. 이용희가 '김대중이 대령급을 만날 수는 없고, 전두환이라면 만나줄 것이다'라고 하자, 그렇게 주선하겠다고 했다.

김대중, 이용희가 약속 장소인 내자호텔(보안사의 안가)에 가자 전두환은 나오지 않고, 이학봉과 권정달 정보처장만 나왔다. 김대중은 속은 느낌이 들었다.

"전 사령관님은 급한 일이 있어 저희만 나왔습니다. 우리 측에 협력한다는 서약을 하면 복권해드리겠습니다." (권정달)

서약이라니?

서약 내용은, 시국 안정에 협력한다, 사회 불안을 일으키지 않는다, 6월 말까지 외국에 나가지 않겠다는 등이었다. 김대중이 종이를 밀쳐내며 대답했다.

"당신들이 내 공민권을 제한하는 것 자체가 불법이고 부당한 일인데, 내가 왜 각서를 써가면서 구걸해야 한다는 말입니까? 내가 각서를 써줄 수는 없습니다. 굳이 그렇다면 복권시켜주지 않아도 좋습니다."(김대중)

김대중은 거절하고 이용희와 함께 자리에서 일어섰다.[49]

최규하 대통령이 허수아비가 되어가고 있다고, 김대중은 느꼈다.

대통령을 제쳐놓고, 신군부가 벌써 권력을 잡기 위해 별짓을 다 하고 있구나.

그는 복권되기는 틀렸다고 낙담했다.

그런데 의표를 찌르듯, 2월 29일 김대중을 비롯한 재야인사 678명에 대한 사면·복권이 내려졌다. '서울의 봄'은 오는가 싶었다. 그러나 착각이었고, 신군부는 계략이 있었다. 세상이 소란해지기를 기다리자!

80년 1월 신군부는 희망에 들떠 신나 있었다.

최영희도 김대중도 안중에 없이, '마이 웨이'를 노래 불렀다.

1월 23일 전두환 합수본부장이 보안사 간부들과 부부 동반으로 호텔 연회를 크게 열었다. 반란 성공을 자축하는 연회였다.

이제 세상은 보안사, 우리 신군부 것이다. 여러분과 가족(아내들)의 내조로 여기까지 왔다. 사령관 전두환은 '방랑 시인 김삿갓'을 한 곡조 늘어지게 불렀다.

그는 가사 말미를 바꾸어, "떠나가는 전(全)~삿갓~"이라고 하여 우레 같은 박수를 받았다. TBC 방송국의 연예인과 밴드가 동원되어 비위를 맞추었다.

전두환이 정작 '내 18번'이라고, 즐겨 부른 애창곡이 있다.[50] 흥이 날 때 그가 부르는 '사나이 결심'(김초향 작사, 이봉룡 작곡)이다. 유튜브에는 김재규 사진과 함께 돌아다녀 김재규 노래처럼 오해하지만, 실제로는 전두환 노래다. 인생, 가사대로 살기로 결심했던 건가. 전두환 생애답다.

사나이 가는 길에 웃음만이 있을쏘냐.

결심하고 가는 길, 가로막는 폭풍이 어이 없으랴

푸르른 희망을 가슴에 움켜 안고

떠나온 고향을 내 다시 돌아갈 때는

열 구비 도는 길마다 꽃잎 날려보리라

신군부의 집권 구상은 정확히 어느 시점에 정해진 것인가?

결론부터 말하자면, 벌써 79년 12월 하순, 12·12 직후부터였던 것으로 드러나고 있다.

훗날 전두환, 노태우, 허화평 등 신군부 핵심 인사들은 이구동성으로 "집권 의사가 없었으나, 우연히 운명처럼 정권을 맡게 되었다"라고 강변했고 지금도 마찬가지다. 바람과 정세를 타다가 우연히 집권으로 이어졌다는 주장이다.

그러나 역사의 벌판에 숨을 곳은 없다.

이종찬(당시 중정 부국장)은 그들 코앞에서 신당(민정당)을 만든 입장에서, 그런 주장이 사리에 맞지 않는다고 반박한다. 이종찬은 나중

이종찬(왼쪽에서 세 번째)과 권정달은 전두환의 지시로 신군부의 집권당(민정당) 기둥을 세우고 서까래를 올린 창당 주역이다. 이종찬은 "신군부가 1980년 초부터 일찍이 집권 계획을 갖고 움직였다"라고 회고록(책 사진)에 썼다. 1983년 4월 8일 민정당 신임 당직자들에게 임명장을 준 전두환 전 대통령(가운데).

에 민정당 원내총무, 사무총장을 거쳐, DJ 정부의 국정원장(안기부)을 맡는다.

"내가 목격한 80년 초봄의 집권 시나리오는 그들의 의중을 분명히 보여준다. 그러므로 솔직하게 '우리는 집권할 의사도, 욕망도 품고 있었다. 그때 권력을 맡을 만큼 준비된 세력이나 인물이 없었다. 우리가 맡는 것이 당연했다'라고 말하는 것이 당당하지 않은가?"[51]

그들은 12·12 유혈로 이미 퇴로를 잃었다.

돌아갈 수 없는 다리를 건너버린 것이다.

정승화 타도, 구(舊)군부 숙청으로 하나회 중심의 '육사 군부'를 구축하여 군에서 다수의 지지를 굳혔다. "12·12 반란 후 육사 출신 장군들은 박수로 환호했다. 구군부가 축출되고 자기들의 진급도 빨라지고 새로운 세력으로 부각되고 5공의 주력으로 출세 길이 트이니까."
(문홍구 전 합참본부장)[52]

이제 정치권을 다 쓸어내고 집권하면 그만 아닌가.

신군부와 친한 동향의 문민들도 부추겼다.

전두환의 대구공고 후배인 정구호(나중에 경향신문 사장)나, 서울신문 정치부장과 유정회 국회의원을 지낸 이진희(나중에 문화공보부 장관) 등 문민 후배들이 "집권하라, 놓지 말아라"라고 용기를 북돋아주었다.

불안정한 시국에 "붉은 색깔의 김대중이나 무능한 김영삼에게 정권을 넘겨줄 순 없다. 김종필도 '낡은 구태' 아닌가?"라고 깎아내리면서, 내친김에 더욱 박차를 가하라고 뜨겁게 응원했다. (이종찬 전 국정원장의 술회)[53]

벌써 보안사령관 전두환 접견실은 장관, 차관들이 다투어 '알현'하고자 문전성시였다.

김종필은 전두환의 심리와 당시 상황을 이렇게 읽었다.

"전두환(경호실 차장보)은 차지철(경호실장) 밑에서, 얼간이 같은 차가 하늘을 찌를 듯한 권세를 누리는 것을 옆에서 지켜보면서, 아~ 권력이란 한번 잡을 만하구나, 라고 생각했을 것이다. 12·12 하극상 반란의 그 순간, 신군부 인사들에게 국가관이나 사명감은 없었다. 오직 권력을 향한 탐욕뿐이었다. 그런데 그들의 총부리와 위세 앞에서 권력 주변 사람들은 눈치를 보며 엎드렸다. 불의에 맞서 의미 있는 저항을 하거나 대적하는 이가 전혀 없었다."[54]

"창당 자금 200억 원이나? 정보부 예산 갖다 쓰자"

2월 초, 전두환 보안사령관은 친구인 정호용 특전사령관에게 신당 창당에 관해 얘기했다.

전두환이 "묶여 있던 정치인들의 정치 활동이 재개되면 시국이 어수선하고 복잡해진다"라며 말했다.

"참모들(권정달, 허화평, 허삼수)이 정당을 만들려는 모양인데, 어디서 자금을 구할 수 있을지 알아뢰줘요." (전두환)

그 액수는 200억 원 규모였다.

그 무렵 이희성 계엄사령관이 공개 기자회견에서 말했다. (80년 2월 5일)

"기자들은 군부가 신당을 만드느냐고 묻지만, 아니다. 새로 당을 만들려면 200억 원 정도가 든다고 한다. 우리는 안 만든다." 200억 원은 보안사 핵심들이 추산한 액수다.

그러면서 이희성은 의미심장한 말을 덧붙였다.

"20년 전(5·16)과 달라져서 경제는 경제 전문가, 행정은 행정 전문가가 맡아야 할 정도로 사회가 복잡하게 커졌다. 군인인 내가 정권 잡는다고 해도 당장은 용납이 될지 모르지만, 후세에 '역적' 소리를 듣게 될 것이다. 만일 내가 괜찮게 지나가더라도 내 자식이 역적 소리를 들을 것이다."

당장은 통할지 몰라도 후세에 역적! 돌이켜보면 명언이다.

나중에 밝혀진 바로, 이희성의 이 말은 전두환 등에 대해 나중에 역적이 되지 말라고, 본심에서 우러나온 경고였다. 그는 힘없는 들러리였지만, 앞잡이로 정권 잡으라고 부추긴 건 아니었다.

아무튼, 정호용은 특전사로 돌아와 보안반장 김충립 소령에게, 전 사령관의 얘기를 전하면서 창당 자금 거둘 데를 알아보라고 지시했다.

김충립 소령은 답변했다.

"박통의 장조카 박재홍(나중에 민정당 국회의원)이 여의도 빌딩을 팔아서 80억 원을 대고 창당 작업을 한다는 정보가 있었는데, 자금이 필요한 모양이군요. 제가 알아보겠습니다. 그런데 타진은 제가 하더라도 전주(錢主)를 만나는 것은 사령관님이 직접 해주셔야 할 것 같습니다."

그는 한 일주일 정도 시간을 달라고 하더니, 며칠 후 정호용 사령관에게 보고했다.

"허만기(나중에 민주당 국회의원) 씨와 박보희 총재를 만나 50억씩 모두 100억 원을 내겠다는 약속을 받았고, 라이프주댁 조내벽 회장도 50억 원, 신원통상의 박성철 회장도 30억, 합계 180억 원 모금이 가능합니다."

다음 날, 정호용이 전두환 보안사령관을 만나러 가는 길에 김 소령이 모금액과 명단을 건네주면서 말했다.

"전 사령관님께 직접 전하십시오. 절대 허화평 대령에게 주어서는 안 됩니다."

"왜?"

"창당에 중앙정보부의 눈먼 자금(불용액)을 쓰면, 외부 자금은 필요하지 않을 수 있습니다. 그런데 한편으로 기업인 처지에서는, 창당 자금을 받아주면 충신이 되겠지만, 만일 헌금한다고 했는데도 안 받아

정호용 특전사령관(오른쪽)은 1980년 2월 전두환(왼쪽)으로부터 창당 자금 200억 원을 만들어보라는 얘기를 듣고 허만기, 박보희, 조내벽 등으로부터 180억 원의 기부 약속을 받아냈다. 그러나 전두환이 중앙정보부장을 겸직해 중정에 남아 있던 예산 120억 원을 국보위 신설 등에 필요한 정치자금으로 쓰기로 해, 모금이 중지되었다. 사진은 1983년 12월 정호용 육참총장 보직 신고 자리. 가운데는 윤성민 국방부 장관.

주면, 역적으로 몰리는 것 아닌가 해서 불안에 떨 소지가 있습니다. 특별히 조심해야 할 것 같습니다."

정호용은 그러나 건성건성 들었다.

전두환의 요청은 당연히, 심복 비서실장 허화평을 도와주라는 말이라고 생각했다. 그래서 그 명단과 금액이 적힌 쪽지를 허화평 비서실장에게 주면서 말했다.

"전 사령관한테 부탁받고, 알아본 것이니, 정치자금이 필요하면 이 기업인들에게 연락해서 받아 쓰면 될 거요. 내가 미리 조율해놓았소."

그런데 3시간 정도 지났을 때, 박보희가 다 죽어가는 소리로, 특전사령관에게 전화를 걸어왔다.

"큰일 났습니다. 보안사 허화평 비서실장이 저한테, 내일 아침 10시까지 한국에서 떠나라, 그 시간 이후에는 체포하겠다, 죄목은 정치자금법 위반이고, 조사 결과에 따라 반국가 음모죄가 성립될 수도 있다고 통보했습니다."

허화평은 극비의 신당 추진이 소문나는 것을 경계하는 모양이다. 난처하게 된 정 특전사령관은 보안반장 김충립과 대책을 숙의했다.

두 사람은 '허화평 말대로 박보희를 출국시키는 길이 최선의 수습책'이라고 판단했다. 이튿날 아침 7시, 출국 준비를 하는 박보희를 김충립이 한남동 국일관에서 만났다.

"입이 열 개라도 할 말 없게 되어, 죄송하기 짝이 없습니다. 오해가 생겼습니다. 그러니 잠시 피하시는 길밖에 없겠습니다. 정 사령관님 뜻이 그렇습니다."

정호용은 이 해프닝을 전후해서, 허화평이 창당을 덮어버린 것으로 보고 있다.

그러면 정권 창출 기구 (혹은 창당) 자금 200억 원을 어디에서 만들 것인가?

누군가가 죽어 있는 정보부에 남은 예산이 있다고 아이디어를 냈다.

당시 신군부 핵심 인사가 2005년 언론 인터뷰에서 밝힌 내용.

"정권 장악을 위한 준비작업에 들어가 자금 문제에 봉착하자 우선 중앙정보부가 사용해온 '통치 자금성' 예산을 끌어다 쓰기로 하고 국보위 창설 자금을 여기 가져다 썼다." (한겨레신문 2005.3.1.)[55]

그렇게 중정 예산 120억 원을 끌어내 국보위 창설 자금으로 100억 원, 보안사령관실로 20억(합수부 사용) 원을 보냈다.

정보부 예산을 갖다 쓰려면 정보부장을 맡는 길밖에 없다. (이미 보안사는 5·16 연구를 통해서 정당 신설과 소요 자금 규모는 파악해둔 바 있다. 그래서 전두환, 정호용, 이희성의 입에서 창당에 180억, 200억 소리가 나온 것이다.)

정보부장 자리가 비어 있으니 전두환 보안사령관이 겸하면 그만 아닌가.

겸직만 되면 장군 별을 달고 국무회의(정보부장은 국무위원급)도 무시로 드나들 수 있다. 전두환은 3월 1일 중장으로 셀프 승진(그것도 이희성 육참총장의 반대 속에 우격다짐으로 관철했다)했지만, 아직 성에 차지 않는다.

장관들 앞에서 힘을 과시하고 싶다.

그리고 김재규의 총격 이후 죽어 있는 정보부를 인사 개편해서 정권 창출을 위한 정치 수사 도구로 재활용해야 한다. (한 달 뒤 5·17에서 내란 음모 덮어씌우기, 싹쓸이 수사에 동원되었다.)

일석삼조(一石三鳥) 아닌가.

신군부 '아웃사이더'로서 최초로 이 겸직 낌새를 눈치챈 것은 이종찬이다. 전두환이 최통과 신현확 총리에게, 정보부장을 겸하고 싶다고 매달리기 전이다.

2월 9일 보안사 정보처장 권정달 대령이 이종찬을 불러서 서린호텔 점심 자리에 가보니 허화평, 허삼수, 이학봉 처장 등이 모두 모여 있었다.

"오늘 의제는 중정 개혁에 관한 것입니다."

비서실장 허화평이 미리 준비한, 상당히 정리된 정보부 개편안을 역설했다. 이종찬은 '전두환 사령관이 중정 부장을 겸하는 거로구나' 하고 알 수 있었다.[56] 이종찬은 그 회의 이후 허화평, 허삼수 대령과 김용갑(육사 17기 동기생, 나중에 총무처 장관) 등과 빈번히 만나면서 중정 개편안을 만들어 3월 12일 권정달 처장을 통해 전두환 사령관에게 올렸다.

이범준 중장, 위컴에게 "전두환 타도" 역쿠데타 제의

이즈음, 미국도 고민이 깊어갔다.

주한 미국대사의 비밀 전문(1993년 해제)에 드러난다.

"(미국이) 움직여도 욕을 먹고, 움직이지 않아도 욕을 먹는다. 할 일을 충분히 하지 않으면 위험한 사태가 발생하고, 너무 일을 많이 하려 들면 (신군부) 국수주의자들의 강력한 반발을 불러일으키게 될 것이다."

80년 1월 29일 2급 비밀(Secret) 전문(Telegram)으로 윌리엄 글라이스틴 주한 미국대사가 사이러스 밴스 국무장관에게 타전한 내용이다. 12·12 반란 이후 딜레마에 빠진 미국의 처지를 드러내고 있다.

이편도 저편도 들지 못하고 불안에 떨기만 하는 미국.

놀랍게도 글라이스틴은 이때, 구(舊)군부의 '역(逆)쿠데타'를 제안받는다.

한국 군부의 장성 30여 명을 대표한다는 '어떤 장성'이 와서 "인기 없는 반란군 전두환 일당을 뒤엎으려 하니 미국이 도와달라"고 했다.

이범준 중장(당시 방위산업차관보)은 1980년 초, 은밀히 존 위컴 미 8군사령관을 찾아가, 30여 명의 한국군 장성들이 전두환 일당의 쿠데타를 뒤엎으려 하니 미군이 도와달라는 역쿠데타를 제의했다. 그러나 위컴은 그 성공 가능성을 낮게 보고 거절했다고 회고록에서 밝혔다. 사진 오른쪽부터 이재전, 이범준, 윤필용, 강창성, 차규헌 소장 등 육사 8기의 기념사진이다.

그 장성은 이범준 중장(1928~2007, 당시 방위산업차관보)이었다.

미국 국무부가 한국 외교부에 2021년 9월 16일 전달한 882쪽 분량의 5·18 관련한 비밀 해제 외교문서에서 그 이름이 최초로 밝혀졌다. 80년 2월 1일 글라이스틴이 워싱턴에 보고한 '한국군 불안정성에 대한 추가 증거'라는 제목의 전문에 나오는 '제보자'다.

대사가 '이범준(General Rhee Bomb June)' 장군으로부터 "12·12 반란을 뒤집으려는 한국군 내 '반(反)전두환' 쿠데타 정보"를 입수했다는 내용을 담고 있다.

"이범준으로부터 역쿠데타 정보를 입수했으며, 위컴 주한미군 사령관도 군부 내 추가적 쿠데타 조짐을 확인했다."

훗날 출간된 글라이스틴 회고록과 위컴 회고록, 그리고 비밀문서를 맞추어보면 퍼즐 조각이 완성된다. 당시 미국이 입수한 정보의 전모.

"전두환의 계획은 12·12 군권 장악 후 민간 정권을 탈취하려 했으나 미국의 거부반응으로 아직 머뭇거리고 있다. / 비육사 출신 장교 90%와 육사 출신 장교 50%가 전두환의 12·12에 반감을 품고 있다. / 30여 명의 장성급 장교들이 전두환 제거를 계획한다."

글라이스틴과 위컴은 역쿠데타가 싫지는 않았다. 도덕적으로도 정당했다.

그런데도 거부했다. 현실적으로 한계가 있었기 때문이다.

우선 역쿠데타 주역들의 정체와 실력을 명확히 알 수 없었다. 미국의 입장을 적극 지지한다고는 했으나 '또 다른 전두환'이 아니라는 확신이 없었다. 더욱이 역쿠데타 동원 병력이 얼마나 되며, 유혈 사태 없이 전두환 세력을 몰아낼 수 있을지도 불투명했다. 미국이 가장 두려워하는 것은 12·12 반란과 같은 안보의 혼란을 다시 겪는 일이었다.[57]

워싱턴은 역쿠데타 쪽에 반대 의사를 표명하는 한편, 전두환에게도 그 사실을 알린 뒤 "향후 민간 정부를 넘보는 일을 기도한다면 불행한 결과가 초래될 것임을 경고"함으로써 '역쿠데타 사건'을 덮었다.

여기에는 중앙정보국(CIA) 한국지부장 브루스터의 역할이 컸다.

전두환 신군부와 친밀한 그는 글라이스틴과 위컴 장군에게 "이미 군 통치권자가 되어버린 전두환을 제거할 효과적인 수단이 미국에 없다"라고 지적하고, 워싱턴은 한국의 민주주의보다 안보에 더 큰 비중을 두어야 한다고 조언했다고 한다.

'역쿠데타' 정보 이후 상황 전개는 놀랍다.

신군부가 문제의 고위 장성 15명을 제거(숙청)한 데 대해 위컴은 회고록에서 "정작 역쿠데타 계획을 갖고 찾아왔던 장성(이범준)은 제거 대상에 없어 계획의 실체는 비밀로 남겨졌다"라고 언급했다.[58]

그 장성이 전두환 측의 위장 인물일 수도 있다는 가능성을 시사한다. 전두환이 역쿠데타라는 위장극을 연출하여, 미국이 덜컥 물고 함정에 빠지면 되레 덜미를 잡으려 했다는 것이다.

제보자 이범준 장군의 행로를 보고 미국은 모골이 송연했을 터이다.

그는 전두환 밑에서 중장으로 예편해서 1981년부터 고향 강릉에서 두 번이나 민정당 국회의원에 당선되고 노태우 정부 들어서는 교통부 장관도 지냈다. 위컴의 의심대로 신군부의 역공작이었다면, 그건 삼국지를 뺨치는 기발한 계략임이 틀림없다.

신군부에 속했던 당시 보안사 오일랑(김재규 체포자, 나중에 청와대 안전처장) 장군에게 최근 필자가 역쿠데타에 관해 물어보았다.

시도 자체가 불가능했을 것이라는 답변이다.

"역쿠데타 소문이 한때 돌기는 했다. 그러나 전두환 보안사가 당시 계엄사를 포함해서 전군의 신경망(통신)과 급소를 완전히 장악하고 있을 때여서, 그런 일은 현실에서 결코, 벌어질 수 없었다. 미국이 그런 제의를 단호히 뿌리친 것은 한국군 내부를 정확히 파악하여 현명하게 판단한 셈이다." (오일랑)

이희성 "전두환 뒤엎으려 했다면 軍 쑥대밭 돼"

그 당시에는 이희성 계엄사령관조차도 전두환 신군부의 손아귀에 잡힌 '핫바지 사령관'으로, 감시당하는 신세였다. 그가 실토한 적이 있다.

"내가 육군참모총장이 되어, 그 12·12 하극상을 조사해서 (바로잡아야) 할 입장이지만, 조사기관이나 보좌진이나 전부 그쪽(보안사)이 장악하고 있었기 때문에 그렇게 터뜨리는 경우 군대 전체가 쑥대밭이 되고 말았을 것이다. 그것이 타성으로 굳어져갔다." (이희성)[59]

"전두환 말을 듣지 않고는 원초적으로 계엄사령관을 수행할 수 없었다. 보안사의 감청, 도청이 두려웠다. 총장을 때려치우고 그만두어 버릴까 마음먹기도 했다." (이희성, 검찰 12·12 수사에서)[60]

전두환 보안사의 포위망에는 위컴 주한미군 사령관조차 예외가 아니었다.

"80년 1월 말, 역쿠데타 소동(위컴에게 이범준 장군이 역쿠데타 정보를 들고 왔다) 후부터, 전두환 보안사는 상급 장교들의 비판적 언동을 즉각 보고하라는 지시를 내렸다. 미 8군이나 미국대사관 공직자들과 접촉하는 고관들은 모두 보안사의 승인을 받아야 한다고 했다. 모든 고위급 모임에는 녹음테이프가 몰래 음성을 기록했다. 또 전두환에 대한 경호, 경비가 강화되어 공용차 유리창을 모두 검게 해서 거리에서 잠재적인 암살자가 차 안을 보지 못하게 했다." (위컴)[61]

심지어 신군부가 늘 '식민지의 총독이냐'고 비아냥거리던 위컴 사령관에게 첩자도 붙였다.

"연합사에 한국군 부관(중령)이 새로 왔다. 그런데 신임 부관이 사무

신현확(1920~2007) 전 총리가 생전에 녹음한 테이프를 풀어 아들 신철식이 2017년 편집·저술한 《신현확의 증언》(메디치).

실 바깥쪽 서류함을 뒤지는 모습이 눈에 띄었다. 정보를 수집하는 것이 분명했다. 조사해보니 그가 보안사 장교라는 사실, 수집해온 내용을 기밀로 보고해왔다는 사실이 드러났다. 그 후 나는 첩자(중령)가 사무실의 어떤 서신도 손대지 못하게 했다. 그 첩자가 있으면 자동차 안이건 헬리콥터건 간에 대화를 나누지 않았다."[62]

전두환 입에서도 자신감이 넘쳐 흘렀다.

신현확 국무총리의 아들 신철식에게 어느 날 말했다. 때는 서울의 봄이 절정으로 가던 무렵이다. 경제기획원 공무원인 신철식에게 전두환 장군이 아는 체하고 다가왔다.

"신 총리님 아들 철식이 맞지?"

"아, 네~."

"나, 전두환이야."

"요새 괜찮으세요? 시위 사태가 심각한 거 같아서요."

"아, 걱정하지 마! 내가 꽉 잡고 있어."

전두환은 환한 표정으로 자신만만하게 대답했다.[63]

80년 1월 29일 2급 비밀에 미국대사 글라이스틴은 미묘한 보고를 덧붙였다.

"현재 한국 경제는 (박정희 말기의) 근년 낙관에서 크게 벗어나 있음. (최규하) 민간 정부는 이런 경제적 난관을 다룰 능력이 없다고 봐야 함.

군사 쿠데타나 정치적 반란의 부작용은 더욱 증가할 것임."

미국이 5월 서울의 대규모 시위와 5·18 광주항쟁 이후 급격히 전두환 신군부에 기울어갈 조짐은 여기서 엿볼 수 있다.

80년 2월 중순, 위컴 사령관이 전두환을 최초로 만난 후 작성한 기록이 있다.

위컴은 본국에 보낸 보고서에 "전두환은 자신의 '운명'이 최고 권력자 자리에 오르는 것이라고 믿고 있다. 그러나 미국에 대한 지식이나 한국의 정치적 불안이 국제사회에 미치게 될 중요성에 대한 지식은 걸음마 수준에 머물러 있음을 발견했다"라고 썼다. 여기에서 눈길을 끄는 말이 '운명'이다. 미국은 불안해하면서도 전두환의 야심을 주목하며, 한편으로 전두환을 통해 미국의 국익을 실현해야 할지 저울질하고 있다.

최규하 "반란군에 업히려 대선 일정 미루었다"

80년 서울의 이른 봄, 당시 '정치 일정'이란 유신헌법 개정과 새 대통령 선거를 의미한다.

1월 18일 최규하 대통령은 기자회견에서 정부가 약속한 정치 일정을 지키겠다고 밝혔다. 그러나 신민당 총재 김영삼은 정치 일정을 대폭 앞당겨야 한다며 보폭을 넓혀갔다. 김대중도 2월 29일 윤보선 등과 함께 복권(復權)되어 집회에 나가고 사람들을 만나기 시작했다.

돌이켜보면, 최규하가 정치 일정을 과감히 단축하고 서둘러서 과도기를 줄여야 했다.

최규하의 실기(失期)를 김영삼, 신현확, 노태우가 똑같이 회고록에서 동네북처럼 두들기며 비판하는 것이 눈길을 끈다.

먼저 김영삼의 회고.

"최규하는 과도기의 인물로 조속히 선거를 치러 국민에게 민주주의를 돌려주어야 했다. 나는 예나 지금이나 80년에 선거만 빨리 치렀더라면, (5·17) 쿠데타는 없었으리라고 생각한다. 나는 10·26 직후 만난 최규하에게 '군부에 기회와 명분을 주어서는 안 된다. 시간을 끌면자꾸 혼란을 일으키는 사태가 온다. 당신의 임무는 3개월 안에 대통령 선거를 하는 것이다'라고 주장했고, 그로부터 대답을 받아내기도 했다. 그는 정치 일정을 지연시켜서 국가적 불행을 초래했다. 4·19후, 허정 과도정부 수반이 혼란 속에서도 선거를 통해 민주당에 정권을 이양했던 것과 대조적인 잘못된 처신이었다."[64]

당시 국무총리였던 신현확의 얘기를 들어보자.

그는 한마디로 "최규하 대통령하고 호흡이 잘 맞았다면 민정 이양이 제대로 되었을 가능성도 있었다. 5·17 싹쓸이를 불러온 최규하 씨는 (신군부가 자기를 업어주리라는 기대 속에) '민간 정부 출범이라는 국민에게 한 약속을 위배한 사람'이다"라고 단언했다.

심지어 신군부의 노태우도 최규하를 비난했다.

김영삼과 반대편에 서 있었지만 "최규하가 능력도 없이 시간만 끌었다"고 비판했다.[65]

"최 대통령이 당시 국정 책임을 맡았다는 것은 그분이나 국가에 불행한 일이었다. 그분은 정치 스케줄을 너무 길게 잡았다. 그가 국정을 이끌어나갈 자신과 소신이 있었다면 여유 있게 잡아서, 혼란을 수습하고 안정과 질서를 다진 후에 정권을 넘겨주어도 별문제가 없었을

것이다. 그럴 힘이 없음에도 정
치 일정을 길게 잡는 바람에 혼
란을 가중시켰다."

그러면서 노태우는 "만약의
가정이지만, 신현확이었다면 달
랐을 것이다. 그분은 최 대통령
의 단점을 보완하고도 남을 능력
과 결단력을 갖춘 분이므로 상
황이 달라졌을 것이다"라고 기
록하고 있다. 당시 청와대의 정
무수석 고건도 마찬가지다.

정치 일정을 단축했어야 했다
고 기록했다.

"거리 시위대의 요구가 '정치
일정 단축하라', '비상계엄 해제

최규하 대통령(앞)과 신현확 총리(뒤)가 1980년 5월 16일 밤
특별전용기에서 내리고 있다. 두 사람은 성격과 시국관이 판
이하게 달라서 사사건건 부딪쳤다. 신 총리는 "공석인 중앙정
보부장을 민간인으로 서둘러 기용하십시오"라고 최통에게 건
의했으나 실기했다고 비판했다. 우물쭈물하다 최통은 중정 부
장을 전두환 보안사령관이 겸무하도록 결재했다.

하라'인 이상, 시국 수습을 위해선 '과도기간을 길게 잡지 말고, 정치
일정을 단축하여 투명하게 밝혀야 한다. 계엄령의 조건부 해제 기간
을 발표하고, 전면 개각으로 분위기를 일신해야 한다'라고 시국 수습
에 관한 건의서를 만들었다. 안치순 비서관의 도움을 받아 수집한 각
계 여론을 토대로 작성했다. 그런데 대통령의 대처는 정반대였다."[66]

다시 신현확의 회고담에 나오는 최규하의 흑심(黑心) 예시 2가지.

신 총리는 최통에게 정보부장을 민간인으로 서둘러 임명하라고 건
의했다.

"최규하 씨에게 얘기했다. 중앙정보부장이 공석인데, 김재규 때문에 쑥대밭이 돼 있는데 저걸 언제까지 저대로 놓아둘 수 없다, 이런 과도기일수록 정보라는 게 결정적이니 빨리 후임을 은밀하게 임명하십시오. 군인 말고, 민간인으로 임명해서 보안사(전두환)와 양립(견제)시키십시오. 두 기관을 복수로 해서 정보를 통제해나가야 합니다, 라고 했다."

그래도 반응이 없어 며칠 후에 다시 재촉했으나 묵묵부답.

그런데 최 대통령의 반응은 난데없이 미국 주간지 타임에서 나왔다. 신 씨의 얘기.

"타임 잡지가 와서 보니 '중앙정보부장을 최규하 대통령이 군인으로 임명하려고 하는데, 신 총리가 민간인으로 하라고 반대해서 임명 못 하고 늦어지고 있다' 이렇게 났어. 대통령하고 단둘이, 배석도 없이 한 얘긴데 어떻게 그런 기사가 나느냐? 그래서 저쪽(최규하)에서 일부러 흘리고 있구나, 나는 그렇게 생각할 수밖에. 최규하가 군인들하고 한통속이 되어가는구나." (신현확의 증언)[67]

80년 4월 24일 신현확 총리가 신문사 편집국장들을 삼청동 총리 공관에 초청하여 만찬을 했다. 그 자리에서 신 총리는 말했다.

"우리 과도기의 관리 정부는 사명을 다하고 물러날 것이다."

세간의 낭설(정치 일정이 길어지는 데 따른 집권 연장 욕심)을 씻고, 신현확 물러가라는 시위대의 구호에 대한 답변이었다.

다음 날 청와대 사람이 와서 신 총리에게 '우리'가 무슨 뜻입니까? 라고 물었다. 신 씨의 회고는 이어진다.

"내가 화가 치밀어서 소리를 질렀다. 청와대에 사는 사람들은 한국

사람 아닌가. '우리'란 말도 모르나. 쓸데없는 소리 말고 가라고 소리
지르고 말았지. 내가 과도정부 책임을 다하고 '물러가겠다'는데 이의
가 없으면 왜 '우리'라는 말에 이의를 제기하겠는가. 물을 필요도 없
는 얘기지. 대통령 자리에 앉아 있어 보니 생각이 달라졌다는 의미
였다."

최규하·신현확 과도정부는 이렇게 엇박자로 틀어져만 갔다.

그런 틈을 비집고 전두환 신군부는 정권을 향해 날쌔게 치달았다.

"곧 국가원수 되실 분이니 꼭 경어로 대하세요"

뜻밖에도 전두환이 국가원수가 될 것이라는 말은 서빙고 조사실에
갇힌 정승화파 장군들이 최초로 들었다.

80년 2월 초, 전두환이 서빙고에 처음으로 나타났다.

이건영, 장태완, 문홍구, 김진기 등을 일일이 면담했다.

서빙고 수사관은 미리 경고했다.

"곧 국가원수가 될 분이니, 꼭 경어(敬語)로 대해야 합니다."

보안사 수사관은 이미 전두환이 대통령 되는 것을 기정사실로 말
했다.

그러나 오랜 선배 장성들 아닌가. 대화를 나누다 보니 예전의 말
투대로 "자네, 전 장군"이라는 말이 자연스럽게 튀어나왔다. 그때마
다 수사관들이 존댓말로 하라고 주의를 주었다. 세상은 뒤집혀 있었
다.[68]

전두환이 다녀간 후, 2월경부터 서빙고 마당에서 운동해도 된다는
'시혜'가 베풀어졌다.

엄동설한 수용소의 '패장'들은 교대로 마당에 나가 도수체조 같은 운동을 했다. 영하 10℃가 넘는 추위가 몰아친 어느 날, 손장갑이 없어서 각자 양말을 손에 끼고, 이상한 꼬락서니로 비좁은 마당을 구보로 달렸다. 장군들이라기엔 처량한 몰골이었지만, 30~40분 그렇게라도 운동을 하니 눈물겹게 행복했다고 한다.

80년 3월에 전두환은 보안사령관 선배인 강창성을 초청했다.

강은 전두환의 은밀한 연락을 받고 보안사령관실에서 만났다.

1시간가량의 면담에서 전두환이 집권을 도와달라는 취지로 말했다.

"김종필은 흠이 많고 경솔하며, 김영삼은 능력이 부족한 거 같습니다. 김대중은 사상이 의심스럽고."

강창성이 고개를 저으며, 유신이 끝장난 마당에 군이 다시 나서서는 안 된다고 충고했다. 전두환은 반론을 펴면서 우겼다.

"선배님, 사람마다 저에게 와서, 군이 당분간 정권을 맡아주어야겠다고 졸라댑니다. 박종규 형님(전 경호실장)은 저를 찾아와서 '만약 전 장군이 아닌 다른 놈이 정권을 잡겠다고 나서면 내가 쥐도 새도 모르게 죽여버리겠다'라고 합니다."

박종규의 이런 뜨거운 부추김이 흐뭇했을 터이다. 전두환이 계속해서 강창성에게 말했다.

"최규하는 참 멍청한 사람입니다. 그런 사람한테 정권을 맡길 수는 없습니다. 그대로 (허수아비로) 세워놓고 군부가 실권을 맡아나가는 게 좋을 것 같습니다."

강창성이 그래도 수긍하지 않자, 전 사령관은 짜증 난 듯 허화평 비

보안사령관 김재규(왼쪽)가 1972년 2월 3군단장으로 가면서 강창성(오른쪽)에게 업무를 인계하는 장면. 강창성은 1980년 봄 보안사령관 후배인 전두환의 초청을 받고 가서 "군부가 다시 나서서는 안 된다"라고 신군부의 집권을 반대했다. 그 보복으로 강창성은 그해 여름에 비리 혐의로 구속되고, 삼청교육대에 끌려다니는 신세가 된다.

서실장을 불러 "다음 기다리는 사람 없어?"라며 내쫓듯 일어섰다.

이후 강창성은 보복당한다.

전두환이 대통령에 취임(9월 1일)할 무렵, 해운항만청장 때의 비리를 끄집어내서 영등포교도소에 가둔다. 거기에서 강창성은 잡범들에 섞여 무자비한 삼청교육을 4번이나 끌려가 악명 높은 봉체조로 죽을 고생을 하게 된다. (황용희 교도관 기록)[69]

80년 봄 그 무렵 보안사령관 접견실은 장터처럼 붐볐다.

정치, 행정, 경제의 사령탑이 된 보안사 비서실에는, 이런저런 구실로 고위직들이 경쟁적으로 몰려들었다. 눈도장을 받기 위해 그야말로 문전성시였다. 벌써 비서실장 허화평은 '일인지하 만인지상'의 위상을 흠뻑 즐기고 있었다.

그에게 재무장관 이승윤(80년 5월~82년 재무장관)이 건의하듯 말했다.

"전두환 사령관이 아예 다 (대권까지) 맡아버리면 이렇게 복잡할 게 없지 않습니까? 이렇게(청와대, 총리실 다니랴) 번거로울 것 없이."

싹쓸이를 재촉하는 소리로 들렸다고 한다. (전직 국정원장의 목격담)

존 위컴 주한미군 사령관 회고록에도 '아첨배'들 얘기가 있다.

문형태 국방위원장이 위컴에게 이렇게 얘기했다는 것이다. "고위 공직자들이 전두환에게 떼 지어 몰려가 아첨하고, 전두환은 그런 상황을 즐기는 바람에 사태가 점점 더 틀어져간다"라고 여러 번 말했다. 위컴의 그다음 대목, 비꼬는 소리가 섬뜩하다.

"그런데 문형태 자신도 빈번하게 전두환과 접촉하지 않는가. 따라서 나는 문형태도 전두환의 집 문턱을 넘나드는 많은 고위 공직자 중의 한 사람이라는 사실에 주목하지 않을 수 없었다." (위컴)[70]

박흥주 처형의 날, '대한 육군 만세' 외치고 가다

신군부의 집권을 향한 캐터필러에 김재규의 부하 박흥주가 깔려 들어가고 있었다.

10·26 거사 실패로 정보부장 김재규의 비서실장이던 박흥주 대령의 운명은 끝나버렸다. 1심밖에 없는 군사재판(12월 20일)에서 사형이었다. 군사재판에서 2심, 3심은 사치다.

1980년 3월 6일 오전, 33사단 사격장에는 처형대 말뚝 3개가 세워졌다.

박흥주 대령 외에도, 2명의 사형수가 더 있었다. 한 명은 안동의 극장에 수류탄을 던진 군인, 그리고 또 한 명은 내무반에 총격을 가해

동료 군인을 죽인 군인, 모두 3명이었다.

사대(射臺)에는 각각 3자루씩, 모두 9정의 M16 소총과 사수들이 배치되었다. 9명 중에서 6명은 실탄 사수이지만 사대별 1명씩, 모두 3명은 공포탄으로 소리만 난다. 그래야 사수들은, 자기가 쏜 총탄에는 죽지 않았으리라는 일말의 자기 위안으로, 그날 밤 숙면할 수 있다고 한다.

집행관은 육사 출신 대위가 맡는다.

그러나 어쩐 일인지 나오지 않았다. 육사 선배 박흥주의 기막힌 사정을 알았을 것이다. 그래서 대신 변 상사가 입회했다.

사격 개시 명령이 떨어진다. 사격~~, 아직 개시!까지 떨어지지 않은 찰나. 박흥주가 하얀 천으로 눈을 가린 상태에서 고래고래 소리쳤다.

대한민국 만세! 대한 육군 만세~~!!!

그 순간 개시! 명령이 나고 총성이 하늘을 가른다. 2명의 사형수가 고개를 떨군다. 그러나 박흥주는 어찌 된 영문인지, 고개를 쳐들고 있었다. 절차대로 검시가 시작되었다.

군의관이 박흥주의 순서가 되자 "아직"이라고 낮게 말했다. 그러자 변 상사가 허리에 차고 있던, 커다란 콜트 리볼버 권총을 꺼내 들었다. 그리고 거침없이 머리를 향해 방아쇠를 당겨버렸다.

그 총격 부위는 바로 머리 위쪽이었다. 두개골 위에서 아래턱으로 향한 발사, 김재규가 박통을 쏠 때, 1차 총격에 피 흘리며 쓰러진 박통을 확인 총격했던 부위와 방향에 한 치의 오차도 없었다.

지켜보던 보안사의 파견관은 소름이 돋았다.

대통령 최규하의 권력 분산 구상인 이원집정제(二元執政制)는 대학가와 야당으로부터 "신군부와 야합하려는 반민주적 발상"이라고 공격을 받았다. 심지어 신현확 총리로부터도 '최 대통령이 신군부에 업혀 자리를 더 지키려 한다'라는 의심을 샀다. 사진은 서울대 아크로폴리스 광장에 모인 대학생들의 토론.

아, 원혼과 악업(惡業)의 카르마는 하늘에 떠도는 것인가?

그 박통이 확인 총격을 받은 총은, 바로 박흥주의 권총이었지 않나! 10·26 저녁 1차 발포 이후 권총이 고장 난 김재규가 바깥으로 뛰쳐나와 박흥주의 권총을 빼앗아, 머리통 총격으로 끝장낸 것이다.

10·26 저녁, 박통을 검시한 보안사 구내 수도병원장 김병수 대령은 머리의 심한 총상 때문에 박통 얼굴인지 확실히 알 수 없었다. 시신의 복부에 있는 특유의 반점을 보고, 낮익은 코드 원(대통령)인 것을 확인했다. 변 상사의 권총에 맞은 박흥주의 얼굴도 그랬다.

사형수의 아내는, 천에 덮인 박흥주 얼굴을 들추어보다 그만 혼절하고 말았다. "이목구비가 형편없이 뭉그러진 남편을 보곤 기절했다"라고 당시 파견관은 증언했다.

당시 신문 기사에 '아버지를 살려달라'고 울며 애원했던 박흥주의 아내와 아들, 딸들의 소원은 끝내 통하지 않았다. (아들은 훗날 신학대학 과정을 마치고, 지금은 목사가 되어 일산에서 교회 목회를 맡고 있다고 한다.)

이원집정제는 신군부와 동거하려는 최규하 꼼수

3월 14일, 최규하 대통령 발언으로 한차례 소란이 일었다.

대통령제를 약간 흔들어, 이원(二元)집정제를 떠보는 발언이었다.

"새 헌법의 정부 형태로는 대통령중심제와 (의원내각제) 절충 형태가 바람직하다. 대통령에게 과도하게 권력이 집중되면 유고(나 궐위)시에 위기를 초래하고 선거도 과열되어 혼란을 부른다." (개헌심의위원회 개회식)

이 한마디가 과도정부를 비난하는 여론에 기름을 붓는 역할을 했다.

절충식 정부 형태란?

최규하는 대통령은 외교 등 상징적인 역할을 하고, 총리가 실질적인 권한을 행사하는 이원집정제를 말한 것이다. 그런데 세간에서는 이것을 신현확의 기획으로 오해했다.

오늘날 신현확 증언 등을 바탕으로 정리해보면 이것은 최규하의 욕심이었다. 신현확은 시종일관 대통령중심제였다. 그러므로 "최규하 대통령은 자신의 대통령직 유지에 급급해서 신군부와 등에 업고 업히면서 그 자리를 유지하겠다는 의지가 강했다"라는 것이 신현확 총리의 회고다.

그러나 당시 오해는 신현확에게 쏠렸다.

오해가 세상사와 인생의 반(半)을 넘는다던가?

이원집정제 때문에, 신 총리는 3김과 정치권, 그리고 집권을 결의한 신군부, 길거리 대학가의 시위대로부터 십자포화를 얻어맞는다.

최규하는 웃었으리라.

"신현확 물러가라."

장난스러운 서울대 모의재판에서도 신현확에게 '사형'을 때렸다.

그 재판장이 서울대 법대 학생 윤석열(제20대 대통령, 전 검찰총장)이었다.

"1980년 5월 8일에 학생회관 2층 라운지에서 밤새워 모의재판이 진행됐어요. 5·18 직전 검열과 보도 통제로 정확한 정보는 없었고, 막연히 전두환, 노태우가 군사반란을 일으켰다는 소문만 듣던 때였어요. 당시 동아일보에 입사한 선배로부터 정보를 듣고 온 법대 4학년생들이 궐석 모의재판을 기획했는데 저는 재판장을 맡았어요. 잘못된 정보로 인해 그분(신현확)이 쿠데타 수괴인 줄 알고 사형선고를 내렸어요. 전두환에게는 '무기징역'을 선고했고요. 지금 생각하면 신현확 총리께 너무 죄송하지만." (윤석열 인터뷰)[71]

다음 날 교내에 인쇄물 호외가 나돌아다녔다.

재판장 윤석열 학생이 신군부 세력에 대한 궐석 모의재판에서 사형, 무기를 때렸다는 보도다.

싹쓸이가 나면 잡혀갈 판이다.

그런데 5월 17일 전야에 보안사령부에 근무하는 먼 친척이 집에 전화를 걸어 윤석열을 빨리 피신시키라고 했다. 그래서 윤석열은 강릉 외가의 친척 집으로 3달간 피신했다가, 등교해도 된다는 소식을 듣고 서울로 올라왔다.

전두환 띄우기, 서민적이고 소박·인자한 민주주의자로

대학생 모의재판에서도 무기징역을 받는, 인기 없는 전두환을 미디어로 띄우는 'K-공작계획'이 추진되었다.

보안사는 80년 3월 언론에 대한 회유와 공작, 그리고 전두환 띄우기, 비협조자 제거를 핵심으로 하는 'K-공작계획'을 세웠다. 그리고 신문·방송사의 사장, 주필, 편집국장, 보도국장, 정치부장, 사회부장 등을 통해 여론을 조종해나가기로 했다.

보안사 이상재 준위(통칭 '강기덕 보좌관', 나중에 국회의원)가 그 책임자였다. 이상재는 본래 대공(간첩 전향) 전문가였으나, 79년 10·26 직후 정승화 계엄사령관 때부터, 언론검열단 책임자로 서울시청에 상주하면서 신문·방송사에서는 막강한 사람으로 통했다. 수사기관의 습성대로 강 보좌관이라는 별칭으로 통했다.

검열단은 문공부, 정보부, 보안사, 경제기획원, 육해공군에서 차출된 공무원 50여 명으로 구성되었다. 이들은 계엄법에 따라 모든 신문·방송 기사를 미리 읽고 검열지침에 맞추어 삭제했다. 검열지침을 내리는 최상층부가 이상재였다.

그 이상재가 전두환 보안사령관의 결새를 받아 새로 구성한 언론조종반(대책반) 반장을 맡아 'K-공작'을 수행했다.

언론반은 분석관, 수집관 등 14명이었다.

이들은 신군부를 사회 안정을 위한 유일한 대안 세력으로, 또 전두환을 지도자로 부각하는 임무를 수행했다. 전두환을 '정의감이 강하고 포용력 있는 대범한 인물', '우국충정에 불타는 사심 없고 청렴결백한 전형적인 군인', '농촌 출신으로 서민적이고 소박·인자한 범국민적 인물', '해외 유학, 시찰 등 문무 겸비한 민주주의 신봉자', '어려운 시기에 국가의 운명을 걸머지고 가시밭길을 걷고 있는 애국자' 등으로 한껏 띄우는 것이다.

그런 언론 공작은 잘 먹혔다.

기자를 신군부에 협조적이냐 아니냐로 분류하고, '양호', '협조 희망', '적극', '경계', '소극' 등으로 평가했다. 언론반의 분석에서 '국시 부정', '제작 거부', '부조리' 등 비협조적이거나 반정부적인 언론인으로 찍히면 해직으로 내몰렸다.

80년 8월 해직 대상 기자 100여 명 명단을 보안사 이상재가 정리하여 권정달 처장에게 주었고, 권이 이광표 문공부 장관에게 넘겼다. 문

전두환 띄우기 언론 공작은 검열하에서 잘 먹혔다. 그렇게 협조하지 않은 기자들은 1980년 7, 8월의 언론계 학살에서 모두 해직되어 쫓겨났다. 해직 언론인 숫자는 줄잡아 700여 명에 달했다. 사진은 1988년 국회 청문회 증언대에 선 이원홍, 허문도, 문태갑, 이상재(왼쪽부터).

공부는 언론사에 강제 해직자 명단을 내려보내 시행케 했다.

만일 언론사가 강제 해직에 불응한다면, 신군부는 국세청과 감사원을 동원해 언론사를 세무조사나 경영 감사로 압박하려 했던 계획이 훗날 밝혀졌다. (진실화해조사위원회)[72]

제4장

신현확 "死卽生(사즉생)"에 최규하 "No!"

눈먼 정보부 예산 120억 중 보안사 20억, 국보위 100억

80년 4월 초, 그렇게 전두환 띄우기가 무르익어가는 어느 날, 청와대 최광수 비서실장이 수석비서관 회의에서 물었다.

"전두환 보안사령관이 중앙정보부장 겸직을 요청하는데, 의견을 구하고자 합니다."

정보·권력기관은 서로 견제해야 하는 구조라는 것이 상식인데 그걸 한 손에 움켜쥐다니! 더욱이 현직 군인(장성)의 정보부장 겸직은 법적으로도 제한되어 있다. 고건 정무수석이 잘라 말했다.

"법적으로 불가(不可)합니다!"[73]

다른 수석들의 의견도 대동소이했다. 물론 최광수 실장이 그 빤한 답을 몰라서 물은 것도 아닐 터이다.

비서실장 최광수는 이희성 계엄사령관에게 비밀리에 상의드릴 것이 있다고 연락했다.

"전두환 보안사령관(합수본부장)이 공석으로 있는 중앙정보부장을 겸하고 싶다고 대통령 각하께 건의드렸습니다. 어떻게 생각하십니까?"

계엄사령관 이희성은 처음 듣는 소리에 놀랐다.

그렇지 않아도, 소장 전두환이 중장으로 올려달라고 해서 고생했고, 전두환이 '행차' 시에는 대통령이나 된 것처럼 경호대를 요란하게 달고 다녀서 신경이 쓰이던 판이었다. 딱 잘라 반대했다.

"두 개의 정보기관을 한 사람이 겸직으로 거머쥐는 건 맞지 않지요."

80년 1월, 새해가 밝아오면서부터 아직 소장 계급인 전두환은 중장 계급을 붙이고 싶어 했다. 실권에 걸맞은 위세를 떨치고 싶었다. 고분고분한 주영복 국방부 장관, 조문환 차관을 앞세워 중장으로 진급시켜달라고 매달렸다.

장관, 차관이 이희성 계엄사령관을 설득했으나 거절당했다. "명분 없는 진급은 안 됩니다. 1사단장 마친 지도 1년도 안 됩니다. 균형상 안 맞지 않습니까. 아무리 보안, 수사, 정보를 조정하는 업무를 내세우더라도 소장이면 되지, 중장으로 보하는 것은 이릅니다."

이희성으로서는 다른 장성들의 따가운 시선도 의식해야 한다.

육군의 수장으로서, 최소한의 복무 기간도 채우지 못하고, 전쟁이나 비상사태도 아닌데, 특별 공로도 없는 자를 초고속 승진시키는 건 형평의 문제다. 참모총장의 체면 문제이고, 다른 장성들에게 미안한 일이기도 하다.

안달하는 전두환이 제 발로 이희성을 찾아와서 졸랐지만 거절했다. 그렇게 두세 차례 버텼으나 역불급, 전두환은 여기저기 쑤시고 다녀 기어이 3월 1일 '셀프 중장'에 오른다.

'핫바지 사령관'은 무기력했다. (김영삼 정부 때 12·12 반란에 관한 조사에서, 검사가 그런 호칭으로 이희성을 추궁했다.)

전두환은 정보부장 겸직 반대를 예상했던 바다.

반대하는 이희성 계엄사령관과 청와대 수석들을 세쳐놓고, 전두환은 신현확 총리를 찾아갔다. 낯간지러운 일이지만 그는 개의치 않는다.

"(중앙정보부장) 겸임을 해야만 하니 양해해주십시오."

신 총리가 답변했다.

"첫째, 이 일은 내 소관이 아니다. 대통령 직속 기관의 인사이니 국무총리 소관이 아니다. 나한테 양해해달라고 할 필요가 없다. 대통령 마음대로 하는 것이지."

그러면서 전두환의 청을 딱 잘라 거절했다.

"둘째로, (내 소관이 아닌데도) 나한테 일부러 찾아와 얘기했으니 대답은 하겠다. 겸임하지 마시오. 나는 최 대통령한테도 겸임을 허용하지 말라고 의견을 냈다. 겸임하는 것은 당신 자신을 위해서도 좋지 않고, 국가를 위해서도 좋지 않다."

전두환이 미리 준비해온, "중요한 정보기관, 중정의 공백이 너무 길어져서" 운운하면서 겸임시켜달라고 했다. 물론 국보위 신설 자금, 창당 자금을 중정 예산에서 꺼내 쓸 거라는 말은 쏙 빼고 졸랐다.

신 총리는 고개를 흔들었다.

전두환 보안사령관은 최규하 대통령을 압박하여 1980년 4월 14일 기어이 중앙정보부장을 겸직했다. 숱한 반대를 무릅쓰고 중정 부장을 겸한 이유는 정치자금을 예산에서 끌어대기 위해서였고, 부장이 되어 120억 원을 국보위 창설 자금 등으로 썼다. 일본 신문들은 양대 정보기관 겸직을 두고 "전두환이 대권에 한 발짝 더 다가선 의미"라고 보도했다. 사진은 5월 4일 중정 간부들에게 임명장을 주는 전두환 부장.

"당신 말이 일리 있다 하더라도 당신 자신을 위해서도 그렇고, 국가적으로 안 하는 게 낫다. 마이너스 요인이다."

그런데 일주일 만에 겸직 발령이 났다.

최 대통령이 해준 것이다.

법적 제한을 피해서 중앙정보부장 '서리'라는 꼬리표도 붙여주었다. 전두환은 기어이 4월 14일 중앙정보부장 겸직 발령을 받아냈다.

아사히신문 등 해외 미디어는 전두환이 권력의 정점을 장악했다고 해설했다. 바둑판 형세도 맥점도 옆의 훈수꾼이 더 잘 보는 법이다.

신군부가 노리던 대로 중앙정보부 예산에서 국보위 창설·운영 명목으로 100억 원을, 보안사령관실로 20억 원을 가져다 썼다.[74]

겸직 발령을 받고 전두환이 당시 정보부에서 가져다 쓴 120억 원은 중정 1년 예산의 15%에 해당하는 금액이었다. 전두환은 정보부의 마지막 예산을 가져다가 국보위 창설·운영 자금으로 사용한 것이다.[75]

5·16 군사정권의 산파 김종필은 중앙정보부를 통해 공화당 창당 자금을 만들었다. 그런데 20년 가까이 흘러, 5·17 신군부는 중정의 마지막 예산을 갖다가 국보위 창설 자금으로 쓴 것이다. 양대 쿠데타 정권의 절묘한 악순환이요, 수미상관(首尾相關) 아닌가.

이제 전두환은 양 날개를 달았다.

양대 정보기관을 장악한 위세로 정권을 잡으러 나선다.

이종찬, 사이공 억류자 이대용 석방 문제로 전두환 만나

여기서 잠시 정보부의 국제국 부국장(이사관) 이종찬이 신군부의 창당에 얽혀 들어간 사연을 들어보자.

민정당의 창당 주역 이종찬은 육사 16기이지만 본래 전두환과는 별 인연이 없었다. 육사를 나와서 중정 공채 1기로 들어가 주로 해외 부문에서 일했기 때문이다. 전두환을 둘러싸고 하나회가 설치는 데에 반감을 느끼고 있었다.

그런데 인생은 알 수 없는 것, 기묘한 인연으로 얽혀 들어갔다.

79년 봄, 중정 해외 관련 부서의 이종찬에게 전화가 걸려왔다.

김재규 부장의 수행비서 박흥주 대령으로부터였다.

이문동 청사에 있던 이는, 은밀히 남산의 부장실에 들르라는 밀지에, '시내에 볼일이 있다'라는 핑계를 대고 김재규를 만났다.

4년 전인 75년 4월 30일, 사이공 최후의 날, 탈출에 실패하여 억류된 중정의 이대용 공사에 관한 얘기였다.

월맹군의 사이공 점령 이후, 체포된 이대용 공사, 안희완 서기관(중정), 서병호 경무관 등 3인은 하마터면 북으로 잡혀갈 뻔했다. 베트남 공산당은 북한 조선로동당과 형제당이어서, 북한 로동당 3호 청사(중정에 해당) 요원인 궁상현 등이 사이공에 쫓아와, 평양으로 데려가기 위해 집요하게 회유하고 설득했다. 그러나 3인은 끝까지 버텨냈다.

세 사람은 찌하교도소에 갇혀서 물고기 그물(어망)을 짜는 노동으로 소일하고 있었다.

중정은 낙오자 3인을 수소문하여, 사이공 주재 프랑스대사관을 통하고, 거기서 잔류 교민회장 이순흥과 연락이 닿았다.

이순흥을 통해서 이대용과 접선이 되었다. 이대용은 어망을 짜다가 남은 노끈으로, 작은 바구니 하나를 만들고 구명 쪽지를 담아 서울로 보냈다.

박정희 대통령은 김재규 부장이 그 메시지를 펼치자, 눈물을 글썽이며 말했다.

"어떤 대가를 치르더라도 이 셋을 살려내시오."

김재규 정보부에 비상이 걸리고, 외교 루트를 통한 송환 교섭이 벌어졌다. 태국 주재 월맹대사관을 두드려 '전후 복구에 필요한 물자를 대겠다'라는 미끼를 던졌다. 그 결과, 긍정적인 답을 받았다. 다만 "우방국(북한)의 동의가 필요하다"라는 단서가 문제였다.

북한과의 관계가 최악이던 때였다. 1972년의 7·4 남북 공동선언이 깨지고, 한국은 인도차이나 적화 사태로 긴장하고 있는 데다, 나중에 밝혀진 일이지만 북한은 휴전선 일대에 남침 땅굴을 파고 있던 때다.

통일 베트남 정부는 '북한이 요구하는 한국 내의 좌익수들을 북으로 보내주면 3인을 풀어줄 수 있다'라고 제의했다. 좌익수 송환을 위해 베트남의 중개로 남북한 당사자 협상을 벌이라는 것이다.

좌익수 송환 협상이 벌어졌다.

북은 무려 500명의 명단(죽은 사람도 포함되어 있었다)을 내세웠는데, 밀고 당기는 사이 11명까지 압축되었다. 그러나 회담은 그 이상 진전이 없었다.

79년 봄, 김재규 부장이 이종찬을 불러서 지시한 것은, 이스라엘 국적의 국제 로비스트 사울 아이젠버그(오스트리아 출생)를 통한 비밀 공작이었다.

그 인물은 텔아비브에 사업 거점을 둔 유대인으로, 전용기를 타고 세계를 누비며 굵직한 프로젝트를 중개하고 차관을 알선하는 유명한 수완가였다. 월성 원전 1호기인 가압중수로(Candu) 도입을 중개했고, 국내 재벌 총수들과도 내통하고 있었다.

이종찬은 정보부 안에서 매우 불편한 신세가 되었다.

이대용 문제를, 지휘 계통의 상사들, 국장들 몰래 부장과 직거래하자니 눈치가 보였다. 마치 개인적인 인사 운동이라도 하러 부장실을 드나드는 것으로 오해되어, 감찰실에서 뒷조사를 한다는 말도 들렸다.

그러는 사이에 태국 주재 한국대사관에서 낭보가 왔다.

베트남 외교 담당 국무상이 주태국대사에게, 이렇게 말했다는 것이다.

"한국 시민(Citizen) 3인의 석방은 시간문제일 뿐이다. 오스트리아인 아이젠버그를 통해서 연락을 주겠다. 이 일에 대해서 최대한 보안을 유지해달라."

이대용 송환 결재날 10·26, 박정희·김재규 '유고'

그것이 바로 79년 10·26 아침이었다.

이종찬은 전문을 중정의 윤일균 해외차장에게 보고했다. 중정은 소문날 것이 걱정되어, 외무부에 전보문 배포를 중지시켰다. 외무부 김태지 아주국장에게 특별한 보안 조처도 요구했다.

보고를 받은 김재규 부장은, 만족스러운 표정을 지었다.

박통이 대단히 흡족해할 사안이었다.

그러나 바로 그날 10·26 저녁 박정희는 김재규의 총탄에 죽고, 김재규는 시해범으로 체포된다. 통치 라인의 유고로, 이대용 구명 작전은 허공에 떠버린 것이다.

중정 간부들은 송두리째 잡혀가 반역 혐의로 조사를 받는다.

이종찬은 12·12로 전두환 신군부가 실권을 장악한 뒤에도, 이 기밀을 이희성 부장 서리(계엄사령관)에게조차 보고하지 않았다. 그저 억류 3인의 신상에 이상이 없도록, 도쿄의 공작 라인에 부탁해놓고, 때를 기다렸다.

그러다 79년 12월 하순, 보안사에 전화를 걸어 전두환 사령관 면담을 요청했다.

비서실장 허화평 대령은 무슨 일인가 궁금해했지만, 사령관을 뵙고 난 뒤에 설명해주겠다고 했다. 육사 17기로, 이종찬의 한 해 후배인 허는 싹싹하게 물러섰다. 전두환이 반겼다.

이종찬은 원래 전두환과 가까운 사이가 아니었으나, 1975년 4월 이래 사이공에 억류된 이대용 공사(1925~2017) 등 3명의 송환 문제를 전두환 보안사령관에게 보고하면서 신군부에 얽혀들게 되었다. 이종찬은 중앙정보부 해외 파트 간부로, 김재규 부장 때부터 이 숙제를 맡아왔는데 10·26과 12·12 정변을 거치면서 후속 대책을 전두환과 상의하지 않을 수 없게 되었다. 사진은 이대용(오른쪽)이 월남 국가원수 티우 대통령과 환담하는 모습.

"이종찬, 오랜만이야, 그동안 잘 지냈나?"

이대용 관련한 자초지종을 설명했다. 전두환도 월남에서 파월 백마 29연대장을 지내서, 이대용을 잘 알았다.

"그러면 내가 어떻게 해야 하나?"

이는 옥중의 김재규 부장을 만나게 해달라고 했다. 박정희 대통령에게 보고키로 한 사안이니, 그날 어떤 방침으로 결정이 났는지 알아야 했다.

"김재규 면담은 안 돼!"

그러면 보고서 파일이라도 찾아야 한다고 말했다. 왜냐하면, 보안을 유지한답시고, 이종찬조차도 사본을 갖지 못하게 했기 때문이다.

전두환은 파악해서 알려준다고 했다.

그러면서 최규하 대통령에게도 보고해야 하니, 저간의 사정을 자세히 적어서 보고서로 하나 만들어달라고 했다.

그 면담 약 15분 사이에도, 전두환은 끊임없이 전화를 받아서, 대화가 끊기곤 했다. 장관을 비롯한 주요 인사들의 통화가 이어져, 인사 문제건 정책 결정이건, 이미 권력의 중심에 확고하게 올라선 것을, 이종찬은 두 눈으로 확인했다.[76]

파일은 남산 부장의 침실 옆 서류함에 있고, 자세한 것은 비서실장 김갑수 장군이 알고 있다고 했다. 합수부가 옥중의 김재규로부터 캐낸 정보일 터이다.

최규하 대통령은 이 건을 공식 외교 채널로 해결하고자 했다.

외교관 출신이기도 하고, 사울 아이젠버그에 대해서는 좋지 못한 선입견도 있었다. (나중에 아이젠버그에게 훈장[산업훈장] 수여가 결정된 이후에도, 만나기 싫다고 거절하여 전두환이 대신 주었다.)

박동진 외무부 장관이 나서고 중립국인 스웨덴 외교 라인을 내세워 교섭을 시켰다. 이종찬은 아이젠버그 공작 라인과 스웨덴 라인이 충돌하여, 교섭이 깨질까, 걱정했지만, 베트남은 의외로 현명했다.

겉으로는 중립국인 스웨덴이 생색내도록 하고, 실제로는 아이젠버그의 요구를 들어주는 방식을 택했다.

그리하여 80년 4월 12일 사이공(호찌민) 탄손누트공항에서 대단원의 막이 내린다.

한국 정부의 요청으로 베트남을 방문한 스웨덴의 외무차관, 그리고 아이젠버그 그룹의 하노이지사장 일행이 이대용, 서병호, 안희완 3인을 아이젠버그의 전용(오스트리아 국적) 제트기에 태워 서울로 향했다.

그리고 이틀 뒤인 4월 14일 전두환은 중앙정보부장 서리를 겸하게 된다.

이종찬은 이렇게 우연히도 '사이공 억류'에 얽혀 들어가 전두환과 인연을 맺고, 나중에 민정당 창당의 비밀 산파가 되고, 정치 무대에 데뷔했다.

정보부, 권력에 충성하는 사바크 아닌 애국하는 모사드로

4월 10일 이종찬은 권정달 처장으로부터 보안사로 오라는 통보를 받았다.

권정달이 말했다.

"보안사령관이 직을 유지한 채로, 중정 부장을 겸직하시게 될 것이다. 취임하자마자 조직 개편과 인사 쇄신 작업에 들어가야 해서, 육사 출신으로 중정 터줏대감인 당신을 총무국장에 임명하시려고 한다. 17기 김용갑도 감찰실 부실장으로 간다."

4월 14일 전두환이 중정 부장을 겸직한다는 보도가 나가자, 남산은 발칵 뒤집혔다. 라이벌 기관, 보안사령관이 부장으로 오면 무서운 일이 벌어질 것 같은 예감 속에서, 다들 인수인계서, 현황보고서 작성으로 분주했다.

이튿날 전두환이 말끔한 양복 차림으로 취임식에 나타났다.

"중정이 그동안 월권과 이권 개입으로 물의를 빚은 것이 사실이다. 과거 부장으로 있던 자가 외국에서 추태를 부리고(김형욱), 국가원수를 살해(김재규)하기도 했어. 그러함에도 자성하는 분위기가 아니어서 대단히 유감스럽다."

물을 끼얹듯 조용한 분위기에서 말을 이어갔다.

"앞으로 중앙정보부는 '사바크'가 되지 말고, 모사드가 되어야 한다!"

이 대목은 이종찬이 적어준 대로다.

사바크는 이란의 팔레비 왕정을 뒷받침한 비밀경찰이다. 중정은 그와 같은 국내의 권력 보위기관이 아니라, 이스라엘의 국제정보 수집기관 모사드처럼 국제적으로 국익에 봉사하라는 것이었다.

전두환은 윤일균, 전재덕 두 차장을 불러 지시했다.

"10·26 사건의 책임을 지고 과장급 이상 전원의 사표를 받으세요."

대강의 개편 방안이 마련되자, 전두환 부장은 최규하 대통령에게 올라갔다.

두 명의 차장을 하나로 줄여, 김영선 장군(김재규 재판의 유공자) 한 명만 두는 단일 차장으로 건의했다. 그러나 최통의 반응이 의외였다. 내무부 차관 서정화를 넣어, 종전대로 2인 차장으로 하라는 것이었다. 민간인 정보부장으로 임명하라는 신현확 총리의 진언을 참고한 것인지, 문민 출신의 자기 사람 한 명을 심겠다는 것인지 진의는 알수 없다.

이종찬 총무국장이 원안이 바뀌는 데 실망하는 표정을 지었다. 그러자 전두환 부장이 이종찬을 달랬다.

"이종찬! 이상도 좋지만, 현실도 고려해야 해, 안 그래?"

현실이란?

최규하의 체면을 살려주고, 앞으로도 계속 업혀갈 수 있으리란 미

보안사령부의 허화평(가운데)은 비서실장으로 '5공의 기획자'를 자처했고, 허삼수(오른쪽)는 정승화 계엄사령관 제포를 실행한 실행조(組). 허문도(왼쪽)는 조선일보 도쿄특파원, 주일공보관 등을 지내고 전두환 중정 부장 비서실장으로 5공에 합류했다. 허문도는 허삼수, 김진영 대령(33경비단장) 등과 부산고 동기동창으로 빠르게 녹아들고, 나중에 언론 통폐합 등을 주도하여 막강한 '3허(許)'의 일원으로 불렸다.

망을 품도록 하자는 의미일까. 전두환은 머리가 나쁜 게 결코 아니었다. 심모원려(深謀遠慮), 허허실실로 밀었다가 당기면서, 파고드는 구석이 있었다. 우악스러운 싹쓸이(5·17) 전야에도 그는 나름의 영리한 장기(將棋)를 두고 있었다. 주한 미국대사 글라이스틴도 회고록에서 "내가 만난 지도자 가운데 가장 영악하고 빠른 사람"이라고 묘사했다.

최 대통령의 재가를 받아 간부를 발령했다.

기조실장 김성진(육사 11기 최우수 졸업, 나중에 체신부 장관), 감찰실장 김만기(서울분실장, 전 헌병감), 비서실장 허문도, 감독관 허삼수(최예섭 후임).

이어서 부서장 이상의 간부 40명 가운데 33명의 사표가 수리되었다. 살아남은 자는 김만기 등 7명뿐이었다.

여기 허문도가 비서실장으로 등장한다.

도쿄 주재 해외공보관이던 허문도(전직 조선일보 기자)는 80년 1월 본국 회의(해외공보관 연례 모임) 참석차 귀국하여, 동창 식사 자리에서 부산고교 동기인 김진영, 허삼수 등과 어울렸다. 일본 우파를 추앙하고 공부해온 '우국지사' 허문도의 대북 안보관, 애국심은 대령 친구들에게 인상적이었다.

그의 화려한 요설(饒舌) 시국관에 실세들이 감복했고, 전두환 합수본부장을 만나보라고 권했다. (박정희의 장조카인 박재홍 전 의원은 자신이 허문도를 허화평에게 처음 소개했고, 나중에 보안사의 허삼수와 동창인 걸 알게 되었다고 필자를 비롯한 기자들에게 말한 바 있다. 그러나 허문도는 1995년 검찰의 12·12 '반란' 수사에서, 동창 김진영 등을 만나고 나서 전두환에게 갔다고 진술했다.)

문민 허문도의 현란한 말솜씨와 처음 듣는 우국충정론에, 전두환 장군은 감화되었다.

전두환이 허문도를 중정 부장 비서실장으로 발탁, 마침내 군 출신인 허삼수와 더불어 전두환의 최측근인 속칭 '쓰리 허'의 일원으로 자리 잡는다. 허문도는 5·17 내란 이후에는 6월부터 국가보위비상대책위원회 문화공보위원으로 전면에 나서고 언론 통폐합 강행, 그리고 5공의 문화 정책을 좌지우지하게 되었다.

전두환 부장의 지시로 중정의 구조조정안을 만들었다.

김성진 기조실장과 이종찬 총무국장(전두환이 임명, 그 전에는 국제국 부국장), 김용갑 3인이 머리를 맞대고, 국내 정보 인원을 대폭 줄인 결과 약 600명의 유휴인력이 생겼다. 제1 안은 전원 퇴직, 제2 안은 300명 퇴직으로 복수안을 만들어 부장실에 올라갔다.

전두환 부장은 물었다.

"이 600명이나 되는 남은 인력을 어떻게 하나?"

중정 직원법, 공무원법에 따라 퇴직하는 것이라고 답변했다.

"그렇다면 300명만 자르는 제 2안이 낫겠군. 그러면 잘리는 300명은 모두 퇴직해야 하는가?"

그러면 100명은 내보내고, 100명은 대기나 재교육, 100명은 당분간 정원 초과로 운영, 이렇게 3그룹으로 나누어 한 1년 정도 해보는 방안을 준비했다고 보고했다.

"그러면 50명만 자르자, 어때?"

전두환이 후퇴하자 옆에 있던 허삼수 감독관(대령)이 나섰다.

"부장님, 잡초를 뽑아버려야 양질의 화초가 자랍니다. 지금 개혁하는 시점에 때 묻은 사람들을 놔둔다면 내부의 사기가 오히려 떨어질 수도 있습니다."

과감히 칼을 휘둘러 쳐내야 한다는 건의에 전두환이 대꾸했다.

"허삼수! 남의 눈에 눈물 나게 하면, 제 눈에서 피눈물이 흐르는 법이야. 명심하게나, 그런 마음으로 100명을 정리하도록 하지."

자신감, 자신만만. 지도자 연(然). 살기(殺氣).

전두환을 만났던 미국 글라이스틴 대사와 위컴 미 8군 사령관의 회고록, 또 다른 이들의 회고록(이희호, 문홍구, 신현확) 곳곳에 이즈음의 전두환을 그렇게 묘사했다.

전두환 "경환아, 대통령은 하늘이 정하는 거야"

4월 14일로부터 며칠 지나 중정 부장을 겸직한 전두환이 윤보선 전

전경환은 청와대 경호실 직원이었으나 형 전두환이 대통령이 되는 바람에
5공의 실력자 반열에 올랐다. 새마을운동 중앙본부 사무총장(나중에 회장)
이라는 수수한 명함이었지만, 정부, 관계, 재계에서는 무소불위의 권력을
자랑했다. 사진은 1987년 4월 새마을 향토 야시장 개막식에서 노신영 총
리, 정호용 내무부 장관을 거느리고 한가운데서 테이프를 자르는 모습.

대통령 집을 방문하는 날이다. '위력 과시'를 겸한 의기양양한 행차다.
경호부대도 삼엄하게 붙여 요란하게 행차하던 나날.

　보안사 한용원 과장이 윤보선의 안국동 집으로 전을 안내하기 위
해, 연희동의 전두환 집에 갔다. 마침 형 집에 들른 전경환이 한마디
흥겨운 듯 우스개로 물었다.

　"형님, 오늘 윤보선 선생이 난데없이, 자기를 대통령 시켜달라고
하면 어떡하지?"

　형 전두환이 거침없이 대답했다.

　"대통령은 하늘이 정하는 것이지, 하고 싶다고 되는 것은 아니야."

신현확 "死卽生(사즉생)"에 최규하 "No!"

세상은 내 것이다, 전두환은 자신했다.

그는 그 무렵 유아독존(唯我獨尊), 하늘의 기운이 제 편이라고 확신한 듯 행동했다. 그는 애창곡 '사나이 결심' 가사처럼, 결심하고 가는 길, 가로막는 폭풍에 당차게 맞설 각오였다.

이미 보안사 이상재(강기덕 보좌관)가 전두환 대관식(戴冠式)을 향하여, 신문·방송 여론을 조작하는 'K-공작' 플랜을 가동하고 있었다.

정보부장 전두환이 정보부 요원의 목 치는 숫자를 줄이면서 자비(慈悲)와 융통성을 보였다. 허삼수를 얼러가며 해직 숫자를 줄였다.

그러나 이종찬이 이 결재를 서정화 차장에게 들고 가자, 서가 찌푸리며 불평을 말했다. 해외 파트 김영선 차장은 대만족이었지만, 서정화는 자기 휘하의 국내 요원 숫자가 크게 줄어 못내 불만스러웠다.

"중정은 앞으로도 안보를 책임져야 하는데 이토록 국내 파트의 편제(요원 숫자)를 줄여놓으면, 누구를 데리고, 일을 어떻게 해나간다는 말입니까? 내가 부장님과 다시 의논하겠습니다."

인원, 조직 크기가 리더의 힘이다. 그걸 알기에 하는 말이었다.

그러는 사이 허삼수 대령이 몇몇 요원들의 문제점을 수시로 집어넣었다. 보안사의 정보로 중정을 칼질하면, 자칫 '악화가 양화를 내쫓는 상황'이 될 것 같았다. 이종찬은 윤석순 인사과장을 동원하여 커버했다. 윤은 허삼수와 부산고 동기동창이어서 잘 통했다.

그렇게 정보부 개편 인사안을 가다듬는 사이에, '서울의 봄'은 꽃 피기도 전에 이울어가고 있었다.

전두환의 정보부장 겸직은 야당, 재야와 학생들의 반발을 키웠다.

게다가 전두환 측에 기자 출신이 합류했다는 소문, '이진희가 붙었다!', '허문도가 남산에 붙었다!'라는 얘기가 언론계에 퍼졌다. (물론 이런 뉴스는 언론 검열로 한 줄도 실리지 못했다.)

"비상계엄 해제하라!"

"전두환 물러가라!"

"정치 일정, 단축하라!"

5월 들어 대학가의 시위는 거칠어졌다. 달아오른 대학생들 시위대는 서울 시내로 쏟아져나오기 시작했다. 강원도 사북탄광의 노동자 투쟁, 폭력 사태가 연일 신문 지면을 장식했다. 거친 노사 분규와 길거리 시위는 신군부가 기다렸다는 듯, 계엄 검열에서도 무사 통과되었다. 대문짝만 한 시위 기사가 지면을 도배했다. 세상은 뒤숭숭해져갔다.

그 무렵, 국회 전문위원 박관용(전 국회의장)은 삼성그룹 비서실에 근무하는 친구 이모를 만났다. 그가 "전두환 장군이 학생 데모를 핑계 삼아 정치권을 군을 동원해서 쓸어내고 체육관 선거로 대통령에 취임하게 된다"라며 그 날짜까지 9월 1일이라고 못 박아 알려주었다.

박관용은 마포 당사로 김영삼 총재를 찾아가 이 정보를 보고했다. 김영삼은 느긋했다.

"그자들이 일시 그런 생각을 했었지만, 지금은 아닌 것 같아. 도도히 흐르는 강물을 손바닥으로 막을 수는 없지."

그렇게 자신만만하던 김 총재가 며칠 후, 다시 박관용을 불러 물었다. 그 정보를 어디서 들었냐는 것이다.

"삼성 비서실 친구에게서 들었습니다."

"그 정보가 맞는 거 같다, 나쁜 놈들. 하지만 그렇게는 저희 멋대로는 안 될 거야. 민주화의 도도한 물결을 총칼로는 막지 못할 거다."[77]

그러나 김영삼의 희망과는 달리, 5·17 싹쓸이는 소리 없는 탱크처럼 시시각각 다가오고 있었다.

5월 10일 최규하 대통령은 그 와중에도 사우디아라비아 등 중동 방문을 강행했다.

출국 전에 최가 김영삼 신민당 총재에게 전화를 걸어 출국 인사를 할 때, 김 총재가 강력히 반대했다. 그래도 군이 비행기를 타고 나가더니 대학생들의 거리 시위가 더욱 격화되자, 급기야 순방 일정을 단축해서 5월 16일 밤 귀국했다.

공항에 도착해서 곧바로 청와대에서 회의가 열렸다. 심야 11시였다.

대통령 주재로, 최광수 비서실장, 고건 정무수석, 신현확 총리와 각 부처 장관들, 그리고 전두환 보안사령관 겸 정보부장 서리(현역 군인 신분이어서 '서리')가 참석했다. 신 총리가, 국내의 시위에 관해 보고하고 30여분 만에 회의는 끝났다.

5월 17일 아침이 밝아왔다.

토요일이기도 하고, 최 대통령이 급거 귀국한 터라, 대학의 학생 회장들도 이화여대에 집결한 상태로, 청와대의 결단을 침묵으로 기다리고 있었다.

신현확, 최규하에게 '대통령·총리 동반 사퇴' 권하다

그날은 길고 긴 하루였다.

신군부에나 과도정부에나, 폭력에 휩쓸려 떠내려간 정치인들에게나 참으로 길고도 긴박한 24시간. 역사에 그렇게 기록되고 있다.

신현확은 신군부의 우악스러운 집권욕에 대항하여 최후의 뒤집기를 시도했다.

5월 17일 아침, 청와대에 올라가 최규하 대통령과 함께 장렬하게 '동반 퇴진'하자고 했다. 무력으로 싹쓸이하려는 신군부에 대한 마지막 승부수, 대통령·국무총리의 동반 퇴진 선언으로 충격을 주어 판세를 뒤집자고 했다.

일종의 정치적 '투신(投身)자살'이다.

최규하 대통령에게 "우리가 죽어서 영원히 살려면 함께 사퇴하는 길밖에 없습니다"라고 했다.

전두환의 1980년 5·17 쿠데타를 앞두고, 신현확 총리는 최규하 대통령에게 '대통령·국무총리 동반 사퇴'로 신군부에 맞서자고 제의했으나 거절당했다. 신 총리는 그런 승부수라면, 군부가 민간 정부를 짓밟는 형태가 되어 군부를 제어할 수 있다는 판단이었다. 즉 죽어서 사는 필사즉생(必死卽生)으로 나가자는 아이디어였는데, 최규하 대통령은 살아서 죽는 길을 택했다고, 훗날 신현확은 비판했다.

'군부가 등장하려면 민간(과도) 정부를 쓰러뜨리고 밟고 지나가라.'

최 대통령과 국무총리가 동반 퇴진하면 신군부의 등장이 불법이 된다.

담대한 역(逆)발상이었다.

무도한 신군부의 완력에 저항하는 과도정부 최후의 카드, 건곤일 척(乾坤一擲)의 승부였다. 사즉생(死卽生)으로 절벽에서 몸을 던지면 군 인들인들 어쩔 것인가. 저들이 죽기 살기로 덤비듯이 우리 문민도 이 리 죽으나 저리 죽으나 마찬가지 아닌가.

"최 대통령에게 말했다. '당신이 계속 자리만 지키면 살아서 죽는 거다. 군부 등장을 합법화시켜줄 뿐이다'라고까지 했지만, 최 대통 령은 고개를 저었다. 신군부에 업혀 살아남는 길을 택했다." (신현확 의 증언)[78]

그래서 신현확은 5월 17일 아침을 회상하면서 '최규하는 민간 정부 출범이라는 공약을 어긴 사람'이라고 비판하곤 했다.

"최규하 씨는 나라의 책임자가 될 사람이 못 돼. 전두환은 그런 최 대통령을 이용한 거지." (신현확)

정작 건곤일척(乾坤一擲)의 승부수는, 거꾸로 전두환 일파가 띄웠 다.

5월 17일 오전 10시, 신군부의 12·12에 이은 2차 조용한 쿠데타 가 펼쳐진다.

(정치학자들은 전두환 신군부가 79년 12·12 쿠데타와 80년 5·17 쿠데타, 2단계 쿠데타(Two-phased coup d'etat)로 권력을 탈취했다고 기록한다.)[79]

국방부 제1 회의실에서 전군 주요 지휘관 회의가 열렸다. 각본대로 국방부 장관 주영복, 합참의장 유병현을 위시한 참석자들이 좌정했다.

이희성, 진종채, 윤성민, 황영시, 차규헌, 노태우, 정호용, 박준병 같은 실세의 굳은 얼굴들이 보이고, 김윤호, 윤흥정, 김홍기, 김상태, 최영구, 최영식, 전성각, 강영식, 박노영, 안종훈, 정현택, 구득현, 김종숙, 권익검, 전창록, 김종곤, 이종호, 정원민, 김정호, 이은수, 이상해, 최기득, 최중하, 윤자중, 이희근, 김용수, 김인기 장군 등이 무거운 표정으로 자리했다.

다들 전두환 일당이 무슨 일을 꾸밀지는 예감하고 있었다.

그에 앞서, 이른 아침 주영복 국방부 장관은 권정달 보안사 처장을 통해서, 전두환(중정 부장 겸 보안사령관) 신군부의 시나리오를 시달받았다. 〈1. 전국으로 계엄을 확대하고, 2. 국회를 해산하며 3. '국가보위비상대책위원회'를 설치하는 건의〉를 국무회의에서 의결하도록 촉구한다. 다만 회의에서 그런 논의만 하고 백지에 서명만 받는다.

주 장관은 같은 국방부 청사의 유병현 합참의장을 불러 통보 겸 조율했다.

그러나 유병현 의장은 깐깐하게 물었다.

최규하 대통령의 뜻이냐? 신현확 총리의 지시냐?

그렇지 않다면 주영복 장관 개인의 단독 발상인가?

그러나 주영복은 우물쭈물 대답을 회피했다.

대신 보안사의 지침대로 "학생 데모 등 국내 혼란을 수습하기 위해선 국회 해산이 필요하다. 그리고 국회 기능을 대체할 비상기구를 만들어야 한다. 그것을 법적으로 뒷받침하려면 계엄을 전국으로 확대해야 한다"라는 말만 되풀이했다.

그 전날 밤, 최 대통령을 수행해서 중동에 다녀온 유 의장이지만, 전두환 일당의 수작을 꿰뚫어보고 있었다.

꼭두각시에 불과한 주영복 장관에게 말했다.

"국회를 해산하는 결의를 한다면 나중에, 회의 주재자인 당신이 훗날 헌법을 파괴했다는 헌법 위반의 죄를 추궁당할 것이다. 역사적으로도 오점을 남겨서는 안 된다. 비상통치기구(국보위)를 건의하는 것도 군의 범위를 넘는 것이오."

유병현의 경고에도 주영복은 머뭇거릴 수 없었다. 그 방을 나섰다.

서둘러 시나리오대로 지휘관 회의를 주재해주어야 하니까.

국방부 전군 주요 지휘관 회의장 주변은 살기가 감돌았다.

신군부 실세들이 목숨 걸고, 12·12에 이어 쿠데타 2라운드를 벌이는 판이다. 보안사와 헌병대 요원들이 쫙 깔려 있었다. 장성들도 살벌한 분위기에 움츠러들 정도였다.

주영복 장관이 장성들을 향해 말했다.

"오늘의 계엄 확대 건의는 국무회의의 의결을 거치게 된다. 그렇게 합법화되면 정치 풍토를 쇄신하고, 정치권의 문제 인물들은 완전히 제거해야 한다"라는 취지였다. 싹쓸이~ 첫 발언이다.

안종훈 장군(군수기지사령관)이 발언했다.

그는 원래 정승화 총장 편이었다. 12·12 당시, 그의 부관 장교(유인상 가천대 교수)에 따르면, 그날 밤 휘하의 장군들을 비상 소집하여, 결

신군부의 제2차 쿠데타의 날인 1980년 5월 17일 오전 전군 주요 지휘관 회의가 열린 국방부. 국방부 장관 주영복이 신군부의 시나리오를 들고 다니며 계엄 확대, 국회 해산, '국보위 설치' 등을 결의하고 연서명을 만드는 자리였다. 노태우, 정호용 등이 대학생 시위 등을 내세우며 신군부의 시나리오대로 결의하자고 압박하는 살벌한 분위기였는데, "그 누구도 군을 떠날 각오를 하지 않고서는 반대 의견을 낼 수 없었다."(전성각 당시 3군사령관 기록). 주영복, 이희성은 이 결의문을 대통령 최규하, 국무총리 신현확에게 내밀며 "국무회의를 열어 계엄을 전국 단위로 확대해줄 것"을 압박하고, 3김을 비롯한 구정치인 싹쓸이에 돌입했다.

연한 표정으로 '쿠데타군에 협력하지 말고 나의 지시만 받아라!'라며 정 총장 편에 충성 맹세를 강요했다. 그러나 정 총장이 죄인이 된 마당에, 그도 패장의 일원일 뿐 목숨만 붙어 있는 형국이었다. 그래도 할 말은 해야 한다.

"우리 군이 정치에 직접 개입하는 것은 중대한 문제다. 국민 전체 여론이 이것인가? 모든 국민이 이런 생각을 한다고 볼 수 없다. 국민적 합의와 총화가 필요하다. 회의를 이렇게 하는 것은 문제다. 대책을 마련한다고 회의를 하면서 그에 앞서서 미리 결정해놓고, 거기 맞추어 회의하면 무슨 의미가 있는가?"

전두환의 친구, 정호용 특전사령관이 반박했다.

"국민 누구한테 낱낱이 물어보고 하는 소리인가? 여기서는 각자의 소신만 말하면 되는 것이다. 국민 대다수가 비상계엄을 지지하고 있다. 내일모레(5월 20일) 국회가 열리면 국가를 오도(誤導)할 일이 많아질 것이다. 학생들의 극렬 시위로 나라가 염려되는 지금, 비상대책기구를 설치하는 것이 필요하다."

수경사령관 노태우도 시나리오를 거들었다.

"정치는 완전히 불신당하고 있다. 그리고 정부의 힘이 못 미치면 군이 나서서 도와야 한다. 대학가는 무정부 상태다. 우리 군이 정부를 도와야 할 시기가 왔다. 기업인들이 나라를 걱정하고 호소하고 있다. 생존과 안정을 위해서 국민이 바라는 대로 장애 요소를 제거해야 한다."

노태우, 정호용이 얼마나 막강 실세인지 익히 아는 장군들이다.

시나리오를 짜놓고 그대로 가자는데 어쩔 것인가?

대세를 좇는 것이 군대 아닌가.

항변하던 안종훈도 더는 토를 달 수 없었다. 풀이 죽은 안종훈 장군을 쳐다보며 주영복은 '확인 사살'하듯 이의 없느냐고 묻고는 서명을 받기 시작했다. 주 장관이 돌리는 백지에 장군들 모두가 서명했다.

내용조차 알 필요가 없는 '묻지 마' 백지.

그때까지 반대하던 유 합참의장, 안종훈 장군도 서명하고, 심지어 최규하 대통령의 친동생 최중하 장군(해군 5해역사령관)도 사인을 해주었다.

"이날 전군 주요 지휘관 회의는 군을 떠날 각오를 하지 않고서는 반대 의견을 낼 수 없는 분위기였다"라고 3군사령관 전성각은 기록

에 남겼다.[80]

이 백지 서명(건의서)의 위력은 상상을 초월했다.

전군 주요 지휘관 회의의 '백지 신탁'은 최규하 대통령과 신현확 총리를 옥죄고, 미국을 협박하여 신군부에 끌어들이는 '백지수표'가 되었다. 대통령과 총리 앞에서 말문이 막히면, 북한의 위협과 사회 혼란에 대처하는 대한민국 군부의 일치단결된 뜻이라고 이 결의문을 내밀면 그만이었다. 미국에도 이것을 내밀어 합리화했다. 보안사의 기막힌 '여의봉'이었다.

반란군의 작전은 주도면밀했다.

전두환은 국방부의 주요 지휘관 회의와 정확히 같은 시각인 오전 10시, 청와대로 최규하 대통령을 만나러 올라갔다. 국방부의 장성들 결의를 모으는 임무는 주영복, 정호용, 노태우에게 맡기고, 본인은 최규하 대통령을 움직여 재가를 받아, 싹쓸이의 법적 토대를 구축하는 임무였다.

그러나 최규하는 녹록하지 않았다.

계엄의 전국 확대는 내각 기능을 정지하는 것이다. 그동안의 지역 계엄하(제주도 제외)에서는 지휘 계통이 대통령-국방부 장관-계엄사령관이지만, 전국 계엄은 국방부 장관이 사라지고, 계엄사령관이 3권을 거머쥐고 허수아비(대통령) 한 사람을 좌지우지하면 된다. 그것도 허용키 어려운데, 국회까지 해산하고 혁명평의회(허삼수의 표현) 같은 국보위를 만든다는 건 너무하는 것 아닌가. 헌정 중단은 안 된다고 했다.

최 대통령은 "혁명은 5·16 하나로 족하다. 군의 명예를 위해서도 다시는 헌정 중단이 되풀이되어서는 안 된다"라고 전두환에게 말했다.

최규하는 5달 전 12·12 때 '육참총장을 체포하려면, 국방부 장관의 재가를 받아오라'라고, 그랬듯이 절차를 따져 거부했다. "3군 주요 지휘관 회의 건의는 대통령이 재가할 사항이 아니다. 국무회의에 가서 알아보라"라며, 신현확 총리에게 떠넘겼다.

총리에게 가자! 벌써 오후 6시경이 되었다.

전두환은 빠지고, 주영복과 이희성이 지휘관 회의 결의(백지에 서명만 받고 보안사가 세부 결의를 적어 넣은 것)를 들고 신현확 총리에게 갔다.

그러나 신현확 총리도 호락호락하지 않았다.

혁명을 결재받아서 하나? 총칼로 하는 거지

5월 17일 오후 늦게, 편치 못한 기분으로 삼청동 총리 공관에 있는 신현확 총리에게 주영복 국방, 이희성 계엄사령관이 찾아왔다.

"총리님, 데모가 심해서 질서 회복을 위해선 도저히 방법이 없습니다. 그러니 전국 계엄 선포해주십시오. 그리고 국회 해산해주십시오. 그리고 국가보위비상대책위원회라는 것을 신설하도록 의결해주십시오."

신현확 증언.

"국가보위비상대책위원회? 그게 뭐냐고 그러니까 '이러이러한 조직(비상조치로 행정부를 대신하는 기구)으로 이러이러한 일을 하기 위한 것이니 결재해주십시오'. 그래서 내가 무슨 소리냐. 이거 혁명 아니냐. 혁명을 결재받아서 하는 사람들이 어디 있느냐, 혁명은 총칼로 하는

거지."

　신현확은 목청 높이며 거절했다. 그의 회고.

　"나는 못 한다. 비상계엄 전국 확대는 질서가 문란해서 그렇다 치고, 국회 해산, 그리고 정부가 있는데 또 무슨 다른 정부 같은 국보위, 이게 뭐냐? 옥신각신하다가 이거 총리가 결정할 문제가 아니다. 대통령한테 가자. 그래서 최규하 씨한테 올라갔지. 그런데 뭐 결정이 나나. 나는 못 하겠다. 그래서 또 옥신각신…."

　최규하는 거기서도 단호하지 못했다고 신현확은 말했다.

　"그 자리에서 최규하 씨는 내가 반대를 하니까 아무 말 안 했지. 자기는 그냥 '신 총리가 그렇게 말씀하시는데'라고 하는 정도였지 딱 잘라 거절도 안 해. 나는 못 하겠다고 딱 잘라 말했어. 최규하 씨하고도 손발이 맞아야 일을 하지. 나는 총리 그만두겠다고 했어."

하루가 벌써 저물어가자 전두환과 신군부는 초조했다.

5인 회동도 시간이 흐르고, 심야 임시 국무회의라도 열어서 계엄 확대로, 시나리오상의 싹쓸이를 벌여야 하는데 시간이 흐르고 있다.

이미 김대중 체포, 김종필 연행 등의 시나리오대로 병력 배치가 끝나고 지하 조사실까지 비워놓고 있는데, 돌격 사인을 내지 못한 채 초침만 째깍거리고 있다.

보안사는 하루 전인 16일에 벌써, 전군 보안부대 수사과장 회의를 소집해 17일에 비상계엄 전국 확대 직후부터 검거할 800여 명의 리스트를 통보해놓고 있었다. 덫과 올무를 완벽하게 쳐놓았으니, 샷건 (Shot-gun) 방식으로 일제히 돌격해야 할 시간이다. 급하다.

상황이 꼬여 벽에 부딪치자 주영복, 이희성이 전국 계엄 확대라도 해야 한다고 했다.

반 발짝 물러서는 것이다. 북의 수상한 동태 운운하며 말했다.

"내일모레 5월 20일이면 이화여대에 전국 대학생 대표들이 모여 일제히 궐기하는데 전국 계엄은 안 할 수 없는 것 아닙니까?"

신현확 증언이 이어진다.

"그래 좋다. 그거는 인정한다. 그러나 나머지(국보위 신설)는 못 하겠다. '비상계엄 전국 확대는 인정하고 국무회의에서 결의하겠다. 그러고 나서 총리직은 사퇴할 것이다.' 내가 힘이 모자라고 부덕해서 이렇게 된 거니까 총리를 그만둔다. 내각 전체의 사임을 강요하진 않겠다."

결국, 계엄 확대만으로 낙착되었다. 이제 국무회의로 가자.

심야 국무회의 의결이 확정되었다.

대통령과 총리가 굴복하고 전두환, 주영복, 이희성이 청와대를 떠났다.

그러자 최광수 비서실장이 수석비서관 회의를 소집했다.

"전군 주요 지휘관 회의의 건의에 따라, 비상계엄을 전국으로 확대하기로 했습니다."

박통이 서거한 10·26 이후 계엄은 제주를 제외했었다. 그러므로 '전국 확대'라는 것은 전면적인 군정(軍政)을 의미하는 것이고, 청와대가 고건 정무수석 중심으로 건의했던 것과는 정반대 상황이다.

최 실장은 "그래도 국보위라는 것을 구성하자는 군부의 건의는 일단 유보했다"라면서 정무수석 고건에게 말했다.

"비상계엄 전국 확대를 의결하는 임시 국무회의가 저녁 9시에 열리니, 거기에 참석하세요."

국무회의에는 수석이 아닌 비서관이 참석하는 것이 보통이다. 그런데 이례적으로 정무수석이 가라! 그것은, 청와대가 비상계엄 전국 확대를 추인하라는 의미인가. 고건은 울화가 치밀었다.

"제가 왜 거기에 갑니까?"

갑작스러운 목청에 다들 놀란 표정이다. 그러자 이경식 경제수석이 분위기를 추스르기 위한 듯 한마디 했다.

"전두환 사령관이 중정 부장을 내놓으면 다 끝날 일인데."

큰일 날 소리지만, 최광수를 비롯한 청와대 문민 보좌진의 본심이 터진 것이다.

신군부와 전두환, 너무한다는 항변. 누가 들을 소리라는 듯, 최 실

심야에 비상 국무회의가 열린 광화문 중앙청(1980. 5. 17. 밤 9시 30분). 군 병력이 포위하고, 외부 전화선까지 끊어버린 삼엄한 분위기에서 국무회의는 계엄을 전국으로 확대하는 안건을 찬반 토론 없이 8분 만에 의결했다. 회의 직후 신현확 총리는 항의 표시로 사퇴를 표명했고, 다른 국무위원들도 너도나도 사의를 밝혀 내각이 총사퇴하게 되었다. 어차피 신군부의 싹쓸이로, 장관들이 사표 내지 않아도 국무회의는 무용지물이 될 판이었다.

장은 서둘러 누그러뜨렸다. 고건에게 "그러면 정무에서 비서관이라도 거기에 배석시키세요"라고 물러섰다. 그리하여 국무회의 들러리로는 김유후 비서관(훗날 법무차관 역임)이 갔다.

밤 10시 10분 국무회의가 열렸다.

중앙청 복도에는 착검한 총을 세워 든 병사들이 도열해 있었다. 외부와의 통신선은 모두 절단했고, 심지어 경비 전화도 차단했다. 국무위원 이외에는 얼씬도 못 하게 하고, 직원들의 출입도 막아버렸다.

전국으로 계엄을 확대하는 안건은 10분도 안 되어 의결했다.

총리 신현확은 사의를 밝혔다. 그의 회고담.[81]

"각자 의견을 제시하도록 하자. 부총리부터 한 사람씩 차례로 의견을 말씀해주시오. 그랬더니 돌아가면서 전원이 그만두겠다, 그러는 거야. '그만두어라'가 아니고 내각이 자진해서 총사퇴를 결의한 것은 역사에 한 번밖에 없었지. 나중에는 최규하 씨가 '이런 위기 시대에 어쩌자고 이러십니까?' 하며 말리고, 나중엔 군부에서도 말렸어. 전두환도 '와 이러십니까. 이러면 어떻게 해나갑니까.' 그래도 나는 못하겠다고 했지. 그래서 기어코 총사퇴했어."

11시 40분 정부 대변인이자 문화공보부 장관 이규현이 발표했다.

제5장

—

광주 유혈 딛고 대통령에

문재인의 운명, 경찰서 유치장에서 변호사 자격 살리다

5월 13일부터 학생 시위가 거세지고, 절규가 서울 거리에 메아리 쳤다.

"전두환, 신현확 물러가라!"

"계엄 철폐! 민주 회복하라!"

이 못다 핀 서울의 봄에 제19대 대통령이 된 문재인 학생도 생의 기로(岐路)에 섰다. 아수라의 현장에 휩쓸려 하마터면 나락으로 떨어질 뻔했다.

사연은 이렇다.

경희대 법대생 문재인이 공수부대(75년 유신 반대 데모로 강제 입영)를 제대하고 복학한 때가 80년 3월. 사법시험 1차를 그 전해 79년에 합격하고, 복학하던 80년 4월 2차 시험까지는 응시했다.

그런데 때는 '서울의 봄', 전두환 물러가라고 외치는 학생 시위는 나날이 격화하고, 문재인은 복학생 대표로 5월 15일 서울역 20만 명 시위대의 선봉에 선다.

그런데 한 청년이 길가에 버려진 버스를 운전하고 경찰 저지선을 뚫다가 사고를 내 전경 1명이 사망하고 4명이 다치고 말았다. 공교롭게도 그 운전자는 경희대생들이 플래카드를 내걸고 진을 치던 방면에서 뛰쳐나갔다. 이 장면은 학생 시위의 과격, 폭력, 극렬을 보여주는 본보기로 수없이 보도되었다.

문재인은 현장 사진을 근거로 체포된다.

계엄 포고령 위반 혐의였다. 버스를 운전한 사람은 아니라고 밝혀졌으나, 그 운전자의 행방이 묘연했고, 그를 붙잡지 못하는 바람에 수사가 한없이 길어졌다. 그래서 문재인 등 경희대생들은 군법회의로 직행하지 않고, 계속 경찰서 유치장에 미결 상태로 갇혀 있었다.

그런 우연이 문재인을 살렸다.

사법시험 2차에 합격했다는 소식이 경찰서 유치장에 날아든 것이다. 낭보에 흥분한 경희대에서 학생처장, 법대 동창회장 등이 유치장 안까지 소주와 안주를 들고 와서 축하주를 먹였다. 외박을 시켜주진 않았지만, '고시 합격자'라서 그런 우대를 받았다.

경희대 합격생이래야 문재인과 다른 한 명을 합쳐 2명.

학교는 총력을 기울여 구명에 나섰다.

김점곤 대학원장(육사 1기)이 계엄사령부에 찾아다니며 구명운동을 했다. 그는 박정희가 존경해온 군의 대선배였다. 6·25전쟁 때, 평양에 최초로 진입한 연대장으로, 중대장 시절에는 박정희를 휘하 소대

문재인 전 대통령은 1975년 경희대 재학 중 유신 반대 데모로 강제 입영당해 특전사 1공수여단에서 복무했다. 그는 1980년 5·15 서울역 시위 때 경찰에 붙잡혀 유치장에 갇혀 있던 중 사법시험 합격 통지를 받았다. 작은 사진은 1976년 대한적십자사의 인명구조원 강습 수료증. BOOKPAL 제공

장으로 거느렸다. 그래서 전두환을 비롯한 유신정권의 장군들도 먼 발치에서나마 알아주던 분이다.

그 김점곤 교수의 구명 노력이 빛을 발했다.

"그분 덕분에 합동수사본부에서도 참고인 신분으로 조사가 끝났고, 계엄 포고령 위반도 흐지부지되어 풀려났다. 군사재판에 넘겨졌다면 석방은 불가능했을 것이다. 합격도 취소되거나 3차 시험 불합격으로 처리되고 말았을 것이다. 다행히 미결 상태이기에 석방의 여지가 생기고 변호사의 길을 걸을 수 있었다. 행운이었다."(문재인)[82]

그렇게 사법시험 합격증을 받아든 문재인은 사법연수원에서 운명적인 동지 노무현을 만나게 된다. 박원순(서울시장), 박시환(대법관), 송

두환(헌법재판관), 이귀남(법무부 장관), 조배숙(국회의원), 함승희(국회의원) 등과 연수원 동기였다.

80년 5월 15일 경희대 문재인 청년과 같은 공간에 서울대의 유명한 웅변가 김부겸(문재인 정부의 국무총리, 당시 정치학과)도 있었다. 서울대 학생회장 심재철(4선 의원, 국회부의장 역임)이 그날 서울역 집회를 주도하다, 나중에 회군(回軍, 자진 해산)을 선언했으나 아무리 노력해도 군중 장악이 안 되자 마이크에 대고 "김부겸 선배님, 어디 계십니까?"라고 애타게 찾을 정도였다.

김부겸은 77년 유신 반대 데모로 긴급조치 9호에 걸려 구속돼 영등포, 안양교도소 등에서 수감 생활을 했고, 대학에서도 제적됐다. 79년에는 부평의 한 화공회사에 위장 취업해 있다가 80년 복학하여 서울대 학생운동 지도부로 앞장섰다. 그러다 이틀 뒤 5·17 계엄 확대에 따라 포고령 위반(김대중 내란 음모 사건) 관련자로 구속돼 다시 복역했다.

박종규의 배신, 김종필 피신 못 하게 바람 잡다

5월 중순, 중앙정보부장 전두환은 돌연 인사 작업을 중단시켰다.

학생들의 거리 시위가 거세지자 서정화 차장은 회의 때마다 말했다.

"지금은 중앙정보부 개편 시기가 아니고, 전 부원이 나서서 사회를 혼란하게 하는 시위대, 정치 세력과 맞서서 싸워야 할 때입니다."

그렇게 목청을 높였고, 죽을 뻔했던 요원들이 인사 중단으로 살아났다.

중앙정보부가 지하실 고문으로 실력을 발휘할 기회가 온 것이다.

5·17 싹쓸이, 계엄령 전국 확대와 함께, 그동안 텅 비어 있던 지하실에, 무더기로 '정치 고객'들이 들이닥쳤다.

김대중 내란 음모, 대학생 시위 관련자들이 붙잡혀서 지하실에 빼곡히 갇혔다. 같은 시각, 보안사는 서빙고 분실 등에 김종필, 이후락, 김진만, 김치열, 오원철, 김종락, 장동운, 이세호 등을 잡아넣고 족치기 시작했다.

5·17 싹쓸이를 박종규는 미리 알고 있었다.

전두환과 친했기 때문에 일정과 수법을 다 꿰고 있었다. 훗날 김종필은 '복기'(復棋) 결과를 기자들에게 그렇게 말했다.

5월 13일 박종규가 난데없이 공화당 탈당을 선언하면서 "부정축재 재산을 공개적으로 조사해달라"고 기자회견을 했다.

"최근 권력형 부정부패라는 비판이 커져서 국민의 불신이 확대되고 있다. 이 기회에 나와 공화당을 포함하여 모든 정치인의 부패에 대한 정화작업을 벌여야 한다. 그것이 나의 진심이다. 그렇다고 내가 정계에서 은퇴하는 것은 아니다."

권력형 부정축재.

그것은 전두환 일당의 조어(造語)였다. 박종규가 며칠 후를 예고한 것이다.

불과 4일 뒤 5·17 싹쓸이에서 박정희 정부의 실세들에게 씌운 죄목 아닌가. 김종필(216억), 이후락(194억), 이세호(111억), 김진만(103억), 김종락(92억), 박종규(77억), 이병희(24억), 오원철(21억), 장동운(11억) 등 부패 분자들의 이름과 축재 액수가 신문의 1면을 장식했다.

김종필은 "박종규가 신군부의 앞잡이가 되어 공화당을 탈당하고, 정치인 재산 환수의 명분을 세워주기 위해 그런 연극을 한 것"이라고 술회했다. 박종규는 전두환이 정권을 잡아야 한다고 부추겨왔다. (강창성 증언)[83]

그리고 5·17 싹쓸이 직전에 전두환이 은인 박종규에게 "형님을 빼고 부정축재자를 처벌하면, 말이 되지 않는다고 합니다. 공정하게 보이기 위해서라도, 발표에 포함할 수밖에 없으니, 조금 참고 기다려주십시오"라고 했다.

박종규는 전두환 소령이 1962년 중앙정보부에 들어갈 때, 신원보증인으로 서명해준 은인이다. 그리고 73년 하나회 사건(윤필용 불충 실각) 당시에, 전두환을 군복 벗을 위기에서 건져주었다.

그렇긴 해도 김종필은 박종규의 배신이 괘씸했다.

"난파선의 쥐들이 바다로 뛰어들 듯 안달했다"라고 필자에게 말했다. 이후락의 신군부를 향한 '꼬리 흔들기'보다도, 박종규의 배신이 김종필은 뼈아팠다고 한다.

5·17 저녁, 뒤숭숭하고 심란한 마음에 김종필이 장영순(국회 법사위원장 역임) 등과 바둑을 두고 있었다. 그런데 아닌 밤중에 홍두깨처럼 박종규가 나타났다.

며칠 전에 '나 박종규를 포함해서 (김종필 등의) 모든 부정축재를 정부가 조사해야 한다'라고 기자회견을 한 터였다. 신군부에 붙어서 앞잡이 노릇 하던 그 박종규가 무슨 낯을 들고 왜 왔을까.

박종규는 말없이 바둑판만 들여다보며 서성거렸다.

얼마 후에 총을 든 병사들이 연행하러 들이닥쳐서야 비로소 알았

박종규(가운데)는 김종필(왼쪽)과 오래전부터 인연이 있었지만 1980년 5·17 저녁에 신군부의 바람잡이가 되어 김종필이 파신하지 못하도록 망을 보았다고, 김종필은 회고록에서 밝혔다. 김종필은 "박종규가 말썽꾸러기 중사이던 시절부터 도와주고 구해주었더니 고약한 배은망덕이었다"라고 말했다. 박종규는 전두환으로부터 형님으로 불렸고, 전두환의 성장기에 뒷배를 보아준 대가로 5공 들어 국제올림픽위원회(IOC) 위원을 지냈다.

다. 그들 체포조의 바람잡이가 되어, JP가 현장을 피하지 못하도록 붙잡아두는 역할로 온 것이 분명했다. 실로 더럽고 고약한 일이었다.[84]

"말썽꾸러기 박종규 중사 이래, 박정희와 육영수 사이에서 끊임없이 박을 도와주고 밀어주었다. 경호실장이 될 때도 응원했다. 그 대가가 이런 배은망덕이라는 말인가."(김종필)

신군부 전두환에게 그렇게 엎드린 대가로 박종규는 신군부 치하에서 구금도 면하고, 부정축재 액수(77억 원)만 발표되었을 뿐 흐지부지 비호를 받았고, 나중에 국제올림픽위원회(IOC) 위원이라는 감투도 얻어 호강하게 된다.

천지개벽 다 끝났다, 김대중 위험하니 피신하라

5·17 저녁 김대중의 동교동 집에 전화가 빗발쳤다.

"천지가 개벽했다. 김대중이 위험하다. 모두 끝났으니 몸조심하라."

"이화여대에 모인 대학생들이 개머리판에 맞아 피투성이 되어 끌려간다."

비서가 집 밖을 살피니 주변 전등은 모두 꺼져 있고 검은 세단 8대가 포진하고 있다고 했다. 며칠 전부터 낌새가 이상하니 지인이 미국 대사관으로 피신하라고 권하던 터다.

이희호, 김옥두는 서류를 주섬주섬 모아 장롱 뒤편으로 쑤셔 던졌고, 김대중은 파이프 담배를 연신 피우고 있었다. 밤 10시 45분, 군인 수십 명이 총검을 겨누고 안방에 들이닥쳤다. 이희호가 "말만 해도 따라나설 텐데 총은 왜 겨누나요?"라고 항의했다. 김대중은 묵묵히 옷을 갈아입고 따라나섰다.

"하느님이 당신과 함께해주실 것입니다."

기독교인 이희호가 기도하듯 외쳤다.

이어서 비서, 가정부, 경호원들은 한 방에 가두고, 수색을 시작해 안방, 서재, 부엌을 샅샅이 뒤지고 닥치는 대로 트럭에 실었다. 새벽 3시에야 수색이 끝났다. 서랍을 뒤져 10만 원짜리 수표 27장, 외화 6000여 달러도 가져갔다.

동교동 식구가 다 잡혀갔다.

아들 김홍일을 비롯해 비서 한화갑, 김옥두, 박성철(장군)이 끌려가고, 권노갑과 이협은 도망 다니다 나중에 연행되어갔다. 둘째 아들 홍업은 아사히신문 특파원 차에 숨어 달아나 3개월을 피신 다녔다.

혼자 남은 이희호는 라디오 '미국의 소리'(VOA)에 귀 기울였다.

5월 22일, 신군부는 김대중이 국민을 선동하여 광주에서 민중 폭동과 국가를 뒤엎는 내란을 꾀했다는 기상천외한 중간 발표를 했다.

기가 막히는 허구였지만, 일단 김대중이 살아 있는 건 확인해 감사했다고 한다.[85]

중간 발표가 날조인 것은 수사팀의 증언에서도 입증된다. 5월 22일, 김대중을 연행한 지 5일째 되는 날, 계엄사에서 '김대중 수사 중간 발표'라는 것이 나와 대서특필로 신문 지면을 뒤덮었다. '수사 과정에 드러난 범죄 사실'이라는 부제도 달려 언론에 배포되었다.

아직 수사관 조서 한 장도 못 쓴 단계에 무슨 범죄 사실이란 말인가?

김대중을 맡은 중정 수사국 이기동 수사관을 비롯한 중정팀으로서는 어처구니가 없어 서로 얼굴을 쳐다보았다. 보안사의 하는 짓이라니! 이기동 수사관의 기록.

"아직 단 한 줄의 수사관 조서도 작성하지 못한 채, 사실을 확인해 가는 단계인데도, 벌써 드러난 범죄 사실 발표라니. 이렇듯 계엄사 합수본부는 경찰에서 입수한 허위 정보에다, 민주화를 요구하던 재야 시민단체의 활동을 한데 묶어서 김대중 계열 모두를 범죄집단으로 규정하여 발표했다. 그러나 합수본부(보안사)에 장악된 정보부로서 무슨 군소리를 하겠는가?"[86] (이렇게 전두환 합수부의 음모로 기획된 '김대중 내란 음모'는 2004년에야 무죄로 확정되었다.)

그러는 사이, 김홍일 자해(自害) 소동이 벌어졌다.

김근수 수사국장이 이기동 수사관을 긴급히 불러 지시했다.

"홍일이 방에 문제가 생겼는데, 사태가 심각하네. 수사팀을 바꾸어야 하겠는데, 아무래도 자네가 좀 맡아주어야겠어. 자해하려고 했던 모양인데, 문제가 생기면 큰일이 벌어져. 지금 당장 새 팀을 짜서 들어가도록 해."

"김대중만 해도 벅찬데 아들 홍일이까지 또 맡으라고요?"

"무슨 소리야. 명령이야, 명령!"

김근수 국장이 애가 타서 소리쳤다.

이기동이 김홍일을 맡던 수사관들에게, 왜 갑자기 태도가 돌변했냐고 물었다. 그들은 "5일째 되던 날, 김대중 중간 수사 발표가 문제였다"라고 했다. 중정 수사관들도 난데없는 내용에 놀랐는데, 그걸 아들이 들었다면 얼마나 놀랐을 것인가.

그건 그렇다 치더라도, 지하 깊숙한 조사실에서, 그 뉴스를 어찌 알았다는 말인가?

기상천외한 경위가 밝혀졌다.

대공수사국 지하실에는 지상으로 연결된 환기구가 있었다. 그 환기구 부근에 중정 운전기사들이 차를 세워놓고 라디오를 들었다. 지상 환기구 옆에 주차해놓고, 운전석 문을 연 채 라디오를 듣다가, 뉴스가 바로 환기구를 통해 고스란히 김홍일에게 생중계되었다는 것이다.[87]

그 바람에 김홍일이 차라리 죽어버리겠다고, 억울하게 당하느니 자살한다고 자해 소동을 벌였다는 얘기였다.

남산 김근수 수사국장 "김대중만 가두면 호남이 반발할 텐데"

5월 18일로 다시 돌아간다. 아침이 밝았다.

남산의 중앙정보부 식당에서 이종찬 총무국장을 마주친 수사국장 김근수(훗날 국회의원, 상주시장 역임)가 어두운 표정으로 말했다.

"김영삼은 놔두고 김대중만 저렇게 잡아들이면, 전라도에서 반발해 항의 소동이 일어날 텐데, 걱정입니다."[88]

그의 예감대로 사태는 진행되었다. 광주에서 심각한 일이 벌어지고 있었다.

휴교령이 전국에 내려졌지만, 전남대학교에서 그날 아침에도 학생들이 학내에 들

중앙정보부 수사국장 김근수(나중에 국회의원, 상주시장)는 1980년 5·18 아침 총무국장 이종찬을 구내식당에서 만나자 "김영삼은 놔두고 김대중만 잡아들이면 전라도에서 반발해 항의 소동이 날 텐데 걱정입니다"라고 걱정했다. 그의 예감대로 광주에 내려간 공수부대와 대학생, 시민의 충돌 사태는 광주 유혈 항쟁으로 번졌다.

어가려다, 공수부대원들의 제지를 받았다. 서성이는 학생들에게 군인들은 해산하라고 했지만, 학생 수는 점점 늘어만 가고 충돌은 격해졌다. 광주에서 미증유의 비극이 시작되고 있었다.

5월 18일 오전 김영삼은 정무회의를 열었다.

김대중·김종필 등 밤새 연행된 사람들의 석방, 시내의 계엄군 철수, 국회와 야당 당사에 배치된 계엄군의 월권행위를 중단할 것 등을 결의했다.

오후 늦게 합수부 이학봉 대령이 상도동에 찾아왔다. 그는 경남고 후배였다.

"군은 불안 요소만 제거하고 돌아갈 것입니다. 기자회견이나 성명서 발표 같은 것은 하지 말아달라는 것이 전두환 장군의 요청입니다."

김영삼은 화를 내면서, 그를 내보냈다.

"무슨 소리야? 안정은 너희가 깨뜨린 것이야. 너희는 지금 용서받을 수 없는 짓들을 하고 있어. 너희가 하지 말란다고 해서, 내가 기자회견을 안 할 수는 없어."

5월 19일 당사에 나가 회의를 했지만, 외부는 완전히 군인들에 의해 봉쇄되어 있었다. 김영삼은 20일 기자회견을 하겠다고 국내외 언론사에 공지했다.

20일 아침 착검한 소총에 실탄을 장전한 중대 병력이 상도동을 에워쌌다.

합수부의 이학봉 대령이 다시 나타났다.

"총재님, 나중에 기회가 있을 텐데, 꼭 오늘 기자회견을 하셔야만 합니까?"(이학봉 대령)

"이 헌병들은 뭐냐? 당장 철수해라. 전두환에게 가서 말해라. 전두환이 제2의 박정희가 되고 싶은 모양이구나."(김영삼)

김영삼은 집 안에 들어온 일부 기자들에게 회견문을 배포하고, 비서들은 대문 밖의 기자들을 향해 담장 너머로 유인물을 던져주었다. 이 회견문은 계엄사의 보도 통제로 단 한 줄도 보도되지 못했다. 아사히신문을 비롯한 외신만 탔을 뿐이다.

5월 24일, 김재규가 처형되었다. 광주가 보라는 것이었다.

박통을 암살한 지 6개월여 만이다. 김재규 재판은, 사형을 목표로 삼았던 전두환과 신군부의 뜻대로만은 흘러가지 않았다.

"내란 목적은 없었다."

대법원의 14명 판사 가운데, 깐깐한 판사들 양병호, 민문기, 임항준, 서윤홍, 김윤행, 정태원 6명이 반기(소수 의견)를 들었다. '박정희'를 살해한 것은 맞지만, '내란 목적'은 없었다는 것이었다.

1. 행위 시의 체제(유신)와 재판 시의 체제(유신 폐기)가 달라졌기 때문에 내란죄로 처벌할 수 없다. (민문기)

2. 국헌 문란을 목적으로 한 살인은 아니다. 계획적이 아닌 우발적 행동에 불과하다고 보아야 한다. (양병호)

3. 내란이 성립하려면 폭동을 일으킬 만한 다수가 동원되어야 하는데 궁정동의 몇 명으로 내란이 가능한가? (임항준)

그렇게 토를 달았다. 사실은 그 말이 맞았다.

이일규 판사는 다수 의견(8명) 쪽에 섰지만, 훗날 말했다.

그는 "이론적으로는 소수 의견이 옳았다. 그러나 내가 보기에, 일반 살인이든 내란 목적 살인이든 어느 쪽으로 해도 사형은 틀림없는데, 이것저것 따지느라 시일을 보낼 필요가 없지 않을까 생각해서, 소수 의견에 가담하지 않았다"라고 말했다. (한홍구 교수 인터뷰)[89]

대법원 판사 6명, 김재규의 '내란 목적' 인정 안 해 쫓겨나다

그러나 입바른 소수 의견을 낸 대가는 가혹했다.

전두환 신군부는 이를 용납해서는 안 되었다.

김재규를 내란으로 몰아 '속죄양'으로 삼아야 했는데, 그 여론몰이에 생채기를 낸 것이다. 그것을 우려해서, 미리 1980년 정초부터, 보

김재규의 대통령 암살(10·26) 사건을 놓고 대법원 판사 14명 가운데 양병호(왼쪽) 등 6인은 내란 목적의 살인이 아니라, 단순한 살인이라는 '소수 의견'을 고수했다. 전두환을 비롯한 신군부가 "국사범을 봐주자는 거냐?"라고 반발하는 가운데, 8명의 대법원 판사가 다수 의견(내란 목적 살인)을 내서 사형이 확정되고, 김재규는 1980년 5월 24일 광주가 보라는 듯이 처형되었다. 그러나 양병호 등 소수 의견을 낸 6인은 그해 말 '김대중 내란 음모 사건' 최종심을 앞두고 퇴진 압력을 받았고, 특히 양병호는 보안사에 붙잡혀가 심한 폭행도 당했다.

안사의 전두환과 실세 대령 이학봉 처장은, 김재규 재판을 앞두고, 대법원에 손을 쓴 바 있다.

1980년 1월 전두환이 대법원 판사 전원을 육군회관으로 초청해 만찬을 베푼 일이 있다.[90]

이영섭 대법원장은 3월 어느 날, 이희성 계엄사령관으로부터 "김재규 사건이 넘어가니 잘 부탁한다"라는 말을 들었다. 그즈음 육군 법무감이라는 사람이 찾아와 "1개월 안에 재판을 끝내달라"라고 터무니없는 재촉을 했다.

그리고 이학봉은, 대법원 판사 양병호가 대법원의 임용 서열 2위로서 김재규 재판을 맡을 것이 확실시되자, 양 판사를 찾아가 '피고인들의 상고를 기각해달라'라고 부탁했다.

4월 14일 중앙정보부장이 된 전두환도, 사람을 보내 이영섭 대법원장에게 '김재규 사건의 조속한 처리'를 요구하면서 한번 만나자고 했다. 그런데 대법원장은 당연히 중앙정보부장이 자신을 찾아올 것이라 생각했고, 전두환은 이영섭이 자기를 찾아올 것이라 생각하다가, 시일이 흘러 만나지 못했다는 것이다.[91]

어쨌거나 소수 의견 6명은 나왔지만, 8명의 다수 의견으로 김재규 등 5명의 사형은 확정되었고, 광주에 경고하듯이 서둘러 처형했다.

5월 29일, 광주에 계엄군이 재진입한 직후다.

전두환 정보부장과 이종찬 총무국장은 중정 개편안을 들고 최 대통령에게 올라갔다. 전두환은 정보부 업무 마무리가 급했다. 이제 각 본대로 국보위에 가서 나라를 통치해야 한다. 그 자리에는 최광수 비서실장이 배서했다.

최 대통령은 꽤나 꼼꼼하게 구석구석 캐물었다.

이종찬은 중정에 몸담은 지 15년여, 부서를 두루 거쳤기에 막힘없이 대답했다. 대통령은 외교관 출신답게, '해외공작국'이라는 명칭을 '섭외국'으로 고치라고 했을 뿐 나머지는 별말 없이 재가했다.

그렇게 편성에서 제외된 탈락자는 288명이었다.

대부분 상급자이고 하급자는 적었다. 1961년 6월 박정희의 통치권 강화를 위해 중정을 만든 이래, 역대 부장들이 선심으로 박아놓은 사람들이 그토록 상층부를 지배해서, 머리만 큰 '가분수' 조직이 되어 있었다. 총무처는 '공무원 연금 구조를 중정 출신이 왜곡시킨다'라는 불평도 해왔다.

288명 가운데 100명을 내보낼 요량으로, 퇴출 명단을 만들었다.

전두환 부장은 그 퇴출자 명단을 결재하다가, 카드 한 장만 끄집어들추었는데 임 모라는 사람이었다. 총무국장에게 물었다.

"이 사람은 왜 안 되는 거야?"

"심도 있게 여러 차례 검토했으나, 미군 PX에 드나들면서 거래한 사실도 드러나서, 과장이 도저히 안 되겠다고 거부했습니다."

"원래 누가 추천자인지는 알아?"

"알고 있습니다. 인사 서류에도 부장님께서 추천한 사람으로 적혀 있기에 더욱 신경 써서 살펴보았습니다. 이 사람만 내버려두면 공정 시비가 날 것 같아서, 고심 끝에."

전 부장은 찌푸린 표정으로 꾹꾹 도장을 찍으면서 말했다.

"내가 천거한 것을 알면서도 정리 대상에 포함했다니, 이 심사는 공정하다고 인정하네. 그러면 퇴직하는 사람들, 먹고사는 생활 문제나 신경 써주기 바라네."[92]

이미 국회 해산과 국보위(국가보위비상대책위원회) 창설의 시나리오는 만들어져 있었다.

광주의 선혈이 아직 마르지 않은 상태에서, 신군부는 제 갈 길을 재촉했다.

5월 31일 국보위 설치 및 전두환 상임위원장 취임, 6월 2일 전두환 중앙정보부장(서리) 사임, 6월 27일 전·노가 차례로 대통령을 하기로 실세끼리 밀실 합의, 6월 28일 이학봉이 구금된 김대중 첫 면담(항복 요구), 7월 18일 유학성 정보부장 취임, 8월 13일 김영삼 정계 은퇴 발표, 8월 16일 최규하 대통령 하야, 8월 27일 전두환 대통령 확정, 9월 1일 대통령 취임.

반란 주인공들의 시나리오대로 한 치 오차도 없이 일사불란한 작전처럼 수행해갔다.

5월 31일. 서울 삼청동에 국보위 현판식이 있었다.

이 낯선 간판의 목표는 오직 하나, 전두환 장군이 전권을 장악하고 휘두르도록 하는 것이었다. 비록 전두환이 보안사령관과 중정 부

국가보위비상대책위원회 현판식(1980. 5. 31.)에 참석한 전두환 보안사령관(오른쪽)과 노태우 수도경비사령관(왼쪽). 전두환은 혁명평의회 같은 기구인 국보위 상임위원장에 전념하기 위해 6월 2일 중앙정보부장 사표를 냈다. 이로부터 2달 보름이 지나 전두환은 최규하를 끌어내리고 대통령 자리에 올랐다.

장을 겸하는 '천하장사'였지만, 법 형식상 계엄 상태이기 때문에 계엄사령관의 지휘를 받아야만 한다. 이 한계를 회피하기 위한 수단이 국보위였다.

국보위는 19년 전인 1961년 쿠데타 직후 김종필이 만든 '국가재건최고회의'를 고스란히 본뜬 것이다. 형식은 최규하 대통령 자문 보좌 기구이지만, 실제로는 전두환이 혁명적으로 전권을 휘두르게 하는 최고 권력기구였다.

국보위는 상임위원장 전두환이 정점에 서고, 그 밑에서 30인의 상임위원이 떠받치는 구조. 산하에 13개 분과위를 설치하였다. 상임위원 30명 가운데 18명이 현역 장성, 13개 분과위 간사들이 모두 영관급 장

교여서 말 그대로 신군부의 '군사혁명위원회'(허삼수의 말)였다.[93]

현판식 4일 전인 5월 27일, 국보위를 대통령 직속 기구로 두는 설치령에 최규하 대통이 마지못해 서명했다. 5월 17일 저녁 신현확 총리가 목숨 걸고 내각 의결을 반대하던 옥상옥(屋上屋)의 기구 국보위, 민간 정부를 쓸어내는 이 혁명기구를 기어이 최통을 윽박질러 만들어낸 것이다.

국보위라는 장검(長劍)은, 19년 전 5·16 쿠데타 군부 '최고회의'의 카피다.

그런 의미에서 신군부의 5·17과 박정희의 5·16은, 고개를 내미는 순간부터 "정상화되면 군대로 복귀한다"라는 거짓말 연막작전을 포함해 일란성 쌍생아였다.

위컴 "전두환 수작은 5·16 후 김종필이 하던 짓"

이를 꿰뚫어본 것은 벌써 2월, 주한미군 사령관 위컴 장군이었다.

위컴은 80년 2월 16일 전두환을 정식으로 만나주었다.

위컴은 전두환과 12·12 군사반란 이후 두어 달 만에 최초의 면담을 잡았다. 줄곧 브루스터 CIA 지부장이 전을 만나라고 권했지만, 반란에 불쾌감을 보이려고 의도적으로 시간을 끌어왔다.

위컴은 전두환을 만나기에 앞서, 1961년 김종필이 5·16 직후 카터 매그루더 주한미군 사령관을 면담한 대화록을 읽었다. 참고자료라고 보좌진이 갖다 준 것이다.

현기증이 날 정도로 놀라운 데자뷔.

그 기록을 읽어볼수록, 위컴은 직접 겪어본 적도 없던 시절을, 타임머신을 타고 매그루더가 되어 경험하는 착각이 들었다.[94] 기록은 이랬다.

"김종필은 미 8군 사령관의 승인 없이 한국의 병력(3600명)을 이동하여 명령체계를 흐트러뜨린 데 대해 매그루더에게 정중히 사과했다. 김종필은 또 쿠데타 주도자들에게 전혀 '정치적 목적'이 없음을 강조했다. 쿠데타군들은 좀 더 능력 있는 장성들의 진급 기회를 가로막고 있는 늙고 부패한 군 참모진을 내쫓고, 나아가 국민에게 아무 혜택도 주지 못하는 무능·부패한 정부에 '정화작업'을 단행하겠다고 말했다."[95]

곧 원대 복귀할 겁니다!

김종필은 매그루더에게 군부가 제한된 목적만 달성하고 나면, 즉각 군대로 복귀할 것이라고 확실히 다짐했다. "저를 믿으십시오!"라고 김종필은 말했다.

위컴은 "매그루더의 기록을 날짜만 20년 뒤로 바꾸면 나와 전두환의 대화록이 되겠구나" 하고 생각했다.[96]

옛날의 사기 수법에, 또 미국이 눈 빤히 뜨고 당해야 하나, 그렇지만 달리 수단도 없는 딜레마가 아닌가. 위컴은 어처구니없었다.

전두환은 그만큼 철저하게 5·16을 암기해서 위컴을 만났다.

보안사 백동림 수사1국장(10·26 수사 초기)은 "허화평, 허삼수, 이학봉은 79년 10·26 수사 때부터, 5·16과 해외 쿠데타 사례 자료를 들고 다니며 쿠데타를 연구했다"라고 증언(1995년 검찰)한 바 있다. 79년 보안사 과장이던 한용원도 "보안사는 10·26 직후부터 합수부(계엄 업무)에 몰두하는 한편으로 5·16을 연구하여 신군부 정권을 세워나갔

다"라고 기록했다.[97]

김종필도 역시 "10·26 직후부터 전두환은 보안사 핵심 참모(허화평, 허삼수, 이학봉) 등을 시켜서 5·16을 연구하라고 지시한 걸 나중에 알게 되었다"고 증언록에서 말했다.[98]

미국대사나 미군 사령관에게 둘러대기, 원대 복귀 약속하기, 국보위 같은 혁명기구 만들기, 그것 말고도 20년 가까운 세월을 건너뛰어 흉내 낸 게 많다.

첫째, 이정재, 임화수 등 깡패 소탕/ 삼청교육대

둘째, 구정치인 정치 활동 규제법/ 정치풍토쇄신법

셋째, 중앙정보부, 공화당 사전 조직/ 국보위 신설, 비밀리 창당

넷째, 부패 고위 공직자 재산 환수/ 김종필, 이후락 등 재산 환수

이 모두가 하나회의 허화평, 허삼수, 이학봉 그리고 권정달(비하나회) 4인방이 5·16 수법을 털도 안 뽑고 모방한 것이다. 그들은 김종필 선배의 '지적 재산권'조차 무시한 채 베끼고 도용(盜用)했다.

허화평은 5공의 기획자로 4인방 모임을 주도하고, 집권을 겨냥한 방향과 속도를 감리했다. 허삼수는 여론 수집과 연락책을 맡았다. 이학봉은 김재규, 김대중 수사를 지휘하면서 "불행의 과거사를 행운의 현재사(史)로 해석하는 낙천성과 대담성"(한용원의 표현)을 보여주었다. 권정달은 신당 창당을 맡았다.[99]

이즈음 미국의 신음이 기록에 남아 있다.

광주의 유혈을 딛고, 국민이 손가락질하는 가운데, 집권에 혈안이 되어 내달리는 전두환이지만 죽일 수단도 대안도 없다는 고민이다. 5월 28일 주한 대사 윌리엄 글라이스틴이 워싱턴으로 날린 보고서.

"전두환을 제거하는 위험성은 새삼 강조할 필요조차 없다. 우리가 조급히 움직일 경우, 전두환은 우리에게 대응하기 위해, 군을 굳건히 단결시키고 국민 사이에 반미 감정을 일으켜, 미국의 국내 정치 문제로 만들 수도 있다. 물론 우리는 그가 한국에서 (유혈 쿠데타로) 가장 평판 나쁜 인물이라는 점을 알고 있지만, 그가 정말로 한국 내 여러 이익집단의 이해와 상충하는 위치에 있는지는 미지수다. 더욱이 우리가 유념해야 할 사실은, 우리가 손을 들어줄 만한, 진정한 이상적 지도자가 없다는 것이다." (윌리엄 글라이스틴 대사)[100]

글라이스틴이 한 달 전, 4월에 워싱턴에 보낸 보고대로 사태는 흘러갔다.

"우리(미국)가 제거하려는 까마귀(전두환)를 대체할 수 있는 백로(대안 지도자)를 찾을 수 없다."[101]

그는 전두환을 끔찍이 싫어하는 카터 행정부가 어떤 역쿠데타라도 시도할까, 그러다 실패할까 두려워했다. 아예 군사반란을 인정하자고 현상 유지론을 펴는 브루스터 CIA 지부장과 한통속이 되어갔고, 위컴 사령관도 거기 매몰되어갔다. 이후 5공 내내 대학생들의 반미 투쟁, 문화원 방화 사건 같은 비극은 그러한 판단의 결과요, 자업자득인 셈이다.

7월 3일, 국보위에서 열린 신당 창당을 위한 보안사 비밀회의.

전두환 상임위원장이 권정달, 이상연, 이종찬, 이상재(언론 담당)를 앉혀놓고 근엄하게 운을 뗐다.

"이제부터 권정달 처장을 중심으로 새 역사를 만들어가는 과업을

민정당 창당 발기인 대회(1980년 12월)의 권정달(오른쪽)과 이종찬(왼쪽). 두 사람은 당의 정강·정책, 강령에서부터 대표 인선, 발기인 교섭 및 인재 충원, 영입 교섭에 이르는 전 과정을 도맡았다.

잘 추진하기 바랍니다."

그뿐이었다. 더 이상의 지침이 없어 일행이 궁금하게 나서던 차에, 권정달이 보안사로 가자고 했다. 이종찬이 거기 보안사 복도에서 허문도 안기부 비서실장을 마주쳤다.

"선배님, 오늘 아침에 신당 만드는 태스크포스 팀으로 부장님께 신고했지요?"

그제야 신당 모임이었다는 것을 알게 되었다. 허문도가 말을 이었다.

"창당 작업에 남산의 윤석순(1937~2021, 제11대 의원)이도 넣으시면 어떻겠어요?"

중정의 윤석순 부국장은 허문도, 허삼수와 부산고 동기동창이다. 듣고 보니, 이미 치밀하게 짜놓은 시나리오대로 가는 것이라 싶었다.

광주 유혈 딛고 대통령에

그렇게 윤석순도 합류했다.

최규하 대통령을 청와대에서 끌어내린 것이 8월 16일, 전두환이 대통령에 오른 것이 8월 27일이니, 한 달 보름 전부터 창당이 본격화한 것이다.

미국이 싫어하는 '민족' 빼고 '민주 복지' 간판으로!

보안사 뒤편 2층 건물에 자리 잡은 창당팀은 대외 비밀을 지키기로 서약하고 인물 선정에 들어갔다. 임시로 업무를 나누어, 이상재가 언론계 인사, 이상연 대령이 예비역과 현역 군인, 이종찬과 곽희정(중정 소속)이 구(舊)정치인, 교수, 사회 유명인사를 맡아 참신한 사람을 뽑기로 했다.

다른 한편에서 김윤환(유정회 의원)이 노태우, 정호용의 경북고 친구라는 연고로 여야 정치인들을 만나고 다녔다. 육사 11기로 윤필용 사건 때 옷을 벗고 삼성그룹에 있던 권익현도 창당을 거들고 다녔다. 그러나 실세 대령 허화평은 두 사람에 대해 질색했다.

"새 시대를 열어가는데 옛 인물들이 날뛰면 이미지 상합니다."

허화평이 참신한 제3세력을 규합하자는 데는 이종찬도 동감이었다.

이종찬은 친구 임재경과 채현국에게 상의했더니 남재희를 추천하는 것이었다. 남재희는 기자 초년 시절 혁신계를 취재했던 정의파였다.

자유당 시절, 서울대 법대 다닐 때는 이승만 대통령의 양아들 이강국이 서울법대에 편입하는 것을 반대하는 선봉에 서기도 했다. 그는 한국일보, 조선일보, 서울신문을 두루 거치는 동안, 박정희 대통령 면전에서 '쓴소리'를 하다 발탁되어 10대 국회의원을 지냈다.

이종찬의 제의에 남재희는 선뜻 응했고, 두 사람은 소외된 재야 세력을 껴안자는 데 죽이 맞았다.

이는 혈통으로 임정 이회영의 집안이고, 남재희는 조봉암, 윤길중이 활약하던 시절(1950년대 말) 혁신계 출입 기자였다. 게다가 재야가 합류하면, 신군부의 정통성을 보완하고, 참신성을 가미하여 이미지를 개선하는 데도 도움이 될 터이다. 군 실세들도 마다하지 않았다.

한편으로 신당의 이념과 정강·정책도 정해야 했다.

어느 날 경향신문 편집국장 정구호(전두환의 고교 후배)가 연구보고서를 들고 권정달 처장 방으로 왔다.

정구호는 원래 1960년 4·19 직후 서울대 문리대 재학 시절에 최영철, 유근일 등과 진보적 서클 '신진회'를 함께한 의식 있는 청년이었다. 학생혁명 직후, 민족 통일을 위한 판문점 남북회담을 부르짖고, '가자 북으로, 오라 남으로!'를 외치던 질풍노도의 일원이다. 그런데 어느덧 20년 세월이 흐르고, 전두환과의 고향 인연으로, 신군부의 브레인으로 나타났다.

정은 '민족 복지국가'라는 주제를 내걸었다.

"새로 건설할 나라의 브랜드는 '민족' 복지국가여야 합니다. 한국 정치에서 가장 취약했던 부분이 바로 민족 문제였습니다. 그래서 미국의 식민지라는 소리가 젊은이들한테서 나오는 겁니다. 그리고 경제 발전에 상응하는 복지 혜택이 있어야 합니다. 박 대통령도 복지에 착안했지만 실현하지 못하고 서거했습니다."

그러나 권정달은 핀잔 주듯이 말했다.

가뜩이나 미국이 민족주의를 앞세운 '영 커널'들의 쿠데타라고 백안시하던 판이다.

"민족, 민족 하면서 그걸 너무 앞세우진 마세요."

이종찬이 정을 거들었다. 그렇다고 '복지국가 건설'만으로는 밋밋하지 않느냐라고 했다.

"민주 복지국가라고 하지요"라고 수정안을 냈다.

권정달은 정구호가 민족이라고

노태우 수경사령관(아래)과 권정달 처장(위). 아직 현역 장성인데도 이들은 제5공화국 헌법개정안의 핵심 내용, 즉 대통령 임기, 대통령 선출 방식, 국회의원 선거구제, 대통령의 임기 등을 논의하며 좌지우지했다.

쓴 대목마다, 사인펜으로 긋고 '민주'로 수정해나갔다. 그렇게 해서 정구호가 다시 정서한 보고서는 전두환에게 재가를 얻어, '민주 복지 국가 건설'로 낙착되었다. 5공의 캐치프레이즈다.[102]

그래도 민족주의라는 말은 아주 버리기는 아까웠다. 창조적(creative)이라는 수식어를 붙여 미국의 경계심을 누그러뜨리기로 했다. '창조적 민족주의'를 내걸고, 개혁 의지를 담아 정강·정책에 반영키로 했다. 허화평도 이를 적극 지지했다.

7월 15일, 헌법개정안을 신군부 핵심들이 토론했다.

전두환, 노태우, 정도영(참모장), 권정달, 허화평, 허삼수, 이학봉, 이종찬이 참석했다. 노태우 수경사령관은, 군복 정장에 말채찍을 들고 들어서더니, 친구이자 영도자가 된 전두환을 향해 엄숙하게 경례를 붙였다. 전은 흡족한 듯 미소지었다.

다들 신나는 계절이다.

권정달의 브리핑으로 시작되어, 맨 먼저 논의된 것이 대통령의 임기였다. 4년 중임 의견도 나왔지만, 이승만·박정희의 무리한 개헌을 반성 거리로 삼아, 단임으로 정리되었다. 그리고 임기는 6년으로 정해졌다.

정호용, 대통령 6년도 과분한데 7년씩이나?

대통령 선출 방식은 토론이 길어졌다. 허화평이 '직접선거를 통해 국민적 축제 형식으로 뽑는 게 좋겠다'라고 우겼다. 그러자 노태우가 사회가 안정되어야 한다면서 간선제를 고집했다. 전두환이 간선제에 손을 들어주고, 허화평을 눌러서 마무리되었다.

국회의원 선거는 1구 2인제로 가기로 했다. 박정희 시절에 유혁인 정무수석이, 총선의 지나친 과열을 막기 위해 검토했던 방안이 그대로 채택되었다. 유신정우회를 없애고 비례대표제를 도입하되, 제1당에 유리한 배분안으로 했다.

국회에 정치꾼, 백수건달만이 아니라 전문직도 진출하게 한다는 취지로, 겸직을 허용키로 했다. 대우는 명예직으로 하되 차관보급으로 정했다.

이날 회의에서, 연내에 개헌을 마무리하고 새 헌법에 따른 정치 일정을 1981년부터 밟아가기로 했다.

이에 따라 신당 조직도 서둘러야 했다.

전두환은 "당 조직에서는 서울과 전라도를 특히 유념해서 해야 한다"라고 채근했다. 이종찬은 이런 과정을 지켜보면서, 정권 장악이 일찌감치 진행되고 있었구나 하는 것을 확신했다.[103]

신군부는 정권 인수를 향해 가속 페달을 밟았다.

전두환의 국보위 진출, 유학성 정보부장 취임(7월 18일)으로, 이제 얼굴마담 최규하를 내리고, 전두환이 그 권좌에 오르는 대관식까지 한 달을 남겨두고 있다. 이 무렵(80년 6월 27일) 벌써, 전두환이 대통령 임기를 마치면 노태우가 후계하기로 신군부 대주주 회합에서 정했었다고, 훗날 유학성이 이종찬에게 말했다.[104]

김영삼도 마지막 걸림돌이라, 해치워야 했다.

김대중은 내란 음모로 가두고, 김종필은 부정축재로 은퇴시켜 매장했다.

7월 30일 이학봉 대령은 전두환 사령관에게 불려갔다. 정보처장 권정달이 그 옆에 있는데 전이 명령했다.

"김영삼과 경남고 동문이니, 정치 활동을 그만하라고 해주어야겠어. 상도동에 연락해서, '김대중과 김종필도 잡혀간 마당에, YS만 활동하는 것도 모양이 이상하니 자진해서 은퇴하는 게 좋지 않겠나' 이렇게 얘기해봐."

이학봉은 상도동 비서 문정수(훗날 국회의원, 부산시장 역임)를 만났다.

두 사람은 경남고 동기였다. 문 비서에게 전두환의 지시를 전하면서, 김영삼에게 정계 은퇴를 건의해달라고 부탁했다. 그랬더니, 김영삼은 '며칠 여유를 달라'고 문을 통해 답했다.

며칠 기다려도 회답이 없다. 급해진 이학봉은 다시 문정수를 다그

신생 민정당의 얼굴로 이재형(왼쪽)을 천거한 건 김대중 비서를 지낸 안병규였다. 안은 노태우 보안사령관의 비서실장을 하던
동생 안병호를 통해서 이재형을 추천했다. 오른쪽은 권정달.

쳤다. 그러자 2~3일 후에 발표하겠다는 답변이 왔다. 그렇게 해서 8
월 13일 정계 은퇴 성명이 발표되었다.

　3김을 완벽하게 토벌해버렸다.

　이제 신당의 얼굴을 누구로 세울 것인가.

　이재형(1914~1992)을 신당의 대표로 천거한 사람은 진주 출신 정치
인 안병규(김대중의 비서 역임)였다. 노태우 보안사령관의 9·9인맥 (9사
단, 9공수)의 안병호 대령(보안사 비서실장)이 힘을 떨치던 시절이다. 안병
호의 집안 형인 병규는 이재형을 모신 인연도 있어서, 천거했다.

　노태우가 그 건의를 받아들여 전두환에게 올렸고, 그 바람에 물망
에 오르던 김상협, 이용희 등 학자들이 밀리고 말았다.[105] (김상협은 2년
뒤에 국무총리[1982. 9.~1983. 10.]로 기용되었다.)

김상협 고려대 총장에 얽힌 이야기가 있다.

8월 어느 날, 허화평은 한용원 정보처장을 불러 말했다.

"곧 국보위 입법회의(5공 헌법개정안을 확정할 기구)를 창설하는데, 주요 대학 총장을 참여시켜야 합니다. 고려대 김상협 총장과 김명회 연세대 총장을 섭외하세요."

유혈 군사 쿠데타 정권이라도 구색이 필요했다. 명망가, 문민, 학자들이 도와주는 정권으로 보여야 한다. 칼이 빛나려면 칼집도 화려해야 했다.

한용원 처장은 조심스럽게 두 총장에게 접근해, 제안했다.

그러나 두 총장 모두 일언지하에 거절했다. 피 흘린 전두환 장군의 주구(走狗)로 비치는 건 싫다, 그런 말이다.

"그렇다면 무슨 수가 없겠습니까?"

한이 김상협 총장에게 애걸하듯 물었다. 그러자 아이디어를 주었다.

"총장을 여러 명 교섭한다면, 5개 대학 총장을 모두 예외 없이 선임하는 형식이 어떤가요. 반대하는 분이 나오기야 하겠습니까?"

김상협은 동냥은 못 주어도 쪽박 깨진 않겠다는 듯, 정치학자다운 지혜를 주었다.

한용원이 쾌재를 부르며 허화평 비서실장에게 보고하니, 역시 탁견이라고 무릎을 쳤다. 그렇게 해서 주요 대학 총장들을 앞세워 학계의 입법의원 13명이 탄생했다.

9월 초, 청와대 전두환 대통령으로부터 이재형을 신당 대표로 검토하라는 지시가 권정달에게 내려왔다. 권은 이종찬에게 이재형을 아느냐고 물었다.

"압니다. 대림산업을 창업한 이재준의 형이고, 내 친구 이준용의 백부입니다."

운경(雲耕) 이재형은 경기도 시흥 출신의 제헌의원이고, 자유당 시절 상공부 장관을 지냈다. 서북 출신 '족청계'의 대부인 이범석 장군과 가까워서, 자유당이 이범석을 거세하자 함께 야당으로 돌아섰다. 야당에서 한때는 유진산계와 맞서 양립하는 파벌을 주도했다. 그러다가 72년 유신 쿠데타가 나자 정치를 접고, 초야에 묻혀 지내고 있었다.

권정달과 이종찬은 둘이 이재형을 사직동 집으로 만나러 갔다.

운경은 노련하고 치밀한 '프로'였다. 포섭 미션에 쫓기는 권이 초조해서 담배를 꺼내 물자 라이터를 꺼내 불을 붙여주면서도, 끝내 심부름꾼들이 안달하는 대답은 주지 않았다.

가타부타 말하지 않고, 전두환 대통령을 직접 만나게 해달라는 것이었다.

나중에 이재형은 대통령을 만나서 담판하듯 물었다.

"내가 도울 일은 민주주의뿐인데, 각하가 정말로 민주주의를 하실 의향이 있으십니까?"(이)

"바로 그것입니다. 이 땅에 민주주의를 심고 싶습니다."(전)[106]

이재형은 그 면담이 끝나고 신당의 간판으로 확정되었다.

김정렬 "이승만 하야도 권한 내게 최규하도 내려가라고 시키나"

최규하 하야(8월 18일)에는 뒷얘기가 있다.

노태우는 대권을 거머쥔 친구 전두환 '대관식(戴冠式)'에 한 건 올려야 했다. 신현확에게 최규하 하야(下野)를 도와달라고 넌지시 청했다.

"총리님, 이 비상 시국에 도저히 최 대통령 체제로 갈 수 없으니 어려우시겠지만 신 총리께서 그 뜻을 최 대통령에게 전해주셨으면 합니다."(노태우)

단칼에 거절당하고 말았다.

"답답한 양반들. 내가 5월 17일에 그렇게 동반 퇴진하자고 설득해도 안 그만둔 사람을 지금 와서 무슨 수로 그만두게 하란 말이오."(신현확)

신현확이 호통을 치는 바람에 노태우 장군은 고개를 들지도 못하고 나갔다고 한다.

그렇다면 누구를 내세워 고양이 목에 방울을 단다는 말인가. 김정렬(공군 참모총장, 국방부 장관 출신, 87년 전두환 정부의 마지막 국무총리) 카드가 떠올랐다.

그는 육사 11기 민석원이 일찍 예편해서 정우개발을 일으켜 사장으로 있을 때 그 회사 회장으로 있어서, 11기와는 잘 알고 지낸 터였다. 김정렬은 일제강점기, 최규하와 경기고보의 동년배 동문이고, 도쿄에서도 일본 육사 생도(김), 도쿄 고등사범학교(최) 학생으로 잘 지낸 인연이 있다.

최규하 대통령이 청와대에 눌러앉으려 하자, 신군부는 그의 친구 김정렬을 앞세워 공략했다. 김정렬은 2번에 걸쳐서 최통을 찾아가 하야를 설득했다. 첫 번째 가서는 실패하자, 두 번째로 가서는 "명예롭게 퇴진해서 편히 사실 겁니까, 아니면 불명예로 퇴진해서 불행하게 사시겠습니까?"라고 양자택일을 을러댔다. 이러한 공로인 듯 김정렬은 5공의 마지막 국무총리로 기용되었다.

최규하 목에 방울 달라는 곤란한 청에 김정렬이 말했다.

"내 팔자도 공교롭구나. 벌써 20년이 지났는가? 내가 이승만 대통령 하야 당시에 지켜보고 건의했는데, 또다시 청와대에 들어가 최규하 대통령을 하야하라고 만나라니."

60년 4월 26일, 이승만의 하야 순간을 김정렬은 기록에 남겼다.

"국방부 장관으로서, 경무대에 들어갔다. 외부 상황을 모르는 이승만 대통령에게 긴박한 상황을 보고했다. 대통령은 심각한 표정으로 오늘은 한 사람도 다치면 안 돼, 어떻게 하면 좋을까, 라고 물어서 가만히 있었다. 그러자 대통령은 자네 생각에 내가 그만두면 더는 한 사람도 안 다치겠지? 했다. 꿈에도 생각 못 한 중대사이기에, 놀라서 대답을 머뭇거리고 서 있자, 대통령은 재차 물어 고개를 깊이 숙일 뿐이었다. 그래 그렇게 하지, 이것(하야)을 신속히 사람들에게 알려!"

5·17의 검찰 수사 결과에 의하면 김정렬 씨는 80년 7월 30일 청와대로 찾아가 최 대통령과 5시간 담판을 하여 최 대통령을 하야시킨 거로 나온다.

7월 30일, 김정렬은 청와대 본관 1층 대통령 집무실에서 의형제처럼 지내온 최통과 마주 앉았다. 해가 환한 오후 6시에 시작된 대화는 저녁 9시 만찬으로 끝나는가 했지만, 대접견실, 소접견실, 서재 등을 오가며 밤 11시 넘어서까지 무려 5시간을 넘기고 있었다.

최규하는 선선히 물러서지 않았다.

그 뒤 어느 날, 신현확은 오랜 친우 김정렬 장군의 방문을 받는다.

두 사람은 옛날 자유당 정권에서 같이 장관을 지낸 절친, 바둑도 자주 두는 사이다. 그런데 사실은 김정렬이 최 대통령을 한 번이 아니라

두 차례 찾아가 하야를 권유한 걸 알게 되었다. 신현확의 육성 증언.

"김정렬 씨가 나한테 말해. 신군부 사람이 와서 '최규하 대통령 물러앉으라고, 사임 권유를 맡아서 해달라'고 해서 최규하에게 갔다고 그래. 최규하 씨한테 얘기하니까 최규하 씨가 '무슨 소리냐'라고, '군부가 나를 지지하고 있는데 내가 왜 물러나야 하는가'라고, 하더라는 거야. 그래서 김정렬 씨가 한 번 더 갔어. 이렇게 해서 사임하게 되었다는 것이지."

최규하 대통령에게 2번째 가서는 "명예롭게 퇴진해서 편안한 여생을 사시겠습니까. 아니 불명예스럽게 퇴진해서 불행한 여생을 사시겠습니까?"라고 했다고 한다.

최규하 대통령의 대변인 서기원(소설가, 기자 출신)의 메모.

"7월 30일 김정렬 씨가 본관에 다녀갔다. 그 뒤 설악산으로 가셨다가 8월 3일 귀경. 대통령의 선택지가 제한(퇴임의 궁지)되어 있을 것이다. 6일 전두환 장군에게 4성 대장 계급을 수여. KBS TV 스파트에 '새 시대 새 물결에 너도 나도 합류하자'라고 나온다. 솔직한 표현이다. 벌써 기자들 사이에 대통령 사임 일정이 당겨진다는 소문이 파다."

8월 12일 MBC TV에서 전두환 장군을 이진희(경향신문 사장) 인터뷰로 방송.

"과도기는 빨리 끝나야 한다. 정치 일정 앞당겨질 것이다. 80년대 민주 복지 정의사회 구현"이 주요 내용.

최규하 하야 성명을 김대중 재판 일정과 겹치지 않게 이틀 연기.

8월 15 광복절 행사에서 만난 김윤환 의원(유정회)이 서기원에게 말을 걸었다.

"내일 발표하신다며? 그동안 고생 많았어."

서기원은 씩 웃고 말았다.

8월 18일 하야. 이사 갔다.

제6장

—

처형대 문턱에서 흐느끼는 김대중

참을 수 없는 것을 참는 것이 인내라, JP가 노태우에게 충고

노태우의 터치는 확실히 전두환과 달랐다.

8월 22일 노태우가 전두환의 뒤를 이어 보안사령관에 오르고, 며칠 지나지 않아서 노는 김종필을 신문로의 보안사 안가로 모셨다. 노태우는 "그렇게까지 할 짓이 아니었는데 정말 죄송합니다"라면서 고개를 숙였다.

"선배로서 충고해주실 말씀이 없습니까?"

노태우의 정중한 자세에 어느 정도 누그러진 김종필이 말해주었다.

"보아하니 당신이 2인자인 모양인데, 권력을 장악한 1인자는 항상 2인자를 소외시키거나 무력화하려는 속성이 있소. 2가지만 얘기해주겠소. 첫째 절대로 1인자를 넘겨다보지 마라. 비굴할 정도까지는 안 되겠지만, 품격을 유지하면서 고개를 숙여야 한다. 둘째 성의를 다 바쳐 1인자를 보좌하는 사람이라는 인상을 느끼도록 해라. 의심받을 만한 일을 하지 마라."[107]

김종필은 마무리로 한마디 덧붙였다.

"참을 수 없는 것을 참는 것이 진정한 인내다."

노태우가 거듭 감사하다며 말했다.

"누가 저한테 이런 말씀을 해주겠습니까? 명심하고 잘하겠습니다."

80년 10월 언론 통폐합 작업은 노태우 보안사령부에 떨어졌다.

당시는 안기부보다는 보안사가 실력

노태우는 보안사령관에 취임한 직후인 1980년 8월 말 김종필 전 공화당 총재를 정중히 모셔, 사과를 겸한 저녁 식사를 대접했다. 5·17 저녁에 보안사 서빙고 분실에 잡혀가 구금 상태에서 재산을 빼앗긴 김종필은 과거를 다 잊었다는 듯, 노에게 '2인자의 처세술'로, "참고 또 참아라. 참을 수 없는 걸 참는 게 인내"라고 지도했다. 사진은 보안사 구금에서 풀려나 귀가하는 김종필.

에서 우위였다. 대통령 전두환은 골치 아프고 말 많은 신문·방송 통폐합 작업을, 안기부보다 보안사에 맡기는 게 낫다고 판단했다.

두 정보기관의 수장을 다 맡아본 전두환으로서는, 안기부가 직원도 적고 파워도 떨어져서 미덥지 않았다. 특히 전격적으로 속도전을 펴야 할 판이니, 어차피 보안사가 거들어야만 성사될 일이었다. 천하의 보안사가 흔들어야만 언론사에서 짹소리도 안 나오리라.

쓰리 허 가운데 허문도 정무비서의 작품이었다.

허문도는 언론 통폐합에 어떤 사명감을 품은 듯 행동했다.

벌써 4월 하순부터, 남산의 정보부장 비서실장으로 갓 부임한 허문도가 특전사와는 관계도 없는 '언론 통폐합' 입법에 관해 정호용 사령관에게 브리핑했다. 정호용은 내용이 썩 내키지 않았다.

"들어보니 좋은 것 같지 않아. 우리 특전사 보안반장(김충립 소령) 얘기도 들어보시고, 다시 새로운 것을 만들어보세요."

허문도가 돌아간 뒤, 돌연 허삼수 대령으로부터 모욕적인 통화가 왔다.

"쓸데없는 일에 관여하면 가만두지 않겠습니다."

전두환의 '친구' 정호용, 괄괄한 선배에게도 막가는 판이다. 정호용은 아랫사람의 경고가 심히 불쾌했지만, 창피스러워 어디 말할 데도 없었다.

목숨 건 '반란 실행자' 영 커널들은 덤으로 사는 인생, 그래서 안하무인인지도 몰랐다.

허문도는 6월, 국보위 문공위 위원으로 있으면서 다시 '언론계 정비·정화 계획'이라는 것을 작성했다. 그러나 정호용, 노태우 등의 반대로 보류되자, 그는 청와대에 올라간 뒤에 허화평과 손잡고 이를 본격 추진했다.

8월 22일 노태우가 보안사령관에 취임한 뒤 곧 권정달 정보처장이 이런 낌새를 알고, "허문도가 언론 통폐합을 추진하고 있습니다"라고 보고했다.

노태우는 달갑지 않았다. 뒤집어야겠다고 생각했다.[108]

권정달을 데리고 각하에게 올라가 보고했다.

"언론이 문제가 많고 특히 지방 언론에 부조리가 심각한 건 사실이지만, 통폐합 대신 부조리를 바로잡아나가는 것이 바람직합니다."

대통령은 선선히 받아들였다.

노태우 사령관은 혹 하나를 뗀 기분으로 청와대를 나섰다.

그런데 며칠 후 노가 강릉지역을 순시 중인데, 급히 상경하라는 대통령 지시가 떨어졌다. 사령부에 도착하니 이미 이광표 문공부 장관이 기다리고 있다가 말했다.

"각하의 특명입니다. 언론 통폐합을 하라는 지시입니다. 대통령 각하께서도 두 번이나 기각하셨는데, 허문도 비서관이 끈질기게 물고 늘어지는 바람에 결심을 번복하셨습니다. 신속하게 처리할 데는 보안사밖에 없다고 하십니다."

노태우는 허문도에 당했다고 생각하니 짜증이 났다.

"내 소관도 아니고, 이광표 장관이 알아서 하세요."

이광표가 얼굴이 하얗게 되더니 붙들고 사정했다.

"오죽하면 제가 이 방에서 기다렸겠습니까. 이미 사령부 안에 내부 하달로 준비가 다 되어 있으니, 시끄럽게 문제 일으키지 마시고, 아래에다 '지시대로 해라' 딱 한마디만 해주시면 됩니다."

허문도가 보안사를 움직였다? 노태우는 울화가 치밀었다.

권정달 정보처장을 불러서 물어보니, 아닌 게 아니라 사령관이 자리를 비운 사이에 언론 통폐합을 추진한다는 지시가 있었다는 것이다. 허문도의 손바닥에 놀아난다고 생각하니 비위가 상하고 장(腸)이 뒤집혔다.

노태우는 그래도 참았다. 일전에 비밀 회동에서 김종필 선배가 일러주지 않았던가.

'참을 수 없는 것을 참는 것이 참 인내라오.'

노태우는 심호흡으로 화를 짓누르며 보안사 참모들에게 말했다.

"명령이니 할 수 없다. 시행하라."

그 말 한마디 하고는 사령부를 나서버렸다.

11월 14일, 신문협회와 방송협회는 언론기관 통폐합을 발표했다.

자율적 결정으로 비쳤지만, 이광표 문공부가 뒤에서 조종한 타율 강제적인 통폐합이었다. 노태우도 회고록에서 "언론 통폐합이라는 강제적인 방법을 쓴 건 역사를 거꾸로 돌리는 일이었다. 부끄럽다"[109]라고 했다. 보안사는 그날 저녁부터 서울과 지방에서 동시다발적으로 통폐합 대상 언론사 사주와 최고 경영자들을 소환해서 포기각서에 도장을 받았다.

동양방송(TBC) 포기각서를 보안사에 쓰고 나간 삼성그룹 이병철 회장은 노태우 사령관이 코도 비치지 않아 불평했다.

"하라는 대로 서명도 해주고 국가 발전에 헌신할 용의가 있는데, 보안사령관이 왜 얼굴도 내밀지 않는가? 이럴 수 있는가?"

나중에 노태우는 홍진기 사장을 통해 정중히 사죄했다.[110]

동아방송 종료 방송(11월 30일), 신아일보 폐간(11월 25일)이 잇따랐다. 허문도의 구상대로다.

쓰리 허는 그만큼 셌다. 3허 가운데 반란에는 가담하지도 않은 문민 허문도가 천하의 2인자 노태우를 꼼짝없이 눌러 끌고 다녔다.

80년 9월 유학성 정보부는 인사 개편에서 두 차장을 새로 맞았다.

서정화 차장이 내무부 장관으로 영전하고, 김영선 차장도 경기도 양평에서 국회의원에 출마하기 위해 사퇴했다. 새로운 차장에는 현홍주 국장, 그리고 김성진 기획조정실장이 각각 승진했다.

이종찬은 총무국장 직함으로 내부 개혁에 앞장서다가 기획조정실장으로 올라갔다. 그러나 이 실장은 신당 창당 준비, 입법의원 선정 등 외부 일도 겹쳐 3중 과제에 분주했다.

유학성 정보부장은 정보부 개혁보다 정치 상황 돌아가는 데에 더 관심 있는 듯했다. 신당 창당에 관심을 쏟고, 야당 창당에도 역점을 두는 것 같았다.[111]

10월 들어서, 더욱 창당 작업에 일손이 많이 들어가, 대통령은 권정달과 이종찬을 입법의원으로 임명하여 창당을 전담시켰다. 유학성 부장은 매일같이 성화였다. 정보부 개혁 같은 건 집어치우고, 정치 활동에 전념하라는 것이었다. 그래서 이종찬은 10월 31일 정보부에서 퇴직하였다.

삼청교육대, 강창성 중장 잡아다 봉체조 시켜라!

80년 8월 4일 삼청교육이라는 것이 시작되었다.

신군부는 5·16의 '깡패 소탕과 국토건설단'을 모델로, 삼청교육대 순화 교육을 강행했다.

박정희 군부는 1950년대의 정치깡패 이정재, 임화수 등을 사형에 처하고, 병역기피자와 조직폭력배를 모아 국토건설단을 만들어 기합을 넣었다. 그 국토건설단은 제주도의 한라산을 관통하는 '5·16도로'를 만들었다. 쿠데타군이 민심의 지지를 얻고, 공포 분위기를 조성하기 위해 깡패들에게 군대의 물리력으로 본때를 보인 것이다.

전두환과 '영 커널'(실세 대령)들이 조종하는 계엄사령부는 80년 8월

신군부가 공포 분위기 조성을 위해 실시한 삼청교육대의 봉체조. 무려 6만여 명이 끌려가서 심사 과정에서 1만7000여 명만 풀려나고, 나머지 4만3000여 명은 군법회의 회부 혹은 6개월 복역 및 4주 훈련 등을 강요받았다. 보안사령관을 지낸 강창성도 영등포교도소에 복역하던 중 다시 재소자 삼청교육(2주간)에 4차례나 끌려갔다. 전두환의 정권 장악을 반대한 데 대한 치졸한 보복이었다. 삼청교육은 2018년 대법원에서 위헌으로 확정되었다.

4일 '사회악 일소 특별조치 및 계엄 포고령'을 발표하고 폭력배와 사회 풍토 문란사범을 소탕한다는 명목으로 그들을 마구잡이로 체포해 갔다.

사회악 일소라는 명목이긴 해도 잡아 가두는 기준 자체가 모호했다.

'현행범 및 재범 우려자, 불건전 생활 영위자, 깡패·조폭 두목 등 개전(改悛)의 정 없이(반성 없이) 주민의 지탄받는 자, 도둑·강도, 반(反)정부 및 무정부주의자 또는 불온선동자, 사회 풍토 문란 및 사회질서 저해 사범'이라고 열거해놓았다.

그러다 보니 동장이나 반장과 평소 사이가 좋지 않던 사람도 신고

만 하면 별다른 확인 없이 연행해가고, 그래서 더러는 계주, 사채업자, 당국에 찍힌 기자, 시인도 붙잡혀갔다. 박노해 시인의 글.

> 김 형은 체불임금 요구하며 농성 중에
> 사장 놈 멱살 흔들다 고발되어 잡혀오고
> 열다섯 난 송 군은 노가다 일 나간
> 어머니 마중길에 불량배로 몰려 끌려오고
> 딸라 빚 밀려 잡혀온 놈
> 시장 좌판 터에서 말다툼하다 잡혀온 놈
> 술 한잔 하고 고함치다 잡혀온 놈
> 춤추던 파트너가 고관 부인이라 잡혀온 놈
>
> ─박노해의 '삼청교육대' 일부

잡혀간 사람들은 순화 교육, 근로봉사, 군사재판으로 분류되었다.
1981년 1월까지 총 6만755명이 체포되어 보안사, 중앙정보부, 헌병대, 검찰, 경찰, 지역정화위원으로 구성된 심사위원회에서 A·B·C·D 4등급으로 나뉘었다. A급 3252명은 군법회의에 넘겨지고 B, C급 3만9786명은 4주 교육 후 6개월 복역한 뒤 다시 2주 교육하여 훈방하였다. D급 1만7717명은 경찰서에서 훈방했다.
삼청교육대는 교도소 생활이나 다를 바 없었다.
순화 교육은, 교도소 같은 철조망 친 수용소에 가두고 헌병이 감시하는 운동장에서 가혹한 육체적 훈련으로 고통을 가하는 방식이었다.

눈보라 치는 연병장을 포복하며
원산폭격 쪼그려뛰기 피티체조 선착순
처지면 돌리고 쓰러지면 짓밟히고
꿈틀대면 각목으로 피투성이가 되어
내무반을 들어서면
한강철교 침상위에 수류탄 철모깔고 구르기
군화발로 조인드까지 나뒹굴고
뻬치카 벽에 세워놓고 주먹질 발길질에
게거품 물고 침몰해가는
아 여기는 강제수용소인가 생지옥인가

　　－박노해의 '삼청교육대' 일부

　교도소 안의 재소자 가운데도 불량 재소자로 찍히면 순화 교육을
받아야 했다. 당시 영등포교도소 황용희 교도관이 쓴 《가시 울타리의
증언》(멘토프레스 간행)의 일부.
　"삼청교육대가 맹위를 떨치던 1980년 하반기 전국 교도소에 법무
부 지시가 하달됐다. 그러자 일선 구치소, 교도소에서는 젊고 박력
있는 무술교도관을 뽑아 '순화 교육 교관단'을 꾸린 다음 군부대에 넣
고 2주 동안 특별 군사훈련을 받게 했다. 교관으로 차출되어 군대 밥
을 먹고 돌아온 무술교도관들은, 심한 훈련에 시달려 얼굴이 까칠해
져 있었다."
　그 무술교도관들이 순화 교육에 나섰다. 황용희의 묘사다.
　"동작 그만, 좌우로 정렬, 다시 봉체조를 실시한다. 봉체조 시~

작." 교관의 명령에 따라 통나무가 머리 위에서 꿈틀대며 춤을 춘다. 조금 떨어진 곳에서는 모래가마니를 지고 오리걸음 하는 무리가 있다. 운동장 한 바퀴는 오리걸음이고 나머지는 모래가마니를 어깨에 메고서 땅바닥을 기는 포복 훈련이다. 그렇게 낮은 자세로 운동장을 몇 바퀴 돌리자 팔꿈치와 무릎이 까져 피가 나고 낙오자가 속출한다. 동작이 느리거나 가마니를 바닥에 떨어뜨리면 곤봉과 군홧발이 날아들었다. 이 새끼 죽고 싶어? 똑바로 하란 말이야!"

5공이 끝난 1988년, 국회의 국정감사 자료에 의하면 삼청교육대 현장 사망자가 54명, 후유증으로 사망한 자 397명, 정신장애 등 상해자 2678명이었다.

이런 아수라의 '순화 교육' 훈련장에 전직 보안사령관 강창성 중장(2006년 작고, 중앙정보부 차장보, 국회의원 역임)도 섞여 죽을 고생을 했다.

전두환의 치졸한 보복이었다.

강창성은 70년대 초반 보안사령관 시절, 윤필용 사건을 조사하라는 박정희의 특명을 수행하면서, 윤의 비호하에 있던 전두환, 권익현, 손영길 등 '하나회' 군벌을 도려내려 했다. 게다가 80년 봄에 전두환에게 초대되어갔을 때 "군부가 정치에 나서서는 안 된다"라고 충고했었다.

괘씸한 강창성을 끼워넣어 학대한 것이다.

강창성은 전두환식의 '손봐주기'에 비참하게 당했다.

1980년 여름, 외환관리법 위반 혐의로 구속되어 징역 3년을 선고받고, 영등포교도소에 2년가량 살며 재소자 특별 순화 교육에 4차례나 끌려가 고초를 겪었다. 감옥살이의 고통 속에 또 '봉체조' 훈련에 4번이나 차출되는 것은 이중처벌이었다. 황용희 교도관의 기록.

"강창성 장군은 54세라는 적지 않은 나이에도 군인 특유의 강단이 있어 그 힘든 훈련을 이겨냈으나, 나중엔 '세월은 못 속인다'라고 말하며 무척 힘들어했다."

강창성은 그 시절, 지독한 시련으로 몸무게가 10kg이나 빠졌다고 필자에게 회고했었다. 황 교도관의 이어지는 회고.

"강창성 장군은 고척동 교도소에 입소하여 낮엔 원예에서 일하고 밤이면 독거실(0.71평) 생활을 했는데, 방 정리정돈이 군 내무반 수준이었다. 모포와 수건, 속옷 등을 반듯하게 개어 정리하고, 벽은 흰 도화지로 깨끗이 도배한 다음 주간지에서 오려낸 박정희 대통령 사진을 붙여놓고 조석으로 예배하듯 인사를 올렸다. 교도관이 10·26 시해(박정희 암살) 사건 얘기를 꺼내면 무척 싫어했으며 '각하 박정희'에 대한 충정을 드러냈다. 교도관들은 그를 '박정희교 신자'라 불렀다."

강창성은 암굴왕(暗窟王)처럼 죽다가 살아 나왔다. (《암굴왕》은 알렉상드르 뒤마의 소설 《몽테크리스토 백작》의 번역본 제목이다.)

그리하여 88년 김영삼의 통일민주당 공천으로 국회의원이 되고, 다시 의정 단상에서 5·17 쿠데타와 5공 비리를 추궁하고 치죄(治罪)하는 주역이 된다.

그러던 어느 날, 하나회 군벌의 일원인 신재기 의원(하나회 출신, 육사 13기)과 국회 주차장에서 마주쳐 격투를 벌일 뻔했다고 기자들에게 말하기도 했다.

신 의원이 그즈음 하나회에 대한 적개심에 불타는 강창성 의원을 향해 욕설을 내뱉었고, 강이 되받아쳐 육탄전 직전에 주변의 만류로

강창성(왼쪽)은 신군부의 지독한 박해 속에도 오뚝이처럼 일어나 민주당 국회의원이 되어, 1993년부터 12·12 진상 조사위원으로 전두환·노태우 군사반란을 파헤쳤다. 사진은 장태완 의원(오른쪽, 전 수경사령관)과 조사 전략을 논의하는 장면.

그만두었다는 것이다.

5공의 삼청교육대는 역사의 심판을 면치 못했다.

2018년 12월 28일, 대법원은 "삼청교육대 설치 근거가 된 이 계엄 포고령(제13호)이 헌법과 법률상 요건을 갖추지 못했고, 국민의 기본권을 침해해 무효"라며 위헌으로 최종 판결했다.

정권의 오너 전두환, 소리 없이 허화평 등 3허 견제

5공의 '창업 공신'으로 으스대고, 동업자라는 자부심도 가진 2허와 이학봉 등 보안사 출신 수석비서관들. 전통은 껄끄럽던 이들을 1980년 12월 22일 인사로, 교묘하게 떼어냈다.

우병규 정무1수석을 국회 사무총장으로 내보내면서, 허화평을 그

자리에 앉혔다. 겉보기에 승진처럼 보였지만 사실상 내친 것이다. 전통 집무실 코앞에서 '보좌관' 명함으로, 약방의 감초처럼 사사건건 끼어들던 허화평이었다.

그런데 이제부턴 정무수석실만 지켜야 했다.

그러면서 머리 잘 돌고 눈치 빠른 문민 검사 박철언을 정무수석실, 손진곤을 사정수석실, 검사 김영일을 민정수석실에 심었다. 우연히도 이들 세 비서관은 경북중·고 동기동창이있다. 전두환의 용인술, 집권 1년 반의 경험과 자신감이 녹아든 기막힌 한 수였다.

그로부터 1년 뒤 허화평, 허삼수가 내쫓겨 청와대를 떠날 줄은 그 누구도 몰랐다.

본관에 있던 비서실장실도 김경원 실장을 유엔대사로 내보내면서, 이범석 통일부 장관을 앉혔다. 비서실장실은 멀찌감치 별관으로 내쫓았다.

81년 새해가 밝아오고 영부인 이순자는 새세대육영회 회장을 맡는다.

'새세대'의 모태는 박근혜가 이끌던 새마음봉사단(옛 구국봉사단)이었다. 전두환이 이를 해산시키라고 허화평에게 지시해서, 허가 신당동 박근혜 집으로 찾아갔다.

허화평이 박근혜에게 말했다.

"어차피 정부 재정으로 운영될 수 없다면, 돈 가진 측(재벌)의 도움으로 운영할 수밖에 없습니다. 그렇다면 반(反)유신 바람이 거센 판에 재야 투쟁의 빌미가 될 수 있습니다." 그렇게 박근혜를 설득했다.

"박근혜는 아쉬워하는 낯빛이 역력했다. 요청을 받아들인다는 말도, 거부한다는 말도 하지 않았다. 그럴 수밖에. 육영수 여사가 작고한 이후부터 자기가 새마음봉사단을 이끌었으니까."[112]

그렇게 빼앗을 때의 명분은 그럴듯했지만, 이순자가 맡는다니 앞뒤가 안 맞고 모양이 이상해졌다. 그런 청와대 참모들의 걱정에도 전두환은 밀어붙였다.

"일부 수석들이 잡음의 소지가 있다고 반대하지만, 안 될 말이야. 박근혜의 새마음봉사단은 최태민의 부정도 있었고 문제였지만, 이젠 국가 백년대계를 위해 영부인이 회장을 맡아서 책임지고 운영하는 것이 맞아."

전통은 군 지휘관의 훈시 조로 엄명했다. 그것이 세월이 흘러, '새세대 회장 이순자'도 백담사로 유폐되는 한 빌미가 될 줄은 누구도 몰랐다.

81년 1월 10일 계엄 해제가 발표 난다.

79년 10·26 박정희 시해로 계엄령이 난 이후 장장 456일 만의 일이다.

2월에 대통령 선출, 3월에 국회의원 총선거. 그 정치 일정에 맞춘 계엄 해제다.

그런데 이 계엄 해제를 둘러싸고 청와대에서 작은 권력투쟁이 벌어졌다.

당시 청와대 비서실은 허화평 세상이었다.

비록 '보좌관'이라는 허술한 견장(肩章)이었지만, 모든 보고와 정보는 그를 거쳐야 했다. 그를 비롯한 허삼수 사정수석, 이학봉 민정수석, 허문도 정무1비서관이 우뚝 섰고, 군의 대선배인 유학성 안기부장도 그들의 눈치를 살피는 '쓰리 허 인맥'이었다. (당시 안기부 김근수 국장의 증언)

비서실장 김경원(박정희의 정치특보로 1974년 고려대 교수에서 기용됨)도 핫바지였다. 그는 민감한 문제에는 '애매한 태도'(박철언의 표현)[113]로 허 씨들을 비켜섰다. 그러한 매끄러운 처신으로 김 실장은 나중에 주미 대사를 역임하게 된다.

81년 새해를 맞아 청와대에서 계엄을 풀 때다, 아니다로 논란이 벌어졌다.

정무수석 우병규와 박철언 법률비서관은 계엄 해제를 주장했다.

"3월 말까지 대통령 선거를 치러야 하고, 이어 국회의원 선거도 해야 합니다. 그렇다면 계엄령하의 선거는 모양이 사나우니 피해야 합니다. 정당을 창당하고, 정치 활동을 풀려면 집회를 허용해야 하는데, 계엄령하에서는 불가능한 게 아닌가요?"

대통령 전두환이 수긍했다.

그러나 허화평 보좌관을 비롯한 군 출신 참모들이 펄쩍 뛰었다.

안기부장 유학성과 차장 현홍주까지 동원하여, '철없는' 문민 참모 2명을 공격했다.

"1월 말이면 당장 레이건 미국 대통령을 만나러, 각하께서 서울을 비우시는데, 무슨 일이 벌어질지도 모르는 판에 계엄을 푼다는 게 말이나 됩니까? 정치인 규제도 풀어서 국회의원 선거도 치러야 하는데, 풀어주면 시끄러워집니다."

그런 반론이 전통의 결심을 뒤집었다.

김경원(왼쪽)은 유신 말기부터 박정희의 정치특보로 발탁되어 한미 간 현안에 관해 조력하다가 1979년 10·26을 맞았고, 최규하와 전두환으로 주인이 바뀔 때까지 계속 일했다. 교수 출신인 그는 실세들의 자존심 겨루기 틈바구니에서 살아남기 위해 안간힘을 다했다. 전두환의 비서실장 시절, 실세인 허화평이 반대하는 사안이 올라오자 허를 거스르지 않기 위해 '보았음'이라고 적고 서명은 거부했다. 1983년 9월 6일 김경원 주유엔대사가 KAL 보잉 747기 피격 사건으로 소집된 유엔 안보리 회의에 참석하기 전 커크 패트릭 주유엔 미국대사와 의견을 나누고 있다. AP연합

계엄 해제는 없는 것으로 되었다. 탱크 세워놓고 선거를 치른다?

우병규와 박철언은 우군을 찾아서, 김경원 비서실장 방으로 갔다.

서울대 법대 졸업, 하버드대 국제정치학 박사, 고려대 교수 출신의 간판 좋은 문민, 김경원 실장은 도와줄 것이라고 기대했다.

"계엄령을 해놓고 대통령이 미국 가시고 국제무대에 첫선을 보인다는 게 우스꽝스럽지 않습니까?"

"일리가 있는 말씀입니다."(김경원)

두 사람은, 공감하는 김 비서실장 앞에 보고서를 내밀며 사인을 해달라고 했다. 대통령 앞으로 가는 보고서에 비서실장 사인도 없으면 안 될 터이다. 그러나 김경원은 보좌관 허화평이 무서운 눈치였다. 큰손들이 반대하는 것을 익히 알고 있다.

"사인은 못 하겠소."

두 사람은, 비서실장이 회람한 근거라도 남겨달라고 서명을 채근했다. 그러자 마지못해 김경원은 펜을 들었다.[114]

'보았음.'

그 비겁하도록 중립적인 보고서를 들고 두 사람은 전통 방에 다시 올라갔다. '계엄령, 방미 전에 해제'로 뒤집었다.

그 번복에는 노태우 보안사령관도 한몫 거들었다. 박철언이 그 '고종사촌 형님'을 배후에서 조종했음은 물론이다. 이 충돌로 청와대 허화평과 박철언 사이에 앙금이 쌓였다. 청와대에서 무소불위였던 허화평, 훗날 '노태우 시대'를 엿보는 박철언과의 '불가피한 일전'(박철언의 표현)이었다.

계엄이 정식으로 해제된 건 1월 24일, 박통 사망 직후부터 456일 동안, 참으로 기나긴 계엄이었다.

간첩 동생 때문에 고생한 허화평, 연좌제 폐지에 앞장

세상을 휘젓는 천하의 허화평에게도 흑역사가 있었다.

허화평은 보안사 대위 시절(1968년)에 군복을 벗을 뻔했다.

간첩 동생 허화남(2017년 사망) 때문이었다.

빈궁했던 시절, 동생은 1967년 2월 일본으로 밀항해갔다. 그해 8월 북한 평양으로 잠입해서 밀봉 교육을 받았다. 그리고 같은 해 11월 경북 영일군 장자면으로 남파되었다가 체포되어 무기징역수(국가보안법 위반)가 되었다.

화남은 형 화평이 청와대와 세상을 쥐락펴락하는 82년 말까지도 대구교도소 무기수로 갇혀 있다가, 전두환 대통령의 배려로 풀려났다. 가석방되고 보호관찰자가 되었고, 5년여가 지난 1987년 11월 보호관 찰마저 풀려서 이후 포항제철(1992년 입사, 포항코일 상무), 삼성그룹 등 대기업에 적(籍)을 두고, 월급 받고 살다가 2017년 병사했다. 형 화평 은 동생의 이른 죽음에 대해 '고문의 후유증'이라고 기록했다.[115]

허화평의 일생일대 위기였다.

악명 높은 서빙고 고문실에서 대공 수사관으로부터 조사도 받았다. 보통 같으면 군대에서 이러한 '신원 특이자'가 살아남을 수 없다. 그 것도 보안사가 아닌가.

그러나 보안사령관이 마침 김재규였다. 흔쾌히 살려주었다.

김재규를 설득한 것은 하나회 선배인 전두환과 노태우, 그리고 같 은 11기의 권익현, 김복동이었다. 동향 선배들이 "똘똘한 화평이는 사상적으로 문제 될 것이 없고, 열심히 복무하고 있다"라고 감싸주 었다.[116]

그런 특별 배려에 보안사 506부대 수사관들은 "간첩 은닉자를 살 려주는 보안사라니, 앞으로 어찌 간첩을 잡아가나. 큰일 났군"이라며 개탄했다고 한다. (김충립 증언)

신문의 1면 머리기사도 될 만한 이 스캔들은 전두환 정권이 끝날 때 까지 파묻혀졌다. 93년에는 허화남에 관한 형사 기록 자체가 완전히 인멸된 사실이 드러나 검찰이 조사에 나서기도 했다.[117]

김재규가 살려준 허화평은 보안사 장교로 승승장구한다.

그런 허화평 대령이 전두환 보안사의 비서실장이던 79년 10·26 심 야에 김재규를 체포하여 가둔다. 김재규를 붙잡아 서빙고로 가두는 실무팀(신동기)을 허가·지휘했다.

그리고 80년 봄, 김재규 사형선고와 집행에 이르는 전 과정을 주도하는 전두환 합수본부장(보안사령관)의 오른팔이 되고, 5공의 설계자가 된다. 역사의 기막힌 아이러니다.

그런 허화평은 간첩 동생 때문에 5공 공안검사들로부터 의심을 샀다.

1980년 하빈기 헌법 개정 때 허화평이 '연좌제 금지'를 주창해서 사상이 의심스럽다는 비난을 받았다. 연좌제란 '친족의 죄에 얽혀 형사책임을 지는 제도'로, 간첩의 가족이나 친척들이 입는 불이익을 의미했다.

그전 헌법에는 연좌제에 관해 가타부타 어떤 규정도 없었다.

그러므로 공안 세력들은 연좌제를 금지하는 헌법 조문에 알레르기 반응을 보였다. 그들은 "간첩 동생(허화남) 때문에 고생했던 허화평이니까"라고 수군거렸다.

그러나 청와대 실력자 허화평은 밀어붙였다. 논리는 당당했다.

"왕조시대에 3족을, 9족을 멸하고 처벌하던 반문명적 연좌제를 없애야 선진국이 된다. 야만의 법이고, 악법이다. 그것을 막기 위해 법만 만들면, 정권이 바뀌어서 연좌제를 부활시킬 우려가 있으니, 아예 헌법에 못을 박아버리자."

공안 분야에서는 이런 위험한(?) 짓에 눈을 흘겼다.

가뜩이나 그들은 허화평 같은 인물이 어떻게 청와대에서 근무할 수 있는가 하는 분위기였다고 박철언은 기록하고 있다.[118]

그래도 개헌특위 정도는 허화평 손바닥에 있었다. 뜻을 관철했다.

전두환 신군부의 민주정의당 창당 대회(1981. 1. 15.). '민주', '정의'라는 피켓을 흔드는 성대한 잔치였지만, 세상 사람들은 코웃음을 쳤다. 제5공화국의 첫 정당이며, 그 이후 민주한국당(민한당), 민주사회당(민사당), 한국국민당(국민당)이 하루걸러 깃발을 착착 내걸어 '2중대', '3중대'라는 비아냥이 나왔다. 3김을 포함해 국회의원 등을 지낸 정치인 811명의 손발이 묶인 상태였기 때문이다.

"모든 국민은 자기의 행위가 아닌 친족의 행위로 인하여 불이익한 처우를 받지 아니한다."(5공 헌법 제13조 3항)

이로써 간첩, 사상범의 가족 또는 친족임이 신원 조회에서 밝혀지면 고급 공무원으로 임명하지 않거나, 해외여행 때 출국 제한을 받던 관행에 제동이 걸렸다. 경구(驚句)가 하나 있다.

정의(Justice)는 언제나 약자(弱者)에게서 나온다. 그것이 역사다. (강자에게서 동정, 관용, 배려는 나와도 정의는 나올 수가 없다.)

허화평이 간첩 동생 때문에 서빙고에 잡혀가 나락에 떨어질 뻔했다. 그 처절하고 비참한 약자의 경험에서 연좌제 철폐라는 정의가 헌법에 구현된 것인가?

처형대 문턱에서 흐느끼는 김대중

1월 15일에는 권정달, 이종찬이 반년 동안 소리 죽여가며 구축해온 민주정의당이 창당으로 얼굴을 내민다. 계엄 해제 발표에 이은 창당 발표로, 이어 제2중대, 제3중대라 불린 민한당, 국민당, 민사당, 민권당 등이 머리를 내밀고 나왔다.

민주정의당 창당 1월 15일(총재 전두환).

민주한국당 창당 1월 17일(총재 유치송).

민주시회당 창당 1월 20일(당수 고정훈).

한국국민당 창당 1월 23일(총재 김종철).

중대별 호명에 응하는 듯, 일사불란하게 깃발을 내걸었다.

겉치레나마 정치 복원의 계절이 오고 있었다.

21일 레이건이 미국의 제40대 대통령으로 취임하고, 다음 날인 22일 새벽 한미 양국은 전두환의 방미를 공식 발표한다. 전두환이 레이건 대통령과 만나 사진을 찍고 미국의 공인을 받는 것이다.

전두환, 레이건과 한미 정상회담 위해 김대중 목숨 살리다

한미 정상회담은 사형수 김대중의 목숨과 맞바꾼 것이다.

여기서 다시 반년 전, 80년 여름으로 시계를 돌려 김대중이 갇힌 남산 지하실로 가보자. (2004년 김대중 내란 음모 사건은 24년 만에 무죄 확정)

김대중이 정보부 지하실에서 광주항쟁을 알게 된 것은 7월 10일이었다.

전두환이 중정 부장 사표를 냈지만, 아직도 이학봉 합수부 수사단장을 통해 지배하고 있었다. (유학성 부장은 7월 18일 취임)

이학봉 수사단장이 지하실에서 와서 신군부에 협조하라고 말했다.

"(1980년) 2월에 당신이 나와 권정달을 만났을 때, 우리에게 협력한다는 그 서약서에 서명했어야 했소. 그래야 이런 상황이 벌어지지 않았을 것이오. 이제라도 당신이 우리와 함께 간다면 대통령직만 빼고 어떤 자리도 주겠습니다. 거부한다면 살려줄 수 없소. 반드시 죽습니다. 재판은 요식행위에 불과합니다. 협조하면 살고 거부하면 죽는 것입니다."[119]

50여 일의 지하실 감금 조사에 지친 김대중은 즉답하지 못했다.

"잘 생각해보세요. 2~3일 후에 다시 옵니다."

이학봉이 다녀가자 수사관이 신문 뭉치를 넣어주었다.

광주항쟁 5월 며칠간의, 참혹한 상황들이었다.

김대중은 정신이 아득해지고 활자가 가물거리더니 정신을 잃었다. 깨어보니 의사가 보이고, 링거주사를 맞고 있었다.

사흘 뒤에 이학봉이 다시 오자 말했다. 김대중은 항쟁 희생자들을 배신할 수 없다는 각오로 말했다.

"협조할 수 없소. 당신들이 죽인들 어찌하겠소. 죽음이 곧 삶이라고 생각하오."(김대중)

이학봉은 적이 당황한 기색으로 돌아가더니, 이틀 뒤에 다시 왔다.

김대중은 그래도 거절했다. 이학봉은 화를 내면서 사라졌다.

7월 15일 중정 지하실에서 성남의 육군 교도소로 이감되었다.

회유는 육군 교도소에 이감되어서도 계속되었다. 현역 대령인 소장이 김대중의 눈치를 살피면서 감방 주변을 빙빙 도는 것이었다.

"교도소장이 왜 왔는지 알 것 같소. 그러나 내 마음은 변함이 없으니, 그리 상부에 보고하세요."

그러자 소장은 "잘 알겠습니다. 존경합니다"라고 대답하고는, 김대중이 요구하는 책, 커피와 담배를 넣어주었다.[120]

8월 14일 '김대중 내란 음모 사건'에 대한 첫 계엄 군법회의 공판이 열렸다.

죄목은 반국가단체 수괴.

그 공판에서 문익환, 예춘호, 이문영, 고은, 한완상, 이해찬, 설훈 등 연루자 24명과 처음 재회했다.

변호인들은 항변했다.

내란 음모 사건으로 기소되어 검찰로부터 사형이 구형된 김대중은 법정 최후진술(1981. 9. 11.)에서 "나는 이제 죽지만 정치 보복은 이 땅에서 다시는 없도록 부탁한다. 나의 유언이다"라고 말했다. 사진은 김대중이 무기수로 감형되어 교도소에 갇혀 책을 읽는 모습으로, 법무부 교정국이 20년 가까이 보관해오던 필름을 2000년 12월 그의 노벨 평화상 수상 기념으로 전해준 것이다.

"내란이라고 하는데, 피고들이 화염병이나 각목은커녕 부지깽이나 박카스 병 하나도 들었다고 하는 것이 기소장에 없다. 도대체 뭘 들고 내란을 일으키려 했다는 말인가?" (소종팔 변호사)

9월 11일, 검찰 구형에서 '김대중 사형'.

최후진술에서 그가 1시간 40분에 걸쳐 조목조목 항변하면서, 이렇게 마무리했다.

"나는 이제 죽겠지만 사형은 각오하던 터다. 그러나 정치적인 보복이 이 땅에서 다시는 행해지지 않도록 부탁하고 싶다. 이것이 나의 마지막 남은 소망이고, 하느님의 이름으로 하는 내 유언이다."

순간 애국가가 법정에 울려 퍼졌다.

한완상 교수는 훗날 이렇게 회고했다.

"재판정에서 들은 김대중의 최후진술은 잊을 수가 없다. 그것을 듣고 우리는 애국가를 불렀다. 법정소란죄가 될지는 모르나, 의분을 가눌 길이 없어 정말 평생 처음으로 창자에서 우러나오는 애국가를 불렀다."

9월 17일 선고 공판.

김대중은 재판장의 입 모양에 생사가 달려 있다고 생각했다. 사형의 발음은 입이 옆으로 째지는 것, 무기징역의 발음은 입술을 오므리는 것이다. 간절히 지켜본 문응식 재판장의 입은 옆으로 째졌다.

"김대중 사형!"

11월 3일 김대중은 2심에서도 사형이 선고되었다. 예정된 코스였다.

이제 3심 대법원이 남아 있다. 그런데 김대중 처형을 위하여 전두환 신군부는 대법원도 함락해 매복시켜놓았다.

대법원 판사를 두들겨 패고, 사표를 내게 만든 '5공식(式) 점령'은 역사에 기록될 만하다.

5월 24일 처형당한 김재규의 3심째 재판에서 대법원 판사 14명 가운데, 소수 의견을 낸 6명이 문제였다. 김재규가 "(박정희를) 살인한 것은 맞지만 '내란 목적'은 없었다"라고 한 양병호, 민문기, 임항준, 서윤홍, 김윤행, 정태원 판사 등 6명. 그들은 살벌한 신군부의 위협과 압력에도 굴하지 않고 할 말을 했다.

신군부로서는 이제 김재규 처형의 2단계로, 김대중을 내란 음모로 몰아가야 한다. 그런데 '소수 의견' 6명이 딴소리를 낼 것이 빤했다.

그래서 미리 손을 보려고 한 게 7월이었다.

5월 말, 광주항쟁을 진압한 후, 6월부터 국보위를 출범시킨 신군부는 이른바 '사회 정화'를 내걸고 2급 이상 공무원에 대한 숙정(퇴직 강요)을 시작하면서, 소수 의견을 낸 대법원 판사들을 쓸어내려 했다. 그런데 국보위에 파견 나갔던 판사(김헌무 등)들이 실무선에서 달래고 무마한 결과 일단 7월 중순의 숙정 고비는 넘겼다.

신군부 장성들 "대포 한 방으로 대법원을 날려버리자"

그러나 김대중 재판이 코앞에 다가오면서 달라졌다.

이들 6명을 대법원에 포진시킨 채, 김대중을 내란 음모로 몰아가기는 무리였다.

7월 말부터, 사표를 내라고 노골적으로 압력을 넣었다.

그러나 판사들은 순순히 물러서지 않았다.

양병호의 경우, 사표 제출을 거부하고 여름휴가를 다녀왔다.

8월 3일 저녁, 양 판사가 귀가해 저녁 식사를 하던 중에, 괴한 2명이 들이닥쳐 끌고 갔다. 그의 부인이 울며불며 이영섭 대법원장에게 이런 봉변을 호소했다. 행방불명이 된 그는, 악명 높은 서빙고 분실에서 고문을 당했다. 그들이 폭행과 함께, '당신이 옷을 벗어야 일이 마무리된다'라고 해서 백지에 사표를 썼다. (양병호, 1996년 7월 8일 '12·12 및 5·18사건' 20차 공판에서 증인으로 진술)

보안사가 강압으로 받아낸 사표가 법원행정처장 서일교에게 갔다.

서 처장은 이영섭 대법원장에게 "대법원장께서 수리해주셔야만 양병호가 풀려날 수 있다"라면서, 양병호가 '친필'로 서명한 사표를 내밀었다. 이영섭이 사표를 수리한 지 1시간 정도 되자 양병호 판사가 풀려나 대법원장실에 나타났다.

양병호는 헛웃음 치며 정말 아무 일도 없었다는 듯이 커피를 마셨지만, 커피는 입으로 들어가지 않고 가슴과 와이셔츠를 적셨다. 그런데도 양병호 판사는 그것조차 모르고 있었다고 한다. 눈의 초점은 풀려 있었다.[121]

모진 꼴을 당하고 온 것이다.

양병호만이 아니라, 다른 '소수 의견' 판사 민문기, 임항준, 김윤행, 서윤홍 등 4명도 사표를 던지고 법복을 벗었다. 8월 9일 '의원(依願)면직' 형식으로 대법원을 떠났다. 양병호 등은 변호사 개업조차 제대로 하지 못했고, 이들의 비서관과 운전기사 등도 '정화' 바람에 목이 달아났다. 정태원 판사는 이때는 사표를 내지 않았지만, 1981년 4월 제5공화국 헌법에 따라 대법원이 재구성될 때 재임명에서 탈락했다.[122]

전두환 보안사가 대법원을 폭력으로 제압한 80년 8월 말, 전두환은 '새 시대의 영도자'를 자임하며 대통령에 올랐다.

전두환은 이영섭 대법원장이 인사차 청와대에 올라오자 "김재규 사건을 대법원에서 그렇게 늦게 처리하는 바람에 광주사태 같은 예상치 못한 국가적 소요 사태가 일어났다"라며 퍼부어댔다.

전두환은 다른 장군들이 "대포 한 방으로 대법원을 날려버리자"라

대통령 전두환(왼쪽)은 이영섭 대법원장에게 "김재규 재판을 신속히 처리하지 않는 대법원을 대포 한 방에 날려버리자는 군인들을 내가 말렸다"고 말했다. 이영섭은 1981년 퇴임사에서 사법부(府)가 아니라 사법부(部)라는 조어를 써서 신군부 손아귀에 장악된 법원을 자조적으로 표현했다. 사진은 1980년 9월 전두환의 대통령 취임 축하 인사차 청와대를 방문한 이영섭(가운데).

고 하는 걸 겨우 자기가 말렸다면서 "국사범(國事犯)을 놓고, 소수 의견이 무슨 소리냐"라고 윽박질렀다. 80년 연말 전두환이 청와대 부근 안가에서 주최한 송년회에서 이영섭 대법원장이 전두환에게 술을 권하자 전두환은 갑자기 이영섭의 팔을 꽉 잡고 "그때 대법관들 집 다 알아두었소"라고 한마디를 던졌다고 한다.

그런 '폭력 정치' 속에서 사법부(府)는 '사법부(部)'나 다름없었다.

이영섭 대법원장의 퇴임사에 나오는 표현으로, 사법부가 신군부의 일개 행정부처 같았다는 자조적 조어(造語)였다. 그는 "사법부의 정상의 직을 맡을 때는 포부와 이상도 컸었지만, 오늘 지난날을 되돌아보면 모든 것이 회한과 오욕으로 얼룩진 것이었습니다"라고 회고했다. (1981년 4월 15일 퇴임사)

1981년 1월 23일 대법원은 '김대중 내란 음모 사건' 상고심에서 '전원 일치!'로 피고인들 12명의 상고를 기각하여 김대중 사형을 확정했다.

다시 2심에서 '사형' 판결이 난 1981년 11월 3일로 돌아가자.

이틀 뒤인 11월 5일, 김대중에게 사형선고보다 더 낙담할, 절망적인 사태가 왔다.

미국 대통령 선거에서 인권 대통령 지미 카터(민주당)가 패배하고, 로널드 레이건(공화당)이 이긴 것이다.

청와대에서는 쓰리 허가 레이건 당선 소식에 책상을 두들기며 환호작약(歡呼雀躍)하고 만세를 불렀다. (글라이스틴 주한 미국대사가 워싱턴에 보낸 정보 보고)

레이건이 이겼다!

보수파 레이건이 당선됐다는 것은 곧 암적 존재인 김대중의 처형을 의미했다.

이제는 미국의 인권 시비에 신경 쓸 필요가 없다, 장애물 김대중을 처형하고 마음대로 갈 수 있다! 5공 실세들은 한없이 기뻐했다. (글라이스틴이 김대중에게 훗날 미국에서 해준 말이다.) 허화평도 김대중은 미국이 아니면 죽었을 것이라고 기록했다.[123]

"김대중 죽여도 미국은 시간 지나면 잊어버릴 것이다"

김대중은 사형장 문턱에 서 있었다. 글라이스틴의 회고.

"전두환의 최측근(허화평, 허삼수, 허문도, 이학봉)을 비롯해 한국의 젊은 장교(영 커널)들 사이에 반(反)김대중 정서가 퍼져 있는 걸 잘 아는 우리는, (카터가 패배하고) 레이건이 당선된 미국 선거(11월 4일) 결과를 어떻게 받아들일 건가 우려가 커졌다. 신군부 인사 가운데 놀랄 만큼 많은 숫자가 김대중 처형을 요구하고 있었다. 만일 김대중을 죽이지 않으면 다시 정치 무대에 되살아나 그들의 '구국 노력'은 허사가 된다고 주장했다. 심지어, 김대중을 일단 죽여버리면 외국인들이 비난하다가 시간이 흐르면서 잊을 것이라며 공공연히 처형을 외쳤다."[124]

글라이스틴은 급한 김에 미국으로 날아갔다,

아니, 미국 가기 전 서울에서부터 백방으로 뛰었다.

5·17 저녁 김대중이 남산 지하실로 체포된 이후 미국은 워싱턴 주재 한국대사 김용식과 서울의 계엄사령관 및 ('들러리'가 된) 최규하 대통령에게 강력히 항의했다. 그 이래 김대중은 글라이스틴 대사 혹은 부대사 존 몬조가 전두환을 10여 차례 만났을 때, 주요한 혹은 유일한 의제였다. 워싱턴에서도 미국 관리들은 한국의 주요 인사들을 만날 때마다 김대중을 빼놓지 않고 거론했다. (글라이스틴 회고록)[125]

대사는 김대중 구명을 위해 노태우 보안사령관도 만났다.

신군부의 핵심이고 전이 가장 신뢰하는 인물이기에 노태우를 만났다고 한다. 또 외무부 장관 노신영도 만났다. 노신영은 최규하 대통령보다도 신군부에 가깝고 신뢰받고 있다고 대사는 느꼈다.

글라이스틴 대사, 존 몬조 부대사, 미 8군의 존 위컴 사령관과 고위 장교들은 그들이 알고 있는 모든 영향력 있는 한국군 장교와 민간 관리를 대상으로, 김대중 처형이라는 "극단적으로 단순화된 시각"은 잘못이라는 것을 납득시키려고 조직적으로 뛰었다.[126]

상황은 대법원 확정판결을 앞두고 절박했다.

박정희 군사정권은, 대법원의 사형 판결 18시간 만에 8명을 처형 (1974년 인혁당)한 역사가 있다. 박정희 한 명의 결정이 8명을 죽였지만, 이제는 김대중 1명을 놓고 8명보다 훨씬 많은 실세 대령 장성들이 죽이자고 벼르고 있다.

11월 13일, 글라이스틴 대사는 노신영 외무장관을 만나 폭탄을 던졌다.

"김대중을 죽이면 국제사회에서 따돌림당하고, 미국 언론과 의회가 목소리를 높일 것이다. 더 심각한 것은 미국의 대북한 정책이 달라질 수 있다는 점이다."

의외의 카드였다. 노신영이 놀랐다.

"오래전부터 미국에는 대(對)북한 관계에 돌파구를 마련하자는 미국인들이 있어온 걸 노신영 장관은 알 것이다. 그들이 사형을 빌미 삼아 오랜 시간에 걸친 그들의 야망(한국을 따돌리고 북한과의 직거래)을 정당화할 것이다."(대사)

그렇게 되면 최악이다.

노신영은 놀란 표정을 감추고 짐짓, 공감을 표시하면서 "대통령과 김경원 비서실장에게, 대사의 말을 보고할 필요가 있을 것 같다"라고 말했다.[127]

그러면서 노신영은 협상 카드를 내밀었다.

도쿄에 미·일 협의차 들르는 해럴드 브라운 국방부 장관이 서울에 와주었으면 좋겠다고 부탁했다.

"그렇게 하면 김대중 문제로 대통령을 설득하는 데 도움이 되는가?"(대사)

군사반란과 광주 유혈을 딛고 집권한 전두환(왼쪽)은 미국의 인증과 지지가 절실하던 차에, 1980년 12월 도쿄를 공식 방문하는 해럴드 브라운 국방부 장관(가운데)이 서울에 들르자 크게 반겼다. 예정에 없던 일정을 노신영 외무부 장관이 주한대사에게 부탁해서 추가했다. 글라이스틴 대사(오른쪽)는 전·브라운 회동(1980. 12. 13.)이 사형수 김대중을 살려 무기로 낮추는 '신의 한 수'였다는 취지로 회고록에 적었다. 이 회동은 이듬해 1월 말의 전·레이건 한미 정상회담으로 이어지는 발판이 된다.

"그럴 것이다."(노신영)

이 묘안은 '신의 한 수'였다.

전두환은 브라운의 방한을 매우 반겼다. 브라운 장관이 12월 중순 서울을 잠시 다녀간 게 변곡점이 되었다. 전두환은 글라이스틴을 만나서 브라운 방한을 도와준 데 감사했다. 그 전에 글라이스틴 대사가, 카터의 구명 친서를 대법원의 '김대중 사형 확정판결' 직전에 견제용으로 전달한 데 대해서는 불평도 안 했다. 김대중이 '사악한' 정치인이라고, 그전처럼 온갖 욕을 하지도 않았다.[128] 그만큼 브라운 방한이 간절했고 기뻤던 모양이다.

12월 13일 브라운 국방부 장관은 회담 말미에 전두환에게 조용히 말했다. 글라이스틴이 시킨 대로다.

"김대중을 처형하게 된다면 장래 우리의 안보와 경제 관계에 심각한 영향을 미칠 것입니다."(브라운)

"법원의 결정을 존중할 수밖에 없습니다. 대법원이 사형을 확정하면 집행할 수밖에 없습니다."(전)

전두환은 일단 버티고 보았다.

그러면서도 "미국에 대한 한국의 역사적 부채와 경제 및 안보 관계의 중요성, 미국의 권고를 신중히 고려하겠다"라고 덧붙였다. 옆에서 듣고 있던 글라이스틴 대사는 뒤꼬리를 주목했다. "전두환이 '부채'를 말하고, 미국의 견해를 염두에 둔다고 말한 건 성과"라고, 본국에 보내는 보고서에 적었다.

실낱같은 희망을 느낀 것이다.

글라이스틴은 워싱턴에 날아가서도 뛰었다.

글라이스틴의 급보를 받은 카터 행정부의 에드먼드 머스키 국무장관은 레이건 정권 인수팀의 리처드 앨런 국가안보보좌관을 접촉했다. "레이건 당선으로, 김대중이 죽게 된다", "미국은 김대중을 꼭 살려야 한다"라고 호소했다.[129]

머스키는 김대중 구명이 미국의 국익이라고 확신했다.

레이건 당선자 측의 앨런 국가안보보좌관에게 "김대중 구명을 위해, 임기 끝나가는 카터 행정부와 새로 들어올 레이건 행정부가 공동 성명을 발표하자"라고 제안했다.[130]

그러나 앨런은 거절했다. 아니 받아들일 수 없었다.

그 이유는 1월 22일 레이건 정권이 들어서기 전까지는 '카터 행정부의 외교 문제에 개입하지 않는다'라는 정권인수단의 내부 결의가 있었기 때문이다. 앨런의 반응이 시큰둥하자 머스키가 말했다.

"김대중은 천주교 신자이고 앨런 당신도 같은 천주교도다. 이대로 김대중이 죽는 것을 방관만 할 거요?"

앨런 "날벼락 칠 거요. 난 특전사령관보다 강해!"

난감해진 앨런은 머리를 썼다.

대신문의 기자를 시켜서, 김대중 사형에 관해 질문하도록 했다. 실문을 사주(使嗾)한 것이다. 미리 짠 대로, 이 질문이 나오자 앨런은 "만일 김대중을 죽이게 되면 한국에 대단히 중대한 결과를 초래할 것이다"라고 준비된 답변을 했다. 익명의 경고였지만, 그 익명이 앨런인 것을 워싱턴 한국대사관이 모를 리 없다.

서울에서 특사가 앨런을 만나러 워싱턴에 떴다.

유병현 합참의장(후에 5공의 주미 한국대사)이었다.

80년 11월 하순, 앨런이 미국 육군참모차장으로부터 조찬에 초청을 받고 가보니 유병현 대장이 와 있었다. 유병현은 자기가 전두환 대통령으로부터 파견된 특사라고 소개하고 김대중 문제에 관해서 정권인수단과 앨런의 의견을 듣고 싶다고 했다.

앨런은 냉랭하게 대꾸했다. 전략이었다.

"당신이 전두환 대통령의 특사라는 걸 무엇으로 증명하는가. 일단 서울로 돌아가서 2주 안에 전두환의 특사임을 증명하는 확실한 무엇을 갖고 오든가, 아니면 다른 사람이라도 특사라는 증빙을 가지고 오도록 하라."

그러면서 앨런은 김대중 처형이 '도덕적 파멸'이라고 지적했다. 유병현도 고개를 끄덕였다. 앨런은 "김대중을 죽이면 레이건 행정부와 전두환 정부는 어려움에 직면할 것"이라고 경고했다. [131]

유병현과 헤어지고 앨런은 레이건 당선자에게 김대중 문제를 보고했다.

캘리포니아에서 쉬고 있는 레이건에게 자초지종을 설명하면서 어찌 대응해야 할지 물었다. 레이건은 앨런에게 처리 권한을 전적으로 일임했다. 연기자 출신 레이건의 일 처리는, 전문가에게 대범하게 맡기는 식이었다.

유병현이 대통령 전두환에게 방미 결과를 보고했다.

전두환은 노태우를 불러, 미국이 기어코 살리라는 김대중(감형) 문제를 협의했다.

미국에 양보하는 거야 그렇다 쳐도, 김대중 말만 나오면 눈부터 부라리는 신군부 식구들의 공감대도 문제였다. 거기에 노태우가 제격이었다.

노태우 보안사령관은 80년 12월경, 안병호 대령(비서실장)과 한용원 정보처장을 불러 말했다.

"각하께서 김대중이 군법회의에서 사형을 받았지만, (무기 감형 혹은) 국외 추방 형식으로 해외로 내보냈다가 용서하고자 하시니, 군부의 반발 등을 우려하여 노심초사하실 것이다. 국방대학원 교수 김종휘(나중에 6공 청와대 외교안보수석)와 연락해서 머리를 짜보라." [132]

한용원, 김종휘는 머리를 맞대고 궁리했다.

김대중을 사형에서 무기징역으로 감형해 그 대가로 미국으로부터 한미 정상회담을 얻어내고, 일본과는 대일 차관(100억 달러)을 타결하

레이건 미국 대통령 당선자의 리처드 앨런 보좌관은 한국에서 날아온 특사 정호용 특전사령관에게 "김대중을 죽이면 날벼락이 칠 것"이라고 경고해서 살려냈다.

는 방안을 만들었다. 당시 일본의 항만 노조는 김대중 사형 판결에 항의해서 한국 상품의 하역을 거부하여 골치 아픈 상황이었다.[133]

노태우는 이 방안을 신군부 실세를 모아놓고 비공개 회의에서 공론화했다.

유학성 안기부장을 비롯해 차규헌, 황영시, 정호용, 허화평, 허삼수, 이학봉, 권정달, 유홍수, 현홍주, 정관용, 배명인 등을 궁정동 안가로 초치해 김대중 감형 방안을 브리핑하면서 신군부 내부의 공감대를 넓혀갔다.

전두환이 타개책을 몰라서 노태우 보안사에 방책을 구한 건 아니었다. 신군부 실세들에게 미·일의 외교적, 경제적 압력을 내세워 김대중의 사형을 면해주어야 한다고 설득[134]도 해야 했다.

이윽고 워싱턴의 앨런은 전두환 특사, 정호용 특전사령관 일행을 맞았다.

백악관 근처에 있는 그의 사무실에 김용식 주미 한국대사와 손장래 공사(안기부), 전두환 친구인 정호용 특전사령관이 방문했다. 김 대사가 자리를 비우자 정호용 특사는 "김대중 문제는 한국의 내부 문제이지 미국의 문제가 아니다. 한국은 스스로 내부 문제를 처리할 수 있다"라고 짐짓 강경하게 던져보았다. 미국이 내정간섭을 하지 말라는 투였다.

그러자 앨런은 기다렸다는 듯이 쏘아붙였다.

"만일 당신들이 김대중을 죽이면 '날벼락'이 내리치게 될 것이오."

정호용이 대경실색하여 앨런의 말의 의미를 재차 물었으나 앨런은 이에 대답하지 않고 응수했다.

"(대한민국의 특수전사령관!) 당신은 매우 강인한 사람으로 보입니다. 그러나 나보다 더 강인하지는 못할 것이오."

단호한 이 몇 마디에 승부가 갈렸다.

풀이 죽은 정호용은 되돌아가 본국과 협의했다. 이튿날 다시 와서, 레이건 대통령 취임식에 전두환을 초청해달라고 타협안을 내밀었다.

백악관에서 한미 정상회담을 마치고 나서는 전두환과 레이건(1981. 2. 2.). 김대중을 처형하지 않고 무기수로 감형한다는 조건, 레이건 신행정부가 전두환 지지를 천명한다는 조건이 맞교환된 이벤트였다. 배후에서 한국 측 노신영 외무장관, 유병현·정호용 장군(특사), 손장래 공사와 미국 측의 리처드 앨런 안보보좌관(레이건 행정부), 윌리엄 글라이스틴 주한대사, 에드먼드 머스키 국무장관(카터 행정부)이 심혈을 기울여 성사시킨 회담이다.

앨런은 "미국 대통령 취임식에 외국 원수는 초청하지 않는다는 사실을 한국 정부가 모르는가. 관례상 취임식에 초청할 수는 없다"라고 말하고 취임식 이후 가까운 시일 안에 회견을 마련해줄 수는 있다고 했다. 그것도 김대중 사형선고가 대폭 감형되어야 한다고 전제조건을 붙였다.[135]

김대중 감형-전두환 방미의 세부 협상은 앨런과 손장래 공사(안기부)가 마무리했다.

그래도 미국은 전두환 기죽이기를 거듭했다.

"의전상 외국 원수가 워싱턴을 방문하면 직접 워싱턴D.C.에 착륙하거나 버지니아 윌리엄스버그에 착륙하게 돼 있다. 그러나 전 대통령은 서울서 워싱턴으로 직접 오지 못하고 처음에 LA에 기착했다가 뉴욕을 거쳐 워싱턴D.C.에 착륙하도록 했다. 국빈 만찬도 없었다. 의전상 국빈 방문이 아닌 실무방문(WorKing Visit)으로 하도록 했다. 그리고 자메이카의 국무총리가 전 대통령보다 앞서 레이건 대통령의 첫 번째 방문객이 되었다."(김병국 교수, 전 서강대 경상대학장)[136]

전두환 신군부는 그렇게도 한미 정상회담이 간절했다.

12·12 반란에 무력을 동원하고, 5월 광주를 피로 진압하여 정권을 잡은 신군부는 미국의 신뢰, 국제적인 인증이 국내외적으로 절실했다. 그걸 얻기 위해서는 미국의 레이건 신임 대통령과의 회담, 인증 사진이 꼭 필요했다.

거기에 올인해야 했다.

이때 '김대중 감형(사형 면제)'이 회담의 전제조건이었다.

카터 전임 대통령은 회고록에서, '우리는 한국의 김대중을 구명하기 위해 카터 행정부가 무엇을 해왔는지, 레이건 대통령에게 설명했다. 그리고 레이건이 전두환 대통령에게 김대중의 생명을 보장토록 메시지(앨런 발언)를 보낸 데 대해 고마움을 밝힌다'라고 적었다.

김대중 당신! 탄원서 써야 살려준다

한편, 옥중의 김대중은 이런 긴박한 줄다리기를 알 리가 없어, 그저 발을 뻗고 슬피 울었다.

레이건 당선으로 이제 죽는 길밖에 없는가.

그 미국의 대선 결과조차 누구도 알려주지 않아서, 궁금한 그가 청소부에게 물어서 알게 되었다. 가톨릭 신자인 DJ는 천주님께 살려달라고 기도하며 밤낮으로 매달렸다.[137]

기도의 응답일까.

81년 1월 18일, 해가 바뀌어 안기부(중앙정보부에서 국가안전기획부로 1월부터 개칭)에서 간부가 나타났다. 난데없이 대통령에게 감형을 탄원하는 글을 써달라고 했다. 신군부는 레이건·전두환 회담을 통하여, 국제적 인증을 얻기 위해 감형 절차가 급했다.

김대중이 탄원서를 못 쓰겠다고 거절하자 거듭 요구했다.

"당신은 지금 사형수입니다. 사형을 면하려면 국무회의 의결이 필요합니다. '여태까지의 일에 책임

사형수 김대중은 "무기로 감형해줄 테니 탄원서를 쓰라"는 권유를 유학성 안기부로부터 받았다. 한미 간에 '처형 면제'가 합의된 데 따른 후속 절차였다. 이 탄원서는 외부에 공개하지 않는다는 조건으로 작성되었으나, 안기부는 김대중이 생명을 구걸한 것처럼 보이도록 언론에 공표했다.

처형대 문턱에서 흐느끼는 김대중

을 느끼고, 차후 정치 활동을 하지 않겠다'라는 글이면 됩니다. 이 모든 것은 형식 절차에 불과합니다. 정부 내에도 감형에 반대하는 세력이 엄존하기에 이것이 필요합니다. 그리고 이 탄원 사실은 절대 공개하지 않을 것입니다."

유학성 안기부장이 나서서, 스스로 가톨릭 신자라면서 외부에 공개하지 않을 것을 하느님 앞에 맹세한다고도 했다.[138]

김대중은 탄원서를 써주었다.

그런데 생각해보니 신군부의 올가미에 걸려들어, 목숨을 구걸하는 것 같았다. 탄원서를 되돌려달라고 했다. 그러자 유학성 부장은 "그렇게 잘 처리하겠다"라고 하더니, 며칠 뒤 약속을 깨고 언론에 공개했다. 당했다고 생각했지만, 어디 호소할 데도 없었다.

1월 23일, 대법원 상고심에서 상고 기각으로 사형이 확정되었다.

그런데 같은 날 오후 무기징역으로 감형되었다.

막후에는 미국과 전두환 간의 숨 가쁜 '정상회담' 뒷거래가 있었다. 레이건 당선에 책상을 치며 환호하는 3허에 놀란 글라이스틴이 미국으로 간 11월부터 치면 약 50여 일간의 긴박한 드라마였다.

김대중은 극적으로, 구사일생으로 살아났다.

제7장

—

올림픽·미국… 국가는 군대가 아니네

안기부·보안사가 공천과 총선을 배후 지휘하다

81년 2월 25일 대통령 선거에서 전두환을 뽑았다.

형식상 5271명의 선거인이 77개 선거구에서 투표하는 모양새였고, 전두환은 거기서 90.2%인 4755표를 얻었다.

그날 차점 낙선자인 민한당의 유치송 후보(총재 겸임, 2006년 작고)가 김철 기자(동아일보, 2011년 작고)에게 피식 냉소적으로 웃었다.

"왜 웃으십니까?"

"우습네요. 어떤 사람들은 제1야당의 대통령 후보 한번 하려고 목숨을 걸었고, 누구는 당수 한번 하려고 죽기살기로 몸부림쳤지요. 나는 일거에 둘 다 해먹었으니, 이렇게나 쉬운 것을."

5공 초기의 시퍼런 서슬 덕에, 정치인 567명이 규제로 묶이니 그런 홍복(洪福)도 있었다. 세상사는 '죽은 자 뒤끝에, 사는 놈 나온다'라는 속언대로인가.

국회의원 선거는 3월이었다.

정치가 꽁꽁 얼어붙은 엄동설한의 5공 초기였지만, 그래도 선거는 뜨거웠다.

뒷거래도 인사 청탁도 있고, 다양한 군상들의 계주(繼走)가 펼쳐져 제법 열기를 띠었다.

고정훈(1988년 작고, 중령 예편)의 민사당 얘기.

고정훈은 80년 11월 29일 코리아나호텔에서 민주사회당 발기준비위원회를 열고 혁신 정당을 만들어갔다. 그해 연말, 그는 보안사 한용원 정보처장의 집을 찾아가 호소했다.[139]

"안기부의 지원만으로는 창당 자금이 부족합니다. 보안사 정보처에서 동아건설 최원석 대표를 만나서 민사당을 도와주도록 해주면 큰 힘이 되겠습니다."

창당 작업이 안기부의 일이라, 한용원은 내키지 않았다. 그러나 마지못해 최원석에게 사정을 말하니, '보안사 비서실에서도 그 건으로 부탁하는 연락이 이미 와 있다'라고 답변했다. 고정훈은 보안사의 안병호 비서실장에게도 똑같이 부탁했던 모양이다.

한용원 처장은 적당히 발을 뺐다.

고정훈에게 "대통령도 혁신계 야당을 (구색 맞추어) 키우려고 하니, 민사당을 담당한 안기부 요원에게 잘 말해보세요"라고 훈수하고 끝냈다. 80년 전두환 신군부는 민정당을 정점으로 주변에 몇 개의 위성 정당들을 배치해 겉치레로나마 정치 다원주의를 꿈꾸었다.

민정당 후보 공천 에피소드.

81년 2월의 민정당 공천 후보자 명단을 결재하던 중, 전두환이 말했다.

"김복동 장군이 전남 해남에 임영득(입법의원)을 꼭 넣어달라고 부탁하던데, 명단에 없구나. 그 지역에서는 고시 양과(兩科)에 합격한 천재라는 말도 듣는다고 하니, 봐주자."

그러면서 즉석에서 임영득을 적어넣었다.

그러나 임영득은 총선거에서 낙선하고 민병초(민한당), 이성일(국민당)이 동반당선하고 말았다. 전두환은 임영득을 1985년 전국구에 낙점, 기어이 국회의원으로 등원시켰다.[140]

3월 선거를 3개월여 앞두고 이른바 '정치풍토쇄신법'이 나왔다 (1980. 11. 5.).

신군부가 그 법으로 정치 활동을 묶어 규제한 인원은 무려 567명에 달했다.

옛 공화당의 구태회, 길전식, 김종필, 김창근, 김택수, 육인수, 이효상, 정일권과 유정회의 백두진, 최영희, 태완선, 그리고 옛 신민당의 김영삼, 고흥문, 신도환, 이철승, 이민우, 이충환, 황낙주 등 정계 인물들이 총망라되었다.

야당의 수많은 전·현직 의원과 중앙당 국장급 간부들이 규제에 묶였다.

그런데 박관용(전 국회의장), 조홍규(3선 의원), 김덕규(5선 의원) 등은 그 명단에 없었다. 신군부가 무지해서, 국회 전문위원을 지낸 그들의 역할과 내공을 몰랐기 때문이다.

민한당 공천 심사가 시작된 날 밤 12시 반경, 김현규 공천심사위원

(10~12대 의원)이 박관용에게 전화를 걸어, "심사에 통과했으니, 내일 아침 당사에 와서 공천장을 받아가라"라고 통보했다.

박관용 "광주에서 탱크 몰고 시민 학살한 총검권력 심판하자"

그런데 웬걸. 당사에 나가자, 1차 공천자 명단에 빨간 줄을 그은 두 사람이 있었다. 박관용, 김형국(김대중 비서 출신)이었다.

두 사람은 신상우 심사위원장(7선 의원, 해양수산부 장관 역임) 방으로 쳐들어가서 따졌다. 신상우의 반응이 의외였다.

"조용히들 있어라, 몸조심들 하라고!" (신상우)

야당 공천자 명단을 군부가 쥐고 검열하고 있었다.

신문의 정치 가십란에 '보이지 않는 손이 작용하는 부산 동래지구당'이라는 비아냥 기사가 났다. 신상우 위원장이 박관용을 다시 불렀다.

"복수 공천이라도 받아들이겠는가?"

그 동래지역만 유일하게 복수 공천이 나왔다. 주모라는 경쟁자는 실세 이학봉(보안사 대령)의 이웃 사람. 그런데 주모는 지역구 선거운동이 힘에 겨웠는지, 전국구로 가겠다면서 후보를 사퇴했다. 그리하여 맞상대는 양찬우(국민당 소속)로 바뀌었다.

찻잔 속의 풍랑이라고나 할 5공 선거, 11대 총선도 선거였다.

부산 동래구 박관용의 이야기다.

민정당(김진재 당선)과 야당 1석을 뽑는 2인 선거구였다. 여당이야 떼 놓은 당상이지만, 야당인 국민당 후보 양찬우(7~10대 의원, 내무부 장관 역임)와 민한당 박관용은 피 튀기는 혈전을 벌여야 했다.

돈도 배경도 없는 무명의 박관용은 연설을 박력 넘치게 해서, 이름을 알리는 길밖에 없었다.

"정권은 민의에서 나와야 합니다. 그런데 이 정권의 권력은 총구에서 나왔습니다. 광주에서 탱크를 몰고 시민을 학살하고 권력을 잡았습니다.", "전두환이 민주주의를 하지 않으면, 시저에게 브루투스가 칼을 들이댄 것처럼, 내가 칼을 들고, 한국의 브루투스가 되겠습니다."

이른바 '정치풍토쇄신특별조치법'으로 3김을 포함한 기성 정치인 811명의 손발을 묶고 자르는 5공의 첫 국회의원 선거(1981년 3월)도 조용하지만은 않았다. 안기부와 보안사는 그 제한된 선거판에서도 유세 내용에 간섭하고, 특정인의 당선, 낙선을 위해 정치 공작을 펼쳤다.

부산 시민들이 웅성거리고, 박관용에게 박수를 보냈다.

어느 날, 그의 형(사업)이 동생에게 메모 쪽지를 보여주며 말했다.

"남천동(안기부 부산지부)에서 불러 다녀왔다. 너 이런 말은 하지 않으면 좋겠어." 메모지에는 7, 8가지의 '주의 경고 사항'이 적혀 있었다.

관권 개입도 심했다.

동래경찰서장 허모 총경의 지휘 아래, 박의 선거운동원은 명함만 돌려도 도로교통법 위반으로 잡아갔다. 그런데 민정당과 국민당 운동원들은 돈 봉투를 뿌려도 눈감아주었다.

동래구의 42개 동 가운데, 동장들이 저울대로 잰 것처럼 절반씩 나뉘어 민정당과 국민당 후보를 도왔다. 기막힌 일이었다. 나중에 박관용은 국회에서 민정당 실세 권정달 의원의 얘기를 듣고 수수께끼가 풀렸다.

권정달의 정치 공작이었다.

"솔직히 이제야 고백합니다만, 국민당에 총재감이 없어서 양찬우 씨를 당선시켜서 국민당 총재로 세우려고 했어요. 그래서 내가 동래에 일주일이나 묵으면서 양찬우를 도왔는데, 박 의원이 꿋꿋이 당선되는 바람에 우리 기획이 틀어진 겁니다." (박관용 회고록)[141]

연재소설 트집 잡아 한수산을 지하실에서 고문

김영삼의 가택 연금 1년이 되어가는 81년 5월 1일 유학성 안기부의 차장 현홍주가 상도동에 왔다.[142]

"오늘부터 병력을 철수시킵니다. 이제부터 자유입니다."

그동안 김영삼은 집에 갇혀 거의 우울증에 빠져 있었다.

매일 새벽 5시에 일어나도 갈 곳이 없었다. 활동 공간이라고는 사방으로 4~5평 되는 비좁은 마당뿐이었다. 여기서 30분가량 제자리 뛰기 같은 달리기로 하루를 시작했다. 오른쪽으로 15분가량 뛰다가, 어지러우면 다시 방향을 바꾸어 왼쪽으로 15분가량 뛰었다. 그렇게 미친 듯이 되풀이하다 보니, 잔디가 벗겨져 좁은 뜰은 타작마당처럼 번들거렸다.[143]

김영삼은 연금에서 풀려나, 안기부의 미행 감시를 의식하면서 이민우, 김명윤, 홍영기, 김동영, 최형우, 김덕룡, 윤혁표 등을 만나기 시작했다.

6월 9일부터는 김동영, 최형우, 김덕룡 등과 북한산으로 산행도

갔다.

'민주산악회'의 시작이었다.

김영삼에게 산행을 허용했지만, 유학성 안기부가 하는 짓은 여전했다.

봉두완(앵커 출신, 민정당 의원 역임)의 얘기를 들어보자.

1981년 6월, 삼성그룹의 이건희 부회장이 국회의원 봉두완에게 다짜고짜 욕설을 퍼부으며 말했다.

"나쁜 자식들, 순진한 문인들과 아무런 죄도 없는 문화부장(중앙일보 정규웅)한테 전기 고문을 하다니. 이 나쁜 자식들아."

이건희가 불같이 화를 냈다.

봉두완은 워싱턴에서 한국일보 특파원을 할 때부터 이건희를 알고 지냈고, 그가 동양방송 앵커로 옮긴 것도 이건희의 주선 때문이었다.

1981년 5월 유학성 안기부에서 모진 고문을 당한 소설가 한수산.

안기부가 문제 삼은 글이, 중앙일보 연재소설 '욕망의 거리'에 실린 것은 1981년 5월 14일과 22일.

'어쩌다 텔레비전 뉴스에서 만나게 되는 얼굴, 정부의 고위 관리가 이상스레 촌스러운 모자를 쓰고 탄광촌 같은 데 찾아가서 그 지방 아낙네들과 악수를 하는 경우, 아낙들은 자기네들의 이런저런 사정을 들어주는 것이 황공스럽기만 해서, 관리가 내미는 손을 잡고 수줍게 웃는 얼굴.' (5월 14일)

'세상에 남자 놈치고 시원치 않은 게 몇 종류 있지. 그 첫째가 제복 입은 자들이라니까, 그중에는 군대 갔다 온 얘기 빼놓으면 할 얘기가

작가 한수산은 맑은 이슬 같은 언어로 사랑과 죽음의 미학을 묘사한다는 찬사를 받았다. 유학성 안기부는 1981년 5월 한수산의 신문 연재소설에서 전두환을 비아냥거리는 듯한 대목을 꼬투리 잡아 심한 고문을 자행했다. 그 후유증으로 한은 한동안 절필해야 했고 일본에 이주하여 살기도 했다. 한의 소설을 연재한 신문사 문화부장, 기자도 남산 지하실에서 폭행을 당했다. 한수산과 친했던 시인 박정만 편집장(고려원)은 고문 후유증으로 몇 년 후 사망하고 말았다. 사진은 한수산(오른쪽)과 농구선수 김유택(왼쪽).

없는 자들이 있게 마련이지.' (5월 22일)

　'이상스레 촌스러운 모자를 쓴, 정부의 고위 관리, 시원찮은 제복 입은 자들'이라는 대목이 청와대와 군 출신들에게 거슬렸다. 그들의 과잉 반응, 과잉 충성이 빚어낸 권력 남용[144]이었다. 한수산 작가와 정규웅 부장, 이은윤 차장 등 7명은 2박 3일 혹은 4박 5일간 묵사발이 되도록 얻어맞았다.

　이 일에 얽혀 잡혀가고 고문을 당한 박정만 시인(당시 출판사 고려원 편집장)은 후유증으로 몇 년 후 사망하고 말았다. 작가 한수산과는 출판 일로 몇 번 만난 일밖에 없는 박정만은 '반정부 인물'로 생을 마감한 것이다.

　한수산은 작가의 길을 포기해야 했고, 정신적 고통에 시달리다 결국 1988년 일본으로 이주해 한동안 살았다.

한수산의 신음이 기록으로 남아 있다.

"찢기고 부서지는 내 알몸 위로 쏟아지던 몽둥이, 물, 전기, 주먹과 발길, 매달기. 그리고 굴비 엮듯 끌려와서 무슨 골프 코스라도 된다고, 같이 돌아야 했던 나의 정 깊었던 선배와 친구들. 나는 아직 모른다. 한 작가를, '산문시와 같은 언어와 사랑과 죽음의 미학'을 그려낸다는 비평적 관형사를 이름 위에 얹고 살아가는 한 작가를 쥐어짜서 그들이 무엇을 얻어내려 했는가를." (봉두완《앵커맨》에서)[145]

글라이스틴 "까마귀 대체할 백로를 찾을 길이 없다"

안기부가 신문의 연재소설 조각을 들여다보고 작가를 붙잡아다 팬 것은, 부장 유학성으로서는 그만큼 한가했다는 의미이기도 하다. 그런 틈을 타서 유 부장은 미국을 공식 방문했다.

81년 5월 유학성 안기부장은 미국 CIA를 공식 방문했다.

김근수 정치정보국장, 이상열 해외정보국장, 김태서 북한국장을 데리고 갔다. 이것은 5공과 미국 레이건 정부가 밀월 관계에 들어간 한 증빙이기도 했다. 왜냐하면, 양국 정보기관의 공식 교류는 1961년 한국 중앙정보부가 생긴 이래 처음이기 때문이다.

유학성은 미국에서 신군부 집권기인 12·12와 5·17 때 서울 CIA 지부장을 했던 로버트 브루스터를 문병차 찾아갔다. 브루스터는 워싱턴 근교에서 암 투병 중이었다. 그에게 전두환 대통령의 감사장을 전했다.

브루스터는 신군부 정권의 극진한 대접을 받을 자격이 충분했다.

그는 12·12 반란의 날, 미국인 가운데 최초로 전두환과 통화했다.

그리고 심야에 노재현 국방부 장관과 통화하여 최규하 대통령한 테 가도록 유도했다. 날이 새자, 글라이스틴 대사와 전두환이 처음으로 만나도록 주선한 것도 그였다. 그는 '정보맨'답게 현실 인정이 철학이었고, 전두환 신군부는 그의 중재 덕에 뒤틀린 미국을 돌려세울 수 있었다.

존 위컴 사령관이 한미연합사 예하의 9사단 29연대 등을 쿠데타에 차출한 문제로 전두환과 신군부에 격노해 있을 때, 브루스터는 글라이스틴 대사와 위컴 주한미군 사령관을 상대로 사태 수습에 나서서, 두 사람을 설득해가며 온건론을 폈다.

브루스터는 특히 김윤호(보병학교장을 하다 12월 13일 대미 창구로 불려와 합참의장을 지냄)와 친했다. 김윤호에게 '보보'라는 영어 별명을 지어준 게 브루스터였고, 두 사람은 가족끼리도 어울릴 정도로 친했다. (위컴 회고록)[146]

위컴은 12·12 직후에 전두환, 노태우, 황영시를 군법회의에 넘기겠다고 벼르고, 반란 성공 후에도 2개월 이상 전두환을 만나주지 않던 강경한 원칙주의자다.

그런 사람이 "쿠데타 주동자들, 김윤호 하나는 탁월하게 골랐다"라고 회고록에 기록한 것은 바로 김이 브루스터를 잘 요리해서, 신군부의 이익을 실현했다는 의미다.

브루스터는 위컴과 글라이스틴을 신군부 쪽으로 끌고 갔다.

두 사람에게 "전두환과 거리를 유지해야 하지만, 우리(미국)는 그와 같이 일할 수밖에 없다. 다른 대안이 없지 않나?"라고 끊임없이 설득

¹⁴⁷하여 마침내 그렇게 기울게 했다.

심지어 브루스터는 80년 '서울의 봄'에 글라이스틴 대사에게 이런 말도 했다.

"만일 전두환이 (민간 정부를 뒤엎고) 정권을 완전히 장악하려는 의도가 있다고 하더라도, 우리는 그것이 국가 안보를 위태롭게 하거나 북한의 개입을 도발하는 일이 없이, 합법적인 방법으로 이루어져야 한다는 사실을 그에게 확신시키는 데 최선을 다해야 한다."¹⁴⁸

전두환이 최선은 아닐지라도 미국의 '차선'이라는 것이다.

위컴 당시 사령관의 브루스터 회고는 계속된다. "브루스터는 전두환과 개인적으로 가까워졌다고 말했다. 비록 12·12에 일어날 일(반란)을 미리 통고받은 것은 아니지만, 두 사람은 중요한 일들에 대해 빈번하게 의견을 나눌 정도로 친밀했다. 브루스터는 나에게 자신과 전두환의 친밀함을 이용해도 좋다고도 말했다."¹⁴⁹

80년 1월 이범준 장군 등에 의한 역쿠데타(전두환 신군부 타도 목적) 정보에 카터 행정부가 미련을 버리지 못한 시기가 있었다. 본국에서는 미국 주도에 의한 전두환 제거를 모색하고 있었다. (글라이스틴 회고록)¹⁵⁰ 그런데 서울에서 브루스터와 대사, 그리고 위컴 사령관이 역쿠데타를 덮기로 했다.

그때 브루스터의 입장과 대사의 전문은 이랬다.

"전두환의 군부 내 지지 세력이 강해서 그를 제거하는 것 자체가 힘들 뿐만 아니라 그렇게 된다 한들 누가 그를 대신할 강자가 되어야 할 것인지도 문제다." (글라이스틴 회고록)¹⁵¹

마침내 글라이스틴은 이런 전문도 보낸다.

"우리(미국)가 제거하려는 까마귀(전두
환)를 대체할 신뢰할 만한 백로(정치가)를
찾을 수가 없다."(1980년 4월)

아무튼, 브루스터는 서울 지부장 시절
살벌한 상황에서, 글라이스틴 대사와 위
컴 사령관을 어르는 데 앞장서고, 미국
의 입장이 '현실 인정, 현상 동결'로 가도
록 유도했다.

그 브루스터를 파이프 삼아 신군부는
미국을 끌어들이고 5공 창출로 치달릴
수 있었다. 반란군 처지에서는 은인 아

김윤호(합참의장 역임)는 영어에 능해 주미대
사관 무관으로 근무했고, 미국 CIA 서울지부장
브루스터와 가족처럼 친하게 어울렸다. 12·12
군사반란에 반감이 심하던 미국을 신군부 지지
로 선회시킨 게 김윤호·브루스터 콤비였다.

닌가. 미국에서 유학성 부장은 손장래(주미 한국대사관의 안기부 공사)와
도널드 그레그(부시 부통령 보좌관) 간의 막후 채널을 구축했다. 그는 또
CIA 국장 출신인 부시 부통령을 만나서, 남북한 고위급회담을 밀어
주고, 나아가 서울·모스크바, 서울·북경의 막후 대화 채널을 열도록
미국이 중개해달라고 요청했다.

그처럼 유학성 안기부장이 교류의 물꼬를 트자, 83년 4월에는 미
국 CIA 부장 케이시가 서울을 공식 방문하기도 했다. 그때 안기부장
은 노신영으로 바뀌어 있었는데, 케이시는 노 부장의 안내로 청와대
에 올라갔다. 그는 정보분석관을 데리고 가서 전두환 대통령 앞에서
북한 정보에 관해 상세한 브리핑을 했다.

81년 여름으로 접어들자, 김영삼의 민주산악회 산행 동지는 매달

숫자가 늘어났다. 정치 활동이 묶여 있던 정치인들이 소일거리 삼아 산행에 재미를 붙이기 시작했다.

산행에 동참한 사람이 계속 늘어가자, 유학성 안기부는 회원 감시는 물론, 회원들을 협박·폭행하고 회유하는 탄압으로 모임을 방해했다. 지방에서는 불법 연행, 연금 등이 자심했으나, 전국적으로 산악회 조직이 점차 확대되었다.[152]

엄혹한 정치 겨울을 녹이는 '등산 예열'이, 야당 동지들에게 희망과 자신감을 심어주었다. 산행으로 시작된 온기의 확산에, 유학성 안기부는 골머리를 앓았다.

심상치 않은 추세를 막아야 했으나, 딴지를 걸 꼬투리가 잡히지 않았다.

그렇게 1년쯤 흐르고, 빌미가 생겼다.

뉴욕타임스 82년 4월 16일 자에 김영삼과 산악회에 관한 특집기사가 실렸다. 도쿄지국장 헨리 스토크스가 봄날의 북한산 대남문~우이동 코스 산행을 따라 다니면서, 르포 기사를 쓴 것이다. 기사는 이렇게 마무리 지었다.

'산행을 마친 50여 명의 산악회 회원들이 소리를 질렀다. 민~주~ 광~복~!!'

이 기사를 핑계로, 김영삼은 82년 5월 31일 제2차 연금으로 포박당했다.

풀려난 지 1년 만에 다시 자택에 갇힌 것이다.

정치 활동 금지 조처를 어겼다는 것이 표면적인 이유다.

그러나 실상은 민주산악회와 김영삼의 활동으로 민주화 열기가 퍼지는 것이 두려웠다. 그렇다고 해서 산악회원들 모두를 옥죄고 제어하기는 힘들었다. 회원들은 준비운동이 끝나 있었고, 근질근질한 그들의 산행을 일거에 중단시킬 수는 없었다.

박철언 등 공안 세력, 허화평과의 일전에서 한판승

81년 들어, 청와대의 허화평은 '정도전 행세한다'라는 소리를 들었다.

조선왕조 개국공신 정도전처럼, 5공 기획자라고 너무 설친다는 저항이었다. 특히 노태우 친척 박철언, 대통령의 처삼촌 이규광 등과 척지기 시작했다.

81년 4월 법무부 장관 인선을 둘러싸고 허화평과 박철언이 부딪쳤다.

허화평에게는 약점(동생인 허화남이 간첩으로 복역)이 있었다.

허화평이 5공의 실세가 되어, 국정의 모든 것을 장악하고 조정하면서 개혁이라는 이름으로 세상을 너무 급진적으로 몰아붙였다. 그것은 허화평이 사회주의적 의식을 가져서가 아닌가, 공안 부문 종사자들은 그렇게 수군거렸다.[153]

박철언은 그런 허화평을 의식해서, 공안검사의 대부(代父) 격인 이종원(대구고검장)을 법무부 장관으로 밀었다. 현직은 오탁근 장관으로, 박통에 의해 1976년에 검찰총장으로 발탁되어, 80년 5월 법무부 장관까지 맡아 장기 집권 중이었다.

허화평은 뼛속까지 반공으로 응축된 남산의 요원들에게도 앙금을 남기고 있었다.

보안사 비서실장으로 설치면서 김재규 때문에 반역집단이 된 남산을 무력화하고, 중앙정보부 사람들을 죄인처럼 대했던 것 아닌가.

쓰리 허가 이종원을 반대하기 시작했다.

허삼수의 사정수석실을 동원해서 이종원과 그 부인의 사생활까지 뒷조사하는 눈치였다. 그리고 부인은 사채놀이까지 한다고 대통령에게 보고했다.

박철언도 대통령에게 호소했다.

"자유민주주의 철학에 의심이 가거나, 전력이 의심스러운 인물은 유의하셔야 합니다." 허화평을 겨냥한 얘기였다.

결국, 이종원이 법무부 장관에 올랐고, 신경전은 박의 승리로 마무리되었다.

81년 4월 16일 유태흥이 대법원장에 발탁되었다.

그는 1979년 10·26, 즉 김재규의 박정희 살해 사건의 주심을 맡아 김재규에게 내란 목적 살인죄를 적용해 사형을 선고한 대법원 주심 판사로 유명했다. 보안사의 독촉과 유태흥의 신속한 재판 협조로 김재규는 7개월 만인 80년 5월 24일 광주항쟁 기간에 사형당했다.

대법원장 임명 전에, 대통령 전두환의 지시를 받은 우병규 수석, 박철언·손진곤(판사) 비서관이 유 판사의 집으로 가서 인터뷰했다. 기록에 남아 있는, 유 판사의 충성 맹세 언사가 이채롭다. [154]

"개인적 친분도 없는 저를 대법원장 후보로 생각해주시는 것만으로도 영광이며, 임명받는다면 최선을 다해 임명권자(대통령 각하)와 국민에게 봉사하겠습니다. 분단국의 현실에 비추어, 사법부의 수장은 정치적 공안 사건에는 정부에 협력해야 하고, 일반사건에서는 양심

올림픽·미국… 국가는 군대가 아니네

유태흥(오른쪽)은 1981년 초, 대법원장 임명을 앞두고 인터뷰하러 간 박철언에게 "친분이 없는 저를 대통령께서 대법원장으로 생각해주셔서 감사합니다. 앞으로 국가관이 희박하면 판사 재임용에서 제외할 수밖에 없습니다"라고 전두환에게 충성을 다짐했다. 그는 다짐한 대로 임기 내내 5공 신군부 정권에 충성을 바치다 야당으로부터 탄핵(1985)을 당하기도 했다. 사진은 1986년 전두환(왼쪽)에게서 국정자문위원 위촉장을 받는 유태흥.

적으로 소신껏 독립적으로 심판해야 합니다. 판사들을 재임용하는 과정에서 국가관이 희박하고 품위가 바르지 못한 사람은 제외할 수밖에 없습니다."(유태흥 편지)

유태흥 대법원장의 이후 행적은, 이 애틋한 일편단심에서 한 치도 벗어남이 없었다.

대법원을 담당한 당시 안기부 정보관의 평가가 흥미롭다. (6공 들어 엄상익 변호사가 안기부 정책연구관으로 근무하면서 들은 이야기를 기록)

"1980년 말 김대중 내란 음모 사건이 3달 만에 초고속으로 1, 2심에서 사형, 대법원에서 상고 기각됨으로써 김대중에게 사형이 확정됐죠. 김재규의 조속한 사형 확정에 협조한 주심 대법관(유태흥)은 대법원장이 됐고요. 재야에서 김대중에 대한 100일간의 불법 구속에 문제를 제기하는데, 법원은 의도적으로 그걸 외면하더라고요. 그때 사법부의 비열함을 목격했습니다."

구체적으로 어떤 일이 있었기에 비열하다고 하는가? 요원이 대답한다.

"김대중 사형 확정에 협조한 법관 중 한 명이 어느 날 권력의 실세를 몰래 찾아가 전국구 의원직을 요구한 게 우리 안기부 안테나에 걸렸어요. 위에서는 그에게 전국구 의원직 대신에 대법관 자리를 추천해주기로 했죠. 그가 대법관이 된 지 몇 달 후였어요. 전두환 정권이 만든 사회정화위원회에 투서(投書)가 날아들었어요. 법관 시절 여자 관계에 관한 내용이었죠. 우리가 은밀히 내사(內査)했어요. 대법관이 되기 전 2명의 법원 여직원과 불륜 관계를 맺어왔더라고요. 법원 여직원이 결혼한 후에도 관계를 계속하고 있었어요. 그런 사실을 보고하니까 위에서 그 대법관이 조용히 사표를 쓰고 자리에서 물러나게 하더라고요."[155]

5공 치하의 법원 인사는 안기부 요원이 보기에도 희한했다.

"법관 중에도 출세주의자들이 더러 있었어요. 안기부의 안테나에 걸린 3류 법관들이 많았어요. 법원 내부에서 실력이 없어 무시당하는 판사가 대통령의 동생이나 형을 통해 대법관이 되게 해달라고 청탁하는 일들이 있었죠. 그런 부탁을 받은 전두환 대통령이 대법원장을 불러 밥을 먹는 자리에서 그 판사를 대법관이 되게 하라고 지시를 한적도 있어요. '서울대 출신만이 아니라 다른 사람들도 대법관을 해봐야 하지 않는가'라는 논리였습니다. 법관들 사이에서 비웃는 분위기가 형성됐어요. 대통령의 측근에 선을 대고 적당한 명분만 만들어내

올림픽·미국… 국가는 군대가 아니네

면 대법관이 될 수 있다는 자조적인 말이 법원가(街)에 나돌았죠."

군대식으로 가족 청탁으로 봐주는 인사에 파격 출세도 있었다.

"파격적으로 출세한 판사도 있었어요. 어느 날 전두환 대통령은 대법원장에게 지방법원의 아는 판사를 당장 법원장급으로 승진시켜서 청와대 비서관으로 파견하라고 명령을 한 적도 있죠. 우리 정보기관에서 배경을 알아보니까 그 판사가 대통령 동생을 통해 미리 작업해놓고 그렇게 명령이 내려가게 한 거죠."

유태흥 체제의 법원은 이듬해인 82년 '27만 달러 밀반출' 사건을 계기로, 안기부에 약점이 잡혀 혼쭐이 나고 5공 내내 더더욱 쥐여살게 된다.

박세직, "차기는 나야!" 한마디로 바닥에 추락하다

전두환은 권력의 정점에서 세상을 내려다보고 호령하는 맛을 즐기기 시작했다. 그런 전두환의 심기를 '버럭' 건드려, 유탄을 맞은 것이 박세직 수경사령관이다.

81년 8월 6일 수경사령관 박세직 소장 예편이 발표되었다.

"군 수사기관(보안사)은 재미사업가 이규환(육사 12기, 대령 예편)이 개인사업을 위해 박세직 수경사령관을 통해 고위층에 청탁 행위를 자행한 혐의로 지난 7월 31일 수사에 착수, 8월 5일 종결하였다. 박세직 장군은 '청탁 배격 운동에 솔선수범해야 함에도 월권과 본분 이탈로 군의 위신을 실추시켜 보직을 해임하고 예편 조치하였다.' (국방부 박종식 대변인)

갑자기 하나회장 전두환 대통령의 육사 직계, 12기 선두주자 박세직이 '월권, 본분 이탈'이라는 이유로 실각한 것이다.

1973년 윤필용 수경사령관의 불충(不忠) 사건을 떠올리게 하는 사건이었다. (윤필용은 "박정희 대통령 각하가 연만하시니, 형님[이후락]이 후계자가 되시면" 운운하다 날벼락을 맞았다.) 더욱이 박세직 수경사령관의 육사 동기생(12기)이고 특별히 친한 사이인 박준병 보안사령관이 수사했다는 건 또 뭔가?

별 죄랄 것은 없었다.

박준병은 보안사령관에 온 지 불과 일주일이었지만, 대통령의 지시 사항이라 서둘러 진상을 파악해서 대통령에게 그렇게 보고했다. 박세직이 육사 동기생의 사업을 위해 서울시장 등에게 압력을 행사했다는 이유인데 실제로 대가를 받은 것도 없었고, 청탁 내용도 시시한 것이었다.

그러나 청와대에서는 '하나회 출신이라도 오지랖 넓게 설치고 건방 떠는 자는 용서하지 않겠다'라는 본때를 보인 것이라는 말이 나왔다. 전두환의 입에서 "상 차린 놈은 따로 있는데 감히 어디다 대고 이놈 저놈이 젓가락질이야!"라며 분노했다는 말도 새어나왔다.

박준병 보안사령관이 정작 난처한 것은 그 이후였다. 며칠 후, 급히 청와대에 들어오라 해서 헐레벌떡 들어갔더니 이미 주영복 국방부 장관, 이희성 육참총장이 전통 앞에 앉아 있었다. 박세직을 예편시킨다는 통보였다. 박준병은 전 대통령에게 선처를 빌면서, "부군단장 정도로 내보내는 게 어떻습니까"라고 했으나, 주영복이 옷깃을 잡아끌었다. 이미 예편 사인을 해버렸으니 경거망동 말라는 사인. 박준병은 그래도 수경사 전역식은 치르게 해달라고 대통령에게 건의해,

올림픽·미국… 국가는 군대가 아니네

수경사령관 박세직은 어느 날 "차기 대통령은 나야"라고 실언하는 바람에 전통이 분노해 1981년 8월 군복을 벗었다. 전통은 나중에 미안해서 한전 부사장, 안기부 차장, 총무처 장관 등을 시켜주었다. 박세직은 장군치고는 교유 범위가 무척 넓고 문화적 취향이 짙었다. 장관 시절 프랑스어 회화 테이프를 듣고 시인 기형도(당시 신문기자)를 불러 문장 수업을 받는 등 무인답지 않은 면모를 보였다.

직접 '전역사'를 써주고 참석하는 우정을 보여주었다.

박준병은 훗날 인터뷰에서 진상을 말했다.[156]

"실제로는 당시 박세직 장군이 각계 인사들과 활발하게 접촉하면서 '차기 대통령은 나'라는 식의 언동을 한 게 문제가 됐다. 나중에 안 일이지만, 전두환 대통령은 수경사 작전참모 김진영 대령 등을 불러서 박세직 장군의 평소 언행 등에 대해 직접 알아보고 그런 조치를 한 것이었다."

1973년의 윤필용처럼 경솔한 입놀림(舌禍)으로 날아간 것이다.

그리고 나서 불과 6개월여 만에 대통령의 진노가 풀렸다.

전두환은 박세직을 한국전력 부사장(1982년 3월)에 취직시켜 보냈고, 이어 안기부 2차장을 시켰다. 박은 총무처 장관, 체육부 장관, 올림픽조직위원장을 차례로 지내며 명예를 회복했다. 동자부 장관이던 이선기에 의하면 대통령이 한전에 박세직의 자리를 알아보라고 지시하면서 "사실은 그 친구가 총장감인데 도중에 불행하게 됐어. 알고 보니 아무 일도 아니었는데…"라고 말했다고 한다. [157] 5공 전두환 인사의 한 패턴이다.

본래 박세직은 군인치고는 발이 넓고 교유를 즐기는 스타일이었다.

필자는 그가 총무처 장관(1986년) 시절에 집무실에서, 그 바쁜 와중에도 프랑스어 녹음테이프를 들으며 회화 공부하는 것을 본 적이 있다.

요절한 시인 기형도로부터 한동안 주 1회 정기적으로 문장 수업을 받기도 했다. 총무처 장관실은 세종로 종합청사 9층에 있었는데 당시 기형도는 중앙일보 정치부 기자로서 종합청사에 있는 총리실과 총무처를 출입하고 있었다. 기형도의 뛰어난 문재에 대해 보고를 접한 박세직이 기형도에게 간청을 한 것이었다.

그는 군인답지 않게 사교적이고, 기업인, 대학교수, 고위 관료, 외국 대사 등 군대 바깥과 교유 범위가 넓었다. 하나회의 핵심이고 5공 정권의 실세 수경사령관인 그를 멋쟁이라고 따르는 사람도 많았다.

또 당시 일부 정치부 기자들은 그 같은 박세직의 행동과 처신에서 사그라지지 않는 그의 야망을 발견하기도 했다. 한때 대권에 대한 흉중을 무심코 토로했다가 곤욕을 치르기도 했지만 여전히 그 꿈을 버리지 못하고 열심히 '문민화' 학습을 하고 있다는 것이다.

13만 원짜리 '돗자리' 뇌물 소동에 싹쓸이 망상 재발

81년 9월 4일 임재정 의원(민한당)이 돗자리 사건을 폭로했다.

가뜩이나 전두환을 비롯한 허화평 등 신군부 핵심들이 '비생산적인 국회'에 짜증을 내던 판이다. 연초 총선에서 정당을 병영의 중대(中隊)로 재편하고, 모가 난 투사 정치인 567명을 솎아내고 정치판을 못자리부터 새로 가꾸었는데도, 국회는 제식훈련처럼 빠릿빠릿하게는 돌아가지 않았다.

돗자리가 실세 장군들의 뒤틀린 심사에 기름을 부은 격이 되었다.

대한교련(교총의 전신)이 교육공무원법 심의를 앞두고, 국회 문공위 의원 9명에게 돗자리(각 13만8000원짜리)를 돌린 것을, 임재정 의원이 뇌물이라고 폭로한 것이다.

대검찰청이 수사에 나서고, 국회 문공위원장이 이홍수에서 한병채로 바뀌었다. '깨끗한 정치, 정의사회 구현'의 구호를 내건 민정당은 정책위의장, 정책실장 등 주요 당직자 5명을 교체했다.

뒷날의 어음 사기 사건이나 5공 비리 소동에 비하면 너무 호들갑 떠는 짓이었다.

정기국회가 열린 9월 21일 허화평 보좌관이 박철언 비서관을 찾았다.

"이번 정기국회를 관찰하고, 여차하면 내년에 국회를 해산하고, 국민 신임을 묻는 국민투표를 해서, 국회를 다시 구성하는 방안을 검토하고 있어요."

총선거 반년 만에 다시 싹쓸이를 꿈꾸는 소리였다.

허화평은 이틀 후에 다시 말했다.

"국회를 보면, 개혁 의지와 통치 이념은 퇴색한 것 아닌가. 국회의원 개개인의 성향 분석도 필요합니다. 올해 정기국회는 일부러 방관적 자세로 내버려두고 자율적 운영이 되는가를 보고, 이를 국회 해산의 명분으로 삼아야 합니다. 국민 의사에 바탕한 강력한 통치 기반을 구축하기 위해서 프랑스 드골 대통령의 국민투표 사례를 연구해보세요."[158]

허화평의 논리에 감화된 듯, 덩달아 전통도 국회를 불신했다.

9월 26일, 박철언 비서관을 불러 개혁 입법의 취지와 홍보를 강조했다.

"민정당 간부들조차, 개혁의 취지를 충분히 이해하지 못하고 있어!"

전통의 채근에 곧바로 비상이 걸렸다.

개혁 의지와 통치 이념을 재정립하라!

즉각 플라자호텔 1770호실에서 대책회의가 열렸다. 청와대에서 최창윤과 박철언, 민정당에서 권정달 사무총장, 윤석순 차장, 이종찬 원내총무, 나석호 정책위의장, 박현태 정책조정실장이 나왔다.

그러나 제2차 싹쓸이는 싱겁게 무산되었다.

9월 30일 바덴바덴에서의 올림픽 유치가 그 분수령이 되었다.

시작은 매우 미약했던 올림픽 유치 활동, 끝은 창대할 것인가. 막상 유치가 확정되자 이 체육 이벤트는 국정 최우선 과제로 떠오르고, 5공의 국정 운영 기조를 송두리째 바꾸어놓았다.

장난처럼 시작된 올림픽, 정권과 국가 목표 바꾸다

올림픽 유치가 기획된 것은 박정희 시대 말기였다.

기억에 가물가물한 이야기지만, 1979년 9월 유신 정부가 24회 올림픽을 서울로 유치하겠다는 발표를 한 적이 있었다.

그러나 10월 26일 박통이 암살당하고, 신군부가 2차에 걸친 유혈 쿠데타로 집권하는 질풍노도의 시기에 올림픽은 일장춘몽처럼 잊혀져만 갔다.

올림픽이 되살아난 것은 81년 2월이었다.

한국 정부가 공식으로 국제올림픽위원회(IOC)에 유치 신청을 한 것이다. 81년 3월에는 국제조사단도 다녀갔다. 그러나 사실상 올림픽은 계륵(鷄肋) 신세였다. 남에게 주긴 아깝고, 내겐 별로 내키지 않는

경제학 교수였던 남덕우 국무총리(왼쪽)는 "올림픽 유치는 나라 망치는 길"이라고 극구 반대했다. 신군부 집권 초기인 1981년 가뜩이나 경제 상황이 좋지 않은데 매년 1000억 원 이상의 투자가 계속되어 8000억 원이나 드는 체육 잔치는 국가 재정에 부담이 된다는 논지였다. 남 총리의 생각을 좇아 장관들도 덩달아 반대에 나서, 올림픽의 '명분 있는 후퇴'가 모색되었다. 그러나 전두환과 노신영 외무, 유학성 안기부장 등이 "지더라도 해보기나 하자"라고 우겨, 마지못해 정주영 등이 떠밀려 앞장서게 되었다.

닭갈비였다.

우선 국무총리 남덕우가 극렬하게 반대했다.

꼼꼼한 경제학자인 남 총리는, 매년 1000억 원씩 총예산 8000억 원이 드는 올림픽을 한다면 나라가 망한다고 했다. 가뜩이나 인플레에다 경제 상황은 정치 불안정과 겹쳐 최악이었다. 실제로 올림픽 역사에서, 성공적인 케이스는 1964 도쿄올림픽, 1972 삿포로 동계올림픽, 1988 서울올림픽 3번뿐이라는 것이 정설이다. 캐나다 몬트리올이 10억 달러의 적자를 내는 등 대부분의 유치국이 올림픽 잔치로 심한 후유증을 앓았다.

남 총리의 판단은 장관들의 길잡이가 되었다.

경제도 경제지만, 일본 나고야가 오래전부터 벌러왔는데, 무슨 수로 표 대결에서 이길 수 있겠느냐는 것이었다. 한국의 IOC 위원인 김택수(전 의원)도 전의(戰意) 상실로 두 손 든 상태였다. '될성부른 떡잎'도 아니고, 기적적으로 성사하더라도 경제 파탄을 누가 책임진다는 말인가!

그래도 대통령 전두환이 욕심 내켜서 지시한 사항이라 대책회의가 열렸다.

81년 4월 16일 개최된 첫 회의.

남덕우 국무총리, 유학성 안기부장, 노신영 외무장관, 거기에 경제기획원, 문교부, 문공부의 장관들이 참석했다. 하지만 올림픽을 유치하는 것이 과연 맞느냐를 놓고 남 총리를 중심으로 반대론이 우세해서, 대통령의 재결심을 받자고 의견을 모았다. 28일 2차 회의에서는 "조용하고 명분 있는 후퇴를 위해서, 일본에서 먼저 우리의 양보를 요청해오도록 막후교섭을 하자"는 패배주의적 결론까지 나왔다.

남덕우는 진지하게 반대했다.

"대통령 각하도 매년 1000억 원씩 투자가 들어간다는 보고에, 그렇다면 포기해야 한다는 생각이시다. 그렇다면 포기를 원칙으로 정해놓고 발을 빼는 명분을 세워야 한다."

그러나 전두환은 오락가락, 단념하기에 너무 아까운 이벤트라는 자세였다. 의외로 노신영 외무가 찬성 편에 섰다.

노신영이 주장했다.

"첫째, 한국의 지명도를 높이는 기회가 된다. 지금도 코리아를 모르는 나라가 많으므로, 2주간의 올림픽 대회를 통해서 중진국으로 발전한 우리의 모습을 세계인에게 보여줄 절호의 기회를 잡자. 둘째, 올림픽을 통해서 코리아의 경제 발전과 국력 신장을 보여주어 비동맹 미수교국과 관계 개선을 기대할 수 있고, 국민의 일체감도 고양할수 있다. 셋째, 1988년 올림픽을 놓치면 20세기 이내에 다시는 그런 기회가 오지 않는다."

김택수가 노신영에게 "표 대결에 자신 있느냐?"고 따졌다.

노신영은 "이긴다고 장담은 못 해도, 우리는 북한과의 국제무대 경쟁에서 숱한 표 대결을 해본 경험을 쌓아왔다"라고 맞섰다.

5월 16일, 3차 회의에서는 일단 가는 데까지 가보자는 데 합의했다. 명분도 없이 철회하는 것은 국가의 위신 손상이고, 국민의 사기를 꺾는 것이 된다는 결론이었다. 결전까지 4개월을 앞두고 겨우 해보기로 매듭지었다.

며칠 후인 5월 하순 어느 날, 문교부 체육국장이 정주영 전경련 회장실에 나타났다. 올림픽 유치 민간추진위원장이라는 임명장을 들고 왔다.

"나고야와의 경쟁에서 어차피 망신만 당할 터인데, 정부가 당할 망신을 민간이 대신 당해주면 좋겠다"라고 저간의 사정을 설명해주었다. 정주영에게는 미리 일언반구의 귀띔도 없이, 관계 장관 회의에서 유치 책임자로 결정되었다는 일방적인 통보였다.

정주영은 기분이 썩 좋지 않았다.

하지만 신군부 정권의 위세를 거스를 수도 없어 첫 회의를 소집했다.

조직도에는 위원장 아래 부처 장관들이 열거되어 있었으나, 문교부 장관 이규호 한 사람만 나타났고, 서울시장 박영수도, IOC 위원 김택수도 얼굴조차 내밀지 않았다. (두 사람은 9월 하순, 결전이 벌어지는 바덴바덴 총회의 개막일까지도 안 나타났다.)

정주영이 문교부 장관에게, 불쾌한 표정으로 따지니 "올림픽 유치는 전두환 대통령 지시 사항이고, 유학성 안기부장에게도 특별한 말씀이 내려가 있습니다. 적극적으로 돕기로 되어 있습니다"라는 대답이었다.

노태우(당시 정무장관)는 당시의 시큰둥한 분위기를 회고록에 남겼다.

"김택수는 '41표가 필요한 판에, 우리가 딸 수 있는 건 내 표 한 표밖에 없다'라고 난색이었다. 박영수 시장은 '대통령께 누(累)만 되지 않는다면 명분을 찾아서 후퇴하는 방법을 찾았으면 좋겠다'라고 했다. 그

1980년대 초반 국제올림픽위원회(IOC) 위원 김택수(오른쪽)와 나중에 IOC 위원이 된 박종규(왼쪽). 김택수는 88 올림픽 유치에 대해 "이미 오래전부터 준비해온 일본의 나고야를 이기기 어렵다. 득표 경쟁을 해보았자 IOC 위원 82표 가운데 우리의 득표는 내 표와 미국, 대만을 합쳐 3표밖에 없다"라고 자포자기했다. 그러나 노신영, 정주영 등이 4개월 동안 열심히 뛴 결과 52 대 27로 나고야를 누르고 역전승해 서울 올림픽이 확정되었다.

런데 유학성 안기부장과 노신영 외무부 장관은 '노력해보지도 않고 백기를 드는 건 안 된다. 노력이나 해보자'라고 반론을 폈다."[159]

미스코리아 · 스튜어디스까지 동원해 나고야에 역전!

유학성 안기부장이 나설 거라는 말은 정주영에게 위안거리였다. 정주영은 우선, 유 안기부장에게 기업인 동원을 책임져달라고 했다.

기업인도 안기부라면 무서워할 터이다.

정주영은 일차적으로 한국 기업이 거래하는 나라의 현지 기업인 도움을 받아서, 그들 나라의 IOC 위원에게 접근하기로 했다. 그것이 단기전으로서는 최선의 방책일 것 같았다. 유학성 안기부가 팔을 걷어붙이고 나서자, 그동안 먼 산 보듯 하던 기업인들이 울며 겨자 먹기로 움직이기 시작했다.

독일의 바덴바덴, 9월 30일이 결전이다.

IOC 위원 82표 가운데, 당초 한국이 확신한 것은 3표. 미국, 대만, 그리고 우리 한국, 3표에 불과했다.

외무부는 노신영 장관과 전상진 대사(체육회 부회장 겸 대한올림픽위원회 부회장)를 필두로, 공관을 독려하여 득표 공략에 나섰다. 외무부가 추산한 중간 득표 상황은 지지 24표, 호의적 고려 15표로 절반의 성공. 가능성이 열려 있다며 모두 사기가 올랐다.

결전을 앞둔 3, 4개월 동안 홍보관을 짓고, 홍보 영화를 만들고, 기업인들을 독려하여 부랴부랴 득표 활동에 나섰다. 미스코리아, 대한항공 여승무원까지 홍보를 위한 미인계로 동원하고, 투표일이 임박해서는 바덴바덴 도시의 꽃가게가 동날 정도로 꽃바구니를 호텔 방마다 집어넣었다.

안기부 요원들은 현지에서 방해 공작에 나선 북측 요원들을 감시하고, 한편으로 우리 기업인들이 제 몫을 다하는지 지켜보는 감독 역할을 했다. 그러는 사이 정주영을 비롯한 한국 홍보단은 선진국 IOC 위원들보다 중동·아프리카 위원들을 집중적으로 공략했다. 그 전략이 먹혀들었다.

결전의 날 오후 3시 45분.

사마란치 위원장이 투표 결과를 발표했다.

"쎄울(Seoul)!"

강적 나고야를 무너뜨린 것이다. 3표에서 시작한 득표 공작은 52 대 27, 극적인 역전승으로 끝났다.

서울올림픽조직위원회 현판식(1981. 12. 21.). 오른쪽부터 노태우 정무장관, 김택수 IOC 위원, 이규호 문교부 장관, 남덕우 국무총리, 김용식 조직위원장. 승산 없이 장난처럼 추진했던 88 올림픽은 막상 서울 유치가 확정되자 국책 과제가 되고, 그 성공에 5공이 명운을 걸게 되었다. 한편으로 전두환에게 인내를 강제하는 고삐도 되었다.

정주영의 공도 컸지만, 전두환이 노신영 외무부 장관을 다시 보는 계기가 되었다.

중앙청 대회의실에서 올림픽 유치 자축연이 벌어지는 날, 총무처 장관 김용휴는 마이크를 들고 "대통령 각하로부터, 자축연은 노신영 외무부 장관이 귀국한 이후에 개최하라는 각별한 지시가 있었습니다" 라고 공표했다. 노신영이 훗날 안기부장과 국무총리로 승승장구하는 신호였던 셈이다.

서울올림픽은 장난처럼 시작되어 운명이 되었다.

망신살의 '폭탄 돌리기'처럼 시작되었지만, 81년 9월 30일 유치가 확정되자 이윽고 정권과 국가의 명운이 걸린 이벤트로 변한다.

올림픽 성공이 5공 국정의 최우선 과제로 떠오르면서, 86년 아시안 게임마저 유치하게 되었다. 양대 대회 때문에 전두환 정권은 아웅산 테러(1983년)를 당하고도 인내하는 등 대북 관계에도 중대한 변수가 되었다. 글로벌 잔치를 성공적으로 치르려면 국내 정치의 안정과 한반도 긴장 완화, 국제 협력이 필요했다.

올림픽은 5공의 폭주를 제어하며 운명을 틀어쥐는 멍에가 된다.

아무리 시위와 저항이 거세도 내부적으로 강압 철권을 군대식으로 철저하게 휘두르지 못하고, 밖으로는 중국을 비롯한 소련, 동구 공산권에까지 눈을 돌릴 수밖에 없었다. 올림픽은 나라의 역사를 바꾸었다.

82년 초, 유학성 안기부는 다시 '만능 사령부'로 군림했다.

방송사 PD 부조리에 관한 정보를 수집·정리해 대통령에게 보고했다. '방송사 PD들이 탤런트들에게 돈과 몸을 요구하고, 그 피해자가 400명이나 된다'라는 첩보에 전통은, 박철언 비서관을 불러 검찰이 수사하도록 지시했다.[160]

"구체적인 정보는 안기부의 김근수 국장이 갖고 있다. 이광표 문공부 장관으로부터도 자료 입수는 가능하니, 방송국 관계 보고자료를 입수하여 검찰총장에 넘겨주라."

1월 22일 정치근 검찰총장은 박철언 비서관으로부터, 대통령의 엄명을 전달받는다. 검찰은 내사에 나서, 한국방송공사 25명, 문화방송 20명, 기독교방송 1명 등 총 46명의 비위를 확인했다고 보고했다. 전통은 보고를 받은 뒤, 조용히 방송사 사장들 책임 아래 자체적으로 징계토록 지침을 주었다.

제8장

두 許 지고 장세동·노신영 뜨다

5·18 광주 1년, "여의도 국풍 굿판으로 지워버려라"

광주항쟁 1주년 무렵, '국풍 81' 축제가 여의도를 뒤덮었다.

신군부의 허문도가 앞장서서, 관변 미디어와 홍보 수단, 예술 역량을 총동원하여 만든 이 구경거리에 1000만 명이 참여했다.

"그때 허문도가 '국풍'이라는 것을 만들어 정권 홍보에 열을 올리며 KBS, MBC 양대 방송사 사장들(이원홍, 이진희)의 충성 경쟁에 불을 질렀다. 방송사들의 과잉 경쟁 속에 국풍은 어느 정도 성과를 거둔 동시에, (예산 낭비라고) 욕을 얻어먹기도 했다." (권정달 당시 민정당 사무총장)[161]

81년 5월 28일부터 5일간 서울 여의도광장에서 국풍이 열렸다. 한국신문협회가 주최하고, KBS가 주관했던 대규모 예술제이자 전두환 정부의 관제 이벤트였다.

5·18 광주 1주년이 다가오자 반정부 추모 및 데모 분위기를 선제적으로 차단해야 했다. 달리 시선을 모으기 위해서는 이벤트가 필요했고 허문도가 일본 체재 중에 보았던 '마쓰리'(축제)에서 아이디어를 얻었다.

1970년대 후반부터 대학가에서는 마당극, 탈춤, 풍물 등이 유행하고 꽹과리, 징 같은 악기들이 반정부 저항의 도구처럼 여겨지곤 했다. 80년대 초반에는 전두환 군사독재에 저항하는 민족주의 및 사회주의적 지적 풍토와 어우러져 '민족 민중예술'을 앞세운 운동권 문화가 자리 잡는다.

허문도는 그 상징 인물인 김지하, 김민기, 임진택 등을 모두 '국풍 81'에 참가시켜 위세를 보여주고자 했다. 임진택을 청와대로 직접 불러서 회유하기도 하고, 원주에 사는 김지하를 만나러 80년 겨울부터 술병을 들고 가기도 했다.

그 무렵 허문도는 필자 등과 함께한 저녁 식사 자리에서 한잔 술에 취해 말했다.

"원주에 가서 김지하를 만나고 돌아오는 고속도로변에 폭설이 내리고 있었다. 끝없이 내리는 눈, 하얗게 변한 천지, 아~그 눈벌판에 드러눕고 싶었다."

허문도는 홀로 자아도취에 빠져 지긋이 눈을 감으며 말했다. 그런 그를 로맨티스트라고 한 사람들도 있었다.

그와 더불어 5공의 나팔수를 자임한 사람이 이진희, 이원홍이다. 다시 권정달의 술회.

"이진희는 부산서 고교(동래고)를 나와 허삼수와 가까웠고, 80년 초

서울신문 주필을 하면서 5공 출범의 정당성을 칼럼으로 쓴 적이 있다. 이를 읽어본 신군부 내에서 그를 문화방송·경향신문 사장으로 기용하자는 논의가 있었고, 내가 사무실로 불러서 만난 뒤에 전두환 보안사령관을 뵙도록 주선해주었다. 이진희는 체구도 작고 얼굴색도 까맣고 해서 첫인상에 별로 호감이 가지 않아 어려운 일을 해낼까 걱정도 했다. 하지만 내가 보기엔 자기주장이 뚜렷하고 소신이 있어 보였고, 목소리도 쨍쨍해서 일을 해낼 것 같다는 삼이 들었다. 그래서 전 사령관에게 '자리를 주면 잘해낼 만한 사람'이라고 소개하고 면담하도록 건의했다. 전 사령관도 이진희와 면담한 뒤 좋다며 문화방송·경향신문 사장으로 임명했다."

80년 7월 이진희는 경질된 이환의 사장의 뒤를 이었다.

8월이 되어 전두환이 대통령에 오르기로 가시화하자, 문화방송·경향신문 사장을 맡은 이진희는 의욕에 불타 갑자기 보안사로 찾아와서 전 사령관을 직접 인터뷰하겠다고 했다.

새 시대, 새 물결, 새 역사. 그것이 이진희의 캐치프레이즈였다.

"전두환 사령관이 출근하기 전에 기다렸기 때문에, 들어오면서 인터뷰를 하게 됐다. 그때만 해도 전 사령관이 언론 방송에 처음이라서 좀 촌스러운 상태에서 옆에 문답집 같은 자료(차트)를 걸어놓고 인터뷰를 하는데, 어색해 보였다. 이것이 경향신문의 1면(전면)과 문화방송에 보도돼 새 시대의 새 지도자가 등장하는 것으로 대국민 홍보 효과가 컸던 것으로 기억된다. 여기에는 허문도 비서실장이 개입돼 있었던 것으로 알고 있다." (권정달 회고)

이원홍도 충성에서는 난형난제였다.

광주 유혈 항쟁 1주년을 덮어버리려는 '국풍 81' 축제가 서울 여의도에서 1981년 5월 1000만 관중이 동원된 가운데 열렸다. 이 이벤트는 일본에 오래 체재하면서 지역 마쓰리를 자주 본 허문도가 착안했다. 신군부에 가세한 기자 출신 이원홍 KBS 사장, 이진희 MBC 사장의 보도를 통한 충성 경쟁으로 '국풍 81' 중계방송은 뜨거웠다. 사진은 여의도 행사 중의 차전놀이.

　　그는 한국일보 기자 출신으로 74년부터 주일 공보관장 겸 문화원장
으로 도쿄에 나가 있다가 들어와서 10·26 이후 최규하 대통령 때 청
와대 민정수석비서관으로 근무했다. 그때부터 보안사 권정달 처장과
인연을 맺게 되어, 특히 국보위를 만들면서 대통령령 절차 문제로 법
률비서관 김유후 비서와 함께 셋이서 자주 만났다. 권정달의 얘기.

　　"이원홍이 KBS 사장으로 가게 된 계기가 있다. 내가 그에게 농반
진반으로 '청와대에 있는 것보다 야전군 사령관 한번 해보지 않겠느
냐?'고 했더니 눈을 깜빡이면서 수긍하는 것 같아서 다음 날 전두환
사령관과의 면담 자리를 만들어주었다. 이원홍도 KBS 사장(1980년 7
월 최세경 후임)으로 간 뒤에 의욕적으로 일했다. 자연히 MBC 이진희
사장과 치열한 충성 경쟁을 벌여 둘 사이가 나빠지기 시작했다. 이원

홍 사장은 방송사의 느슨한 분위기에 긴장감을 불어넣기도 하고, 대통령 홍보를 강화해서 9시 뉴스를 전두환 뉴스로 장식해 '땡전(全) 뉴스'라는 말도 생겨났다."

이진희와 이원홍은 모두 문공부 장관을, 허문도는 문공부 차관을 지냈다. 3인은 정당성도, 인기도 지독히 없는 5공의 선두에 서서 나대다가 욕을 바가지로 먹은 불행한 나팔수들이었다.

일기당천의 특전요원 50여 명이 한라산에 지다

1982년, 5공의 새해는 참혹한 사고로 열렸다.

2월 6일 전두환 대통령의 제주도 새해 순시를 앞두고 큰 사고가 났다.

특전사 장병 등 53명(공군 6명)이 한라산 중턱에서 전원 몰사한 참사다. 대통령 경호를 위한답시고 특전사 직할 707부대를 동원하다가, 악천후에 수송기(C123)가 한라산 중턱에 추락하여 참변을 당한 것이다. 이 대형 참사는 강력한 보도 통제로, 훈련 중의 사고로 짧게 보도되었다.

그러나 훈련 사고란 거짓 발표였다.

이 부대는 전임 정병주 사령관이 12·12 반란의 날, 부하 최세창 여단장에게 체포당했기 때문에, 사령부의 방어 취약점을 보완하기 위해 81년 3월에 창설했다. 박정희 시대에 일기당천(一騎當千)을 외쳐온 특전부대, 그 사령관이 부하의 반란에 처절하게 유린당하고 말았다. 호위부대가 없어서 사령관 본인은 팔목 관통상을 입고 실신하고 비서실장 김오랑 소령이 사살당했다.

그런 최악의 상황을 대비해 707부대를 만들었다.

특전사령관을 지키는 근위부대를 미국의 델타포스(테러 진압대)를 모델 삼아 창설했다. 하지만 아무리 정예부대라도 기상 악천후에는 속수무책이었다.

비행기는 뜨지 말았어야 했다.

전술 공수비행단은 "기상 악화로 일반 항공기 운항도 중지되어 이륙 불가"라고 2차례나 건의했으나, 장세동 경호실장은 강행을 지시했다. 경호실은 납북됐다 돌아온 어부들에게서 얻은 정보가 있었다고 한다. "북에서 대통령 숙소가 어디냐, 제주공항 경비와 도로 사정 등을 묻더라"라는 얘기였다. 그래서 제주도 경호를 강화하고 대(對)테러 부대를 동원했다고 한다.

결과는 대참사였다. 귀한 장병들을 너무 많이 잃었다.

그러나 장세동은 대통령의 두터운 신임으로 멀쩡했다. '구(舊)군부' 문홍구 장군 회고록에 이런 장면이 있다.

"70년대, 전두환의 공수단 시범 훈련이 양수리에서 열릴 때, 박정희 대통령과 8군 장성들이 참관했다. 그런데 몇 번이고 연습을 했을 헬기가 2중 3중 충돌을 하고, 뒤의 헬기가 사격한 총탄이 앞의 헬기에 날아가고, 폭약을 잘못 다룬 사병이 즉사하는 사고가 났다. 그런 상황에선 당연히 전두환이 임석 상관인 대통령께 보고하고 훈련이 중지되어야 한다. 그러나 전두환은 강행했다."[162] 한라산 특전사 참변의 진상은 6년여가 흐른 88년에야 국정감사에서, 유가족들의 탄원으로 비로소 전모가 드러났다.

전두환이 장세동을 얼마나 감쌌는지를 보여준 사례다.

장세동 경호실장은 60년대 월남전에 두 번 참전했다.

장세동은 1977년 말까지 전두환 밑에서 5개의 자리를 보좌했다.

전이 수경사 30대대장을 맡을 때 작전장교(대위)로, 육참총장 수석부관일 때는 인사참모부 장교(대위)로, 백마 29연대장일 때는 정보주임(소령)으로 함께했다. 전두환이 장세동에게 보낸 편지 가운데, "세동아~ 우리가 황금박쥐 시절부터 추구한 건 애국애족의 명예와 의리가 아니더냐"라고 적은 게 있다. 직진으로 기습 침투하는 백마 29연대의 별칭이 박쥐부대였고, 작전명으로 박쥐 25, 26, 27호 작전이 있었다. '황금박쥐'는 거기에서 연유한다.

전두환이 김포의 1공수특전여단장일 때는 대대장(중령), 경호실 차장보 시절에는 그 밑에서 작전 보좌관과 수경사 30경비단장을 맡았다.

'세동이'와 전두환은 운명공동체가 된다.

장세동 대령은 신군부 12·12 쿠데타의 아지트로 30경비단을 제공한 혁혁한 '유공자'로, 별을 달고 3공수여단장(준장)으로 나갔다. 그러다 81년 7월 경호실장(전임은 정동호, 최규하 대통령 '감시실장'이었다.)으로 다시 전두환을 모시게 된다.

85년에는 마침내 안기부장에 올라 2년여 동분서주한다. 바늘 가는데 실처럼, 서로가 서로에게 운명이 되었다. 그리고 같이 몰락했다.

전두환 "성당이 '데모꾼' 도피하는 성역인가?"

82년 3월 18일, 전두환 정권에 충격을 안겨준 부산의 미국문화원 방화 사건이 일어난다. 대낮 3시에 젊은 남녀 3명이 건물에 들어와 인

부산의 미문화원 방화 사건을 배후 조종한 김현장을 2년 가까이 숨겨준 혐의로 1982년 4월 1일 경찰에 불려간 가톨릭 원주교구 최기식 신부(오른쪽 아래)가 기자들의 질문에 대답하고 있다.

화 물질을 뿌리고 불을 질렀다.

'미국이 문제다. 반미 투쟁을 끊임없이 전개하자!'

현장에 나뒹굴고 있던 유인물 제목이다. 불은 1시간여 만에 꺼졌으나 대학생 1명이 사망하고 3명이 중경상을 입었다. 주한 미국대사관이 우려한 대로 전두환에 대한 반발, 증오의 불똥은 '비호(庇護)세력' 미국(문화원)에 번졌다.

3월 30일 고신대생 이미숙이 붙잡히고 같은 대학의 문부식, 김은숙이 공개 수배되었다. 문과 김은 강원도에서 함세웅 신부의 주선으로 자수했다. 그리고 방화 사건을 배후 조종한, 5·18 광주의 수배자 김현장이 원주의 가톨릭 성당에서 검거되면서 사태는 정부와 가톨릭의 충돌로 번졌다.

80년 5월 말 광주를 벗어난 김현장은 원주의 최기식 신부를 찾아갔고, 거기서 2년여를 숨어 지내며 부산 대학생들과 접촉했다.

이즈음 철권통치의 시절, 가톨릭은 수배자의 은신 성소(聖所)였다.

80년 서울의 봄 이래, 도망친 고려대생 박계동(나중에 국회의원)도 대구 가톨릭 계통의 장애인 수용시설 희망원에 숨어 지냈다. 동아일보 김충식 기자는 81년 5월 테레사 수녀가 방한했을 때, 그가 방문하는 대구의 희망원에 취재차 함께 갔다. 거기서 알고 지냈던 박계동을 마주친다.

박계동은 외래객의 눈을 피해 고개 숙인 채로, 빗자루로 마당을 쓸고 있었다. 김 기자가 그를 알아보았고, 두 사람은 화장실 안에서 숨을 죽여가며 근황을 주고받았다. 박은 헤어지면서 명함 한 장을 달라고 했고, 김 기자는 명함을 주고 악수했다. 그러나 간간이 서울에 오간다는 박계동으로부터 아무런 연락이 없었다.

정작 전화는 치안본부 정보과장(주병덕 총경)으로부터 왔다.

사연인즉, 박계동이 일본으로 밀항하기 위해 전남 고흥 해안에 배를 준비했다가 안기부에 꼬리가 밟혔다. 박은 체포 직전 달아났지만, 밀항선에 짐이 남아 있었고, 그 봇짐에서 기자들의 명함이 나왔다. 김충식 기자는 안기부의 지휘를 받는 치안본부에서 자초지종을 설명해야 했다. (박계동은 나중에 체포되었다.)

사실, 80년대 반미운동의 서막은 광주에서 시작되었다.

부산보다 1년여 전, 광주 방화 사건은 감쪽같이 덮였을 뿐이다.

80년 12월 9일 밤 9시 반경 광주의 미국문화원이 방화로 불탄 적이 있었다. 가톨릭농민회 임종수 등은 한밤중에 단층 기와지붕인 건물 위로 올라가 기와를 뜯어내고 기름을 부은 뒤, 그 구멍에 불을 붙인 종이를 떨어뜨려 불을 질렀다.

그리고 바람처럼 사라졌다.

"5·18 광주가 아직 살아 있다는 것을 보여주고 싶었으나 역량은 턱없이 부족하고 적은 수로 할 수 있는 일을 찾아야 했다. 쉽고도 이목을 끌 대상을 골랐다. 5·18의 배후인 미국을 규탄하기 위해, 경비가 허술한 미국문화원을 때리자고 한 아이디어가 채택되었다."(임종수)

정권이 쉬쉬해 그냥 지나갔다.

운동권은 5공 철권통치의 벽이 철옹성으로 변하자, 궁여지책으로 외곽(미국)을 때리고 나섰다. 그러나 당국도 언론도, 5·18의 분노로 '배신자' 미국을 겨냥한 방화 사건이라고는 확신하지 못했다. 누전으로 인한 화재로 보도되었다. 심지어 불을 지른 임종수가 경찰에 이끌려 현장검증을 갔을 때, 문화원 직원들도 무슨 영문인지 몰랐다고 할 정도로 무관심했다. 그러다 임종수가 다른 농민대회를 음모하다 붙잡히면서, 반미투쟁의 뿌리가 드러났다.

그러나 부산 문화원 사건에는 사상자가 나왔다.

82년 4월 5일 원주교구의 최기식 신부가 구속되었다.

80년 5월부터 수배되어 2년 가까이 피신하면서 방화를 배후에서 연출한 김현장, 그를 숨겨준 범인 은닉 혐의다. 가톨릭은 '범죄 혐의자라도 성당에 도움을 청하면 교회법에 따라 도와주어야 하는 것이 사제의 의무'라고 맞섰다. 천주교 정의구현사제단이 성명서를 내고, 각 교구에서도 최 신부 구속에 저항하는 성명을 냈다. 5공 정권과 천주교의 전면전처럼 번져갔다.

대통령은 사제들에게 분노했다.

'성당은 결코 치외법권 지역도, 성역도 아니다!'

4월 14일 청와대에서 전통 주재로 비상대책회의가 열렸다. 이범석 비서실장, 허화평 정무수석, 허삼수 사정수석, 이학봉 민정수석, 박철언 비서관이 참석한 자리에서 전두환이 말했다. 대통령의 지침에 따라서, 안기부와 문공부(종교담당)와 협의하여 청와대가 종합대책을 수립하기로 했다.[163]

그런데 다음 날인 15일, 한국 교회사회선교협의회 소속 42명이 성명을 내고 "방화 사건은 반미 감정의 구체적 표현이다. 미국 정부는 주한대사와 주한미군 사령관을 본국으로 소환하라"라고 요구했다. 광주항쟁에 대한 미국의 용인, 주한미군 사령관 위컴과 주한대사 리처드 워커의 한국인 비하 발언, 한미 간의 불평등 관계가 방화 사건 배경이라고 지적했다.

"한국인은 들쥐와 같아서, 누가 지도자가 되어도 따를 것이고, 체질상 민주주의가 맞지 않는다." (존 위컴 사령관)

"한국 국민은 민주주의를 누릴 자격이 없다. 버릇없는 아이들이 위험한 민족주의 놀음을 하고 있다." (리처드 워커 대사)

이런 모욕적 언사에 반감은 거셌다.

야당과 3김은 5공에 포박되어 쥐죽은 듯 고요해도, 기독교계는 교회법 '양심법'을 내세우며 정권에 대들었다. 88년 올림픽, 86년 아시안 게임이라는 거대한 국책과제를 앞두고, 로마 교황청이나 국제여론과 맞싸우는 건 현책(賢策)일 수 없다.

범(汎)기독교계 성명의 배후에는 지학순 주교, 박형규 목사(이상 협의회 고문), 김승훈 신부(회장) 등이 있었다.

4월 18일, 전두환 대통령이 대책 회의를 주재했다.

이날은 유학성 안기부장, 그리고 안기부 현홍주 차장, 치안본부 안응모 본부장, 문공부 허문도 차관도 나왔다. 대통령이 좌경 종교 세력의 발호를 막아야 한다면서 말했다. "도시산업선교회에 대해서는 내가 보안사령관으로 있던 1979년 8월 박 대통령 지시로, 실태를 파악해서 보고한 적이 있다. 그 무렵 검찰에서도 대통령 지시를 받고 도산을 조사했으나 이론 무장

원주교구의 최기식 신부가 범인 은닉 혐의로 구속되었다. 전두환 정권은 "성당은 결코 성역이 아니고 치외법권 지역도 아니다"라고 했으나, 이 구속으로 가톨릭, 개신교가 일제히 들고일어나 반발했다.

이 되지 않아서 실체를 파악하지 못했어. 그래서 대통령이 김재규 정보부장을 심하게 질책했다. 그런데 이번을 계기로 도산의 실체를 파악할 수 있게 되었다. 문제의 종교인들은 정치적 종교인들이고, 혁명가들이야. 해방신학을 운운하고, 교회법을 입에 올리는 것은 어불성설이니, 국법으로 다스려야 한다."[164]

전통의 서슬에 다들 굳은 표정으로 회의실을 나섰다.

그러나 처음에는 강경하게 나왔지만, 결국 종교인들은 시간이 지나자 모두 풀어줄 수밖에 없었다. 방화 사건의 핵심인 광주항쟁 문제가 다시 불 지펴지기 때문이었다.[165]

유학성 부장, 장영자 사기 사건에 목이 날아가다

그런데 4월 27일 부슬비 내리는 새벽, 또 하늘 무너지는 사건이 터졌다.

경남 의령경찰서의 우범곤 순경이 카빈총과 수류탄을 무기고에서 탈취하여, 인근 5개 마을을 휘젓고 다니며, 이유도 없이 주민 56명을 사살, 35명에게 총상을 입히고 자폭한 사건이 벌어진 것이다.

덩달아 내무부 장관 서정화가 경질되고, 후임에 노태우가 나섰다.

노태우는 불과 한 달 전에 체육부 장관이 된 터였다.

노태우는 81년 7월 육군 대장(보안사령관)으로 예편하여 민간인 신분이 되었다. 이후 '2인자' 소리를 들으면서도 정무장관, 체육부 장관으로 허화평, 허삼수가 큰소리치는 세상에서 숨죽이며 지냈다.

세상사 모를 일이요, 위기는 기회를 잉태했다.

노태우는 봄비 짓궂게 내리는 의령 시골 마을을, 민심을 달래기 위해 굽신거리고 사죄하며 헤매야 했다. 그러나 누가 알랴? 이것은 먼 훗날 대권을 위한 '기회'도 되었다.

'급작스럽게 취임한 노태우 장관으로서는, 결과적으로 이 사건으로 전국 시·군·구 행정과 경찰 조직을 파악하고 장악하게 되어, 대권 행보에 큰 힘을 얻게 되었다.'[166] 인간 만사 새옹지마(塞翁之馬)라는 말은 그런 건가?

유학성 안기부장의 위기가 다가오고 있었다.

82년 4월, 우범곤 순경의 총기 난동 사건이 외상(外傷)이라면, 이보다 더 요란한 이철희·장영자 부부의 어음 사기 사건은 속으로 곪아 터진 내상이었다.

이철희는 김대중 납치사건(73년) 시기에 중앙정보부 차장으로 있었고 국회의원(유신정우회)도 지낸 인물. 장영자는 전두환의 처(이순자)삼촌인 이규광 광업진흥공사 사장의 처제. 두 사람은 정략적인 결혼식(사파리 클럽)부터 너무도 요란하여 장안의 화제였다.

이들은 대화산업이라는 회사를 차려놓고, 은행의 무담보 대출을 이용하여 돈을 뺀 뒤 자기자본이 약한 건설업체에 접근하여 그 돈으로 사기를 쳤다.

어음 사기 수법은 그리 복잡한 것이 아니었다. 자금에 허덕이는 기업을 찾아서 '현금을 빌려주겠다'라고 제안하고, 대신 그 몇 배에 달하는 어음(견질)을 받는다. 그 어음을 은행에 갖고 가서 곧장 현금화하고, 다시 그 현금을 다른 기업에 빌려주고, 또 어음을 받아 계속 현금화하는 수법을 썼다. 요즘 말로 치면, 일종의 파생상품(Derivatives)을 만들어 유통한 셈이다. (당시는 불법이었다.)

그렇게 사기 친 액수가 무려 6400억 원에 달했다.

"이러한 대형 사기는 '전직 정보부 차장'(이철희), 현직 '대통령 처삼촌(이규광)의 처제'(장영자) 부부라는 간판 때문에 통했다. 예나 지금이나, 전직 누구라고 하거나 청와대의 친인척을 앞세운 '특수자금' 운운하면 통하는 게 세상이다." (김종인 전 청와대 경제수석, 5선 의원)[167]

검찰 조사에 의하면 이들 부부는 81년 2월부터 1년여 동안, 은행에서 총 6404억 원에 이르는 큰돈을 조성하여 기업에 빌려주면서, 그 담보로 대여액의 2~9배에 달하는 어음을 받아냈다.

당초에 '견질어음'이라고 시중에 내돌리지 않는다는 조건으로 받은 어음을, 이들은 사채시장에 팔거나 주식에 투자하는 수법으로 어음

이철희·장영자 부부는 요란했던 사파리 클럽 결혼식에서부터 사찰 헌금 등에 이르기까지 흥청망청한 돈 씀씀이로 유명했다. 그들은 어음 사기로 큰돈을 벌어 마구 뿌렸다. 사진은 1981년 6월 롯데호텔 불교 행사에 참석해 귀빈 대우를 받는 이·장 부부.

사기를 했다는 것이다. 이 여파로 일신제강, 공영토건 등 번듯한 기업이 무너지고 조흥은행장, 상업은행장 등 30여 명이 구속된다.

이·장 부부는 사기 친 돈을 물 쓰듯 했다.

그 무렵 이용택 의원(성주·달성·고령, 전직 중앙정보부 수사국장)이 경주에서 이들 부부를 마주쳤다. 이철희가 반갑게 물었다.

"오랜만이오. 요즘 어떻게 지내세요?"

"예, 국회 일 말고도, 제가 오래 간여해온 태평양전쟁 전몰동포 위령 사업으로 바쁩니다. 그 혼령을 위로하기 위해 진혼(鎭魂) 비석을 사이판에 세우려고 합니다."(이용택)

그러자 이철희는 장영자를 불렀다.

"여보, 이 의원이 좋은 일 하는데 좀 도와줘요."

장영자는 그 자리에서 핸드백을 열어 봉투에 뭔가를 담아 주었다.

나중에 열어보니 무려 1000만 원이었다. 그때 대기업, 종합상사 사원 월급이 20만~30만 원 정도였으니, 지금 돈으로는 1억 원쯤 되는 액수다. 놀란 이용택은, 잘못 주신 것이니, 너무 큰 금액이라 돌려드리겠다고 했다.

"이용택 의원, 그 정도 갖고 뭘 그러시오. 좋은 일에 쓰세요."

그래도 이 의원은 반납했다고 한다. 이런 식이어서 중앙정보부 출신들이 이런저런 이유로 이철희를 찾아가서 용돈을 얻어 쓴다는 소문이 파다했다.

현금에 목마른 공영토건 같은 건설회사가 이들의 먹이가 되었다.

공영토건의 오너는 당시 실세 권정달 민정당 사무총장과 친구였다.

공영토건이 걸려들었다는 보도와 함께 장영자의 형부 이규광 광업진흥공사 사장, 피해기업 오너의 친구이자 여당 사무총장인 권정달 이름이 신문에 오르내렸다. 반란으로 일어서 '정의사회'를 내건 5공정권, 이들에 대한 기자들의 반감과 냉소, 거기에 전두환의 친인척을 사갈(蛇蝎)처럼 보는 '3허' 실세(허화평, 허삼수, 허문도)들의 방조가 어우러졌다. 민심이 분노의 불길로 치솟았다.

쓰리 허는 '언론 플레이'로 풀무질했다고, 박철언은 기록했다.

"조선일보 도쿄 특파원 출신 허문도는 최병렬 조선 편집국장 등의 협조를 얻어 대통령 주변을 비판하는 분위기로 여론을 몰아가는 듯했다. 그들의 '언론 플레이'로 전두환 대통령은 벌거벗은 임금님이 되었다. 국민은 물론, 청와대 참모들까지 사건의 배후에 대통령 내외가 있는 게 아닌가 의심하는 분위기였다. 허화평, 허삼수 두 수석은 노골적으로 대통령 내외를 압박해 들어갔고, 전통은 분노했다. 자칫하면 대통령은 허수아비가 될 수도 있었다. 그런 서슬 퍼런 기세에 '노태우 시대'는 영영 오지 못할 수도 있다는 걱정도 들었다."[168]

두 허 대령은 같은 하나회, 보안사 동지였던 이학봉 민정수석을 몰아붙였다.

민정비서실이 본유의 업무, 친인척 관리를 소홀히 하여 이 지경이 되었다고 윽박질렀다.

이학봉이 홧김에 사표를 내고 짐을 싸서 나가는 일도 생겼다. 대통령도 먼발치에서 개국공신 '영 커널'들의 이런 아웅다웅을 지켜보면서 울분을 짓누르고 있었다.

대통령을 코너에 몰아가는 쓰리 허는 내부의 적도 샀다.

"그때까지 국정 전반을 주무르고 있던 쓰리 허는 이·장 사건을 자신들의 영향력을 강화하는 좋은 기회로 여긴 것 같았다. 대통령의 친인척 관리를 문제 삼아서, 이번을 계기로 대통령까지 컨트롤하겠다는 기세로 사건을 확대해나갔다."[169]

정승화를 잡아넣는 일등공신이었다고는 하나, 그 '대주주' 대령들이 도를 넘고 있다는 불만은 비서실에 번져갔다.

두 허, "극약이 명약"이라며 전 씨의 친인척 치라 압박

'선진 조국 창조'라는 5공의 이념 앞에서는 전통의 친인척도 예외일 수 없다고 턱을 높이 치켜드는 태도는, 이학봉 민정수석과 박철언, 손진곤 비서관 등의 반감을 불렀다. 이들은 쓰리 허에 등을 돌리고, 딱하게 전락한(?) 대통령을 오히려 동정했다.

특히 허화평의 존재는 수석들 가운데서도 도드라졌다. 노태우도 회고록에 남길 정도다.

"쓰리 허가 돋보이게 되고 사람이 몰리기 시작했다. 권력의 속성은 그런 것 아닌가. 어느 사이 장관들이 대통령을 만나고 나면, 청와대를 나서기 전에 허 씨들에게 들러서 대통령과 나눈 이야기를 허 씨들에게 말해주고 나서야만 마음 편해지는 상황으로 발전했다. 전 대통령이 이런 일을 알고 기분이 좋을 리 없었다."[170]

전부터 전두환은 노태우에게 허화평 등이 괘씸하다고 토로해오던 판이다.

전통은 당황하고 분노했다.

쓰리 허와 한통속이 되어, 안기부장 유학성이 군부 여론을 대변한 답시고 '친인척을 잘라야 산다, 극약이 때론 명약이다'라고 다그치는 것 아닌가.

안기부장이 건의하는 친인척의 2선 후퇴란, 이순자의 새세대육영회장 사퇴, 이순자의 아버지(대통령의 장인) 이규동의 대한노인회장 사퇴, 대통령의 동서인 김상구 평통 사무차장의 퇴진, 대통령 아우 전경환의 새마을 중앙본부 사무총장 사퇴였다.

그들 3허와 유학성 부장이, 전두환의 빈궁한 청년 시절 처가살이 과거를 알고, 처가 사람들에게 약하고 곤란한 것을 더 잘 알지 않는가?

더욱이 유학성 안기부가 초동조치를 잘했다면 이렇게 커질 일도 아니라는 보고도 받고 있었다.

이철희는 중정 차장을 지낸 자로 친정에 접근해서, 양우회(중앙정보

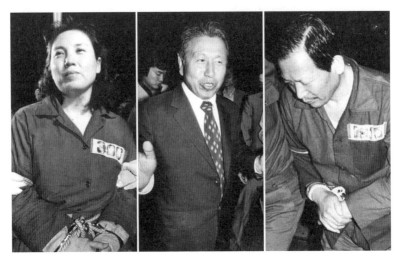

이철희(오른쪽)·장영자(왼쪽) 부부는 6400억 원대에 이르는 어음 사기로 1982년 5월 구속되었다. 장영자의 형부 이규광(가운데) 광업진흥공사 사장도 장영자의 뒷배를 보아주었다는 여론에 밀려 구속되었다. '이규광 등 친인척 엄단'을 주장한 허화평, 허삼수 수석비서관과 유학성 안기부장은 전통의 눈 밖에 나 권부에서 밀려나게 된다.

부 퇴직자 공제조합)의 돈을 자기에게 맡겨주면 불려주겠다고 제안한 적도 있어, 민정 쪽에서도 '요(要)주의' 인물로 분류해놓고 있었다.

게다가 중정 차장 출신 이철희의 대화산업에서 중정 퇴직자들이 밥을 먹고 있어서 안기부가 그 심각성을 지나쳐버린 것은 아닌가. 이·장 부부가 청와대와 친인척을 팔고 행세하며 다닌다는 정도였지, 정작 엄청난 어음 사기를 벌이고 있다는 사실은 뒤늦게 알게 된 것 아닌가.

안기부 책임도 있다!

대통령이 수석비서관 회의에서 분노를 터뜨렸다.

"내가 믿는 사람들이 더 난리를 치고 있다. 죄를 명백히 대지도 않고, 무턱대고 친인척을 배제하라는데 나더러 어떻게 하라는 말이냐?"

유학성 안기부장과 허 씨들, 특히 허화평을 겨냥한 힐난이었다.

전두환은 먼저 유학성을 치기로 했다.

그러기 위해선 외곽부터 정리해야 한다.

82년 5월 19일, 경호실장 장세동이 이종찬 민정당 원내총무를 급히 불렀다. 각하가 전국체전으로 대전에 계시는데 급히 오라는 것이었다. 대전으로 달려갔다.

상경하는 전용차 안에서, 전통은 이 총무에게 가라앉은 목소리로 말했다.

"권정달 사무총장의 사표를 받아야겠어. 더 끌면 권정달이 신상에도 이로울 것 없을 거 같네. 서울에 도착하는 대로, 사표를 받아오게."

이종찬은 그래도 권정달만 콕 집어 처리하면, '독박'을 뒤집어쓴다는 생각이 들었다.

"사표는 받긴 해야 합니다만, 권정달 총장만 사퇴시키면 보도된 모든 혐의를 여당이 인정하는 모양새가 됩니다. 그것보다 정치적인 책임을 물어, 당직자 전원 사표로 가는 것이 '분위기 쇄신' 차원에서도 좋지 않겠습니까?"

전통은 고개를 끄덕이더니 한 발 더 나갔다.

"그래, 당직도 개편하고, 내각도 바꾸자. 그게 민심 수습에 좋겠지. 당장 올라가는 대로, 당직자 전원 사표를 받아오게. 그리고 자네와 이재형 민정당 대표의 사직서는 반려할 테니, 그리 알고 준비하게나."

설치던 권정달 사무총장, 어음 사기 후유증에 실각하다

전두환은 빨랐다. 경호실장을 부르더니 국회수첩을 찾아오라고 했다.

수첩을 한 장 한 장 들추며 이종찬에게 물었다.

"사무총장은 누가 좋겠어?"

"권익현 의원이 좋지 않겠습니까? 당을 확실히 장악하고, 각하의 생각을 정확히 알아야 하니까요."

권익현은 육사 11기 이래, 전통의 오랜 친구다. 권익현은 신군부가 80년 봄에 전두환을 앞세운 정권을 세우기로 작정하고 신당을 구상할 때, 김윤환 등과 앞장에 서고 싶어 했다. 그런데 '반정 공신' 허화평, 허삼수 등이 가로막아 좌절하고 말았다. 그 뒤로도 몇 번 당직 물망에 오르다 밀리는 것을 보아왔다.

'그래, 쓰리 허, 그자들에게 천적(天敵)을 세워서 물을 먹여야 해. 유학성 안기부장까지 그들에게 합세해서 날 괴롭히지 않는가.'

과연, 이종찬의 판단은 적중했다.

"권익현, 잘하겠지?"

전통은 즉석에서 오케이 했다.

그리고 그 자리에서 정책위원회 의장에 진의종, 정무장관에 오세응, 총재 비서실장에 남재두 의원을 일사천리로 정했다. 전통이 추가로 이종찬에게 물었다.

"그런데 김정례 의원이 투사형으로 매우 적극적인데 어디에 발탁해야 좋지?"

"당의 여성 위원장보다는 행정부에 입각시키는 것은 어떻겠습니까"

"그러면 보사부 장관으로 하지."

서울이 가까워지자, 전통은 화장실에 다녀왔다. 그러더니 정색하고 말했다.

"나하고 지금 한 얘기는 발설하면 안 되네. 청와대 보좌관들(허 씨들)이, 열차 독대에서 무슨 얘기가 있었냐 하고, 알려고 할 거야. 절대로 말해주면 안 돼. 알겠나? 저쪽 칸의 장관이나 수행원들이라도, 혹시 물어보면 국회 대책, 시국 이야기였다고 말하게."

아, 철권통치자도 이렇게나 세심한가, 권력의 속성을 꿰뚫고 있구나. 이종찬은 속으로 감탄하면서 덧붙였다.

"그래도 이재형 대표에게는 미리 귀띔해야 하지 않겠습니까?"

"그렇게 하게, 그러나 필요한 부분만 한정해서 알려주게."

아닌 게 아니라, 다음 날 이종찬에게 청와대 보좌관들로부터 득달같이 전화가 걸려왔으나, 이종찬은 철저히 모른다고 시치미 뗐다.

대통령의 전갈을 받고 뜻을 읽은 민정당 대표 이재형은 과연 노련했다.

다음 날 플라자호텔에서 전 당직자 조찬회의를 열었다.

"우리가 이철희·장영자 사건으로 일대 도전을 받고, '정의사회' 구현이라는 목표가 흔들리고 있습니다. 당으로서는 이런 격동에 책임을 지지 않을 수 없습니다. 그래서 책임 있는 당인으로서, 일단 당 총재에게 재신임을 받아서 수습해야 하지 않을까 생각합니다. 협조를 부탁드립니다."

그러면서 조용히 백지를 돌렸다.

권정달 사무총장은 올 것이 왔다는 표정으로 체념한 듯 서명했다.
2년여 권세 끝의 실각이다.

"창당 과정에서 권정달 총장은 거의 독점적으로 지휘했다. 권 총장
의 안중에는 이재형 대표도 없는 듯했다. 이것도 그가 사회적으로 몰
리게 된 배경의 하나였다. 그는 내가 보기에 남을 배려할 여유가 없
는 듯했다. 그래서 여론 형성층 인사들의 눈 밖에 나지 않았나, 생각
한다." (이종찬의 술회)[171]

권정달에게 눈 흘기는 사람들은
적지 않았다.

채문식(1925~2010, 전 국회의장)은 권
정달의 호가호위(狐假虎威), '폼 잡는'
행태를 필자에게 이렇게 말했다.

"국회의원 공천장이나 당직 임명
장을 받으러 청와대에 올라가면, 사
무총장 권정달 하는 짓이 가관이었
다. 그는 대통령이 올라설 단상에
미리 꼿꼿이 서서 군대식으로 낱낱
이 예행연습을 시켰다. 자기가 대통
령이라도 된 것처럼, 예외 없이 경
례를 받고 수여하는 것이다. 충성하
는 모양새지만 기실 폼 잡기 좋아해
서 하는 짓 아닌가. 나와 윤길중 씨
는 창피스러워서 대기실에 죽치고

노신영 외무부 장관이 1982년 6월 2일 안기부장 발령
을 받고 정부청사를 나서고 있다. 그는 안기부장이 되어
재야인사 접촉·회유, 야당 인사 최형우 입각 공작 등에
열성을 보여 전통의 신임을 얻고 3년 후에는 국무총리
에 오르고, 마침내 후계자 반열에까지 점프했다. 그러나
정호용 등 신군부 TK 인맥 등의 반발로 노태우가 후계
자로 지명되었다.

앉아, 담배를 물고 버티곤 했다. 그래도 나이로 봐주는 것인지, 억지로 팔을 끌고 가서 경례를 강요하진 않았다. 하지만 그 많은 숫자를 예행연습하다 보면, 시간도 무척 걸렸다. 다들 말은 못 해도 속으로 욕했지.”

전두환 대통령도 “80년에 창당하라고 시켰더니 권정달이가 ‘폼’만 잡고 다니고, 실속은 이종찬이 다 차렸다”고 농반진반으로 말하곤 했다. 아무튼, 으스대기 좋아하는 권정달을, 이종찬은 ‘여론 형성층의 눈 밖에 났다’라고 묘사한 것이다.

그렇게 당정 개편, 개각의 윤곽은 잡혔다. 누구를 안기부장으로 기용할까?

전통은 의표를 찌르는 묘수를 갖고 있었다.

“당신이 노신영이오? 정보 보고가 좋아서 장관 시켰소”

군인 말고, 반란에 공(功)이 없는 문민이 고분고분하리라. 게다가 허화평, 허삼수와의 깊은 연(緣)도 없을 테다. 그동안 한일 경협으로, 무에서 유를 창조하기 위해 끈질기게 일본 차관을 들여오는 교섭을 해온 노신영의 충성이 떠올랐다.

더구나 교도소에 가둔 무기수 김대중은 목에 걸린 가시였다.

미국과 일본에서 끝없이 물고 늘어지고 있는데 그런 외교 문제는 군인이 풀어나갈 수 없다. 아니, 전두환이 홀로 풀고 싶어도 눈을 부라리는 대령들과 장성 주주들이 좌시하지 않을 터이다.

82년 5월 하순, 대통령은 보고하러 올라온 노신영에게 넌지시 물었다.

"노신영 장관도 정치를 조금 아시지요?"

당시 노 장관이 추진해온, 일본으로부터 경제협력자금 100억 달러를 끌어오는 '한일 경협'은 교착 상태에 빠져 있었다. 노신영 외무장관이 그것을 대통령에게 보고하는 자리에서, 전통이 뜬금없이 묻는다.[172]

"정치를 저는 모릅니다. 대학교 마치고 외무부에 들어와 지금까지 공무원만 해왔습니다."

"해외 대사관에 근무하면서, 그 나라의 정치는 공부했을 것 아닌가요."

"매주 정세 보고는 해왔지만, 그렇다고 정치를 아는 것은 아닙니다."

그렇게 끝났다.

며칠 후, 다시 청와대에 경협 문제로 올라갔더니, 대통령이 다시 말했다.

"최근에 안기부 유학성 안기부장을 만나본 적이 있나요?"

"저의 일에 바빠서 한참 동안 만나지 못하고 있습니다."

노 장관은 궁금하고 의아스러워, 그 길로 남산으로 가서 유학성 부장을 만났다. 유학성 부장이 반겼다.

"아이고, 아우님 오셨어요?"

"대통령 각하께서, 최근에 유 부장님을 만난 적 있느냐고 물으십니다. 근간에 무슨 일이라도 있었습니까?"

"무슨 일? 그런 거 없는데요? 경협은 노 장관이 너무 고생해주시고, 언제나 외무부가 잘해주셔서, 든든할 따름입니다."

유학성은 너스레를 떨었다. 이미 대통령에게 이·장 부부 어음 사기 사건을 계기로 '친인척 단죄'를 건의하면서 사표를 냈지만, 설마 노신영으로 자기를 친다는 데까지는 생각이 미치지 못했던 것일까.

노신영은 5공의 외무장관으로 발탁된 것부터가 파격이었다.

80년 9월 1일 그가 제네바 총영사로 근무할 당시, 허화평의 전화를 받은 상황을 이렇게 회고했다. 생각지도 못한 꼭두새벽의 전화 연락이었다.[173]

그 전날, 노신영은 서울에서 여행차 날아온 유혁인 전 청와대 정무수석과 저녁 식사를 함께했다. 그런데 헤어지면서, 노 총영사는 승용차 문틈에 왼손 둘째 손가락이 끼여 손톱이 빠지는 사고를 당했다. 밤새도록 욱신거리는 통증을 참고 뒤척이는데 새벽녘에 전화가 걸려왔다.

심야의 전화는 대개 불쾌한 것들이었다.

반갑지 않은 사고 보고이거나, 북한 공작원인 듯 전화를 받으면 대답이 없고, 수화기를 다시 들면 끊어버리는 수상한 전화도 걸려왔다. 대개 남북한 관계의 중요회의 전날이다. 그래서 새벽 2시경에 걸려온 전화를 통명스럽게 받았다.

"서울의 허화평입니다."

"허화평 씨라니 누구요?"

조금 머뭇거리다가 상대는 다른 사람을 바꾸어주었다.

"김경원 비서실장입니다."

"아, 김 박사께서 언제 제네바에 오셨습니까?"

노신영과 김은 안면이 없다. 하지만, 노는 70년대 중반 고려대 정외과 교수 김경원이, 박정희의 발탁으로 청와대 특보로 간 것을 익히 알고 있었다. 헨리 키신저에게도 배웠다는 하버드 박사이다.

"아, 여기는 서울입니다. 외무부 장관에 임명되셨으니, 귀국을 준비해주십시오. 서울에서 뵙겠습니다."

신군부에는 딱히 아는 사람도 없는 터에, 능력이 출중한 외무부 선배들이 숱한데 장관 차례가 오다니. 반신반의하고 있던 차에, 날이 밝아오자 서울에서 방송기자가 인터뷰한다고 국제전화가 왔다.

간밤에 만난, 유혁인 수석에게 전화로 '새벽의 통화'를 말해주었다.

그가 축하해주면서, 서울의 신군부와 허화평 대령의 위상 등에 관해 상세히 알려주었다. 유혁인은 동아일보 정치부장으로 일하다, 1973년 청와대 정무 1수석비서관으로 들어가, 차지철 경호실장과 김재규 정보부장의 불꽃 튀는 경쟁 등 권부(權府)의 뒷골목을 빠꼼이처럼 꿰고 있었다.

노는 유로부터, 구중궁궐의 깊숙한 권력 관계를 들을 수 있었다.

노신영은 80년 9월 8일 귀국하여 외무부 장관에 취임했다.

신군부와 연이 없는 노신영을 누가 천거했는가? 노신영을 잘 모셨던 외교관은 필자에게 말했다.

"실제로 신군부와 닿는 라인은 전혀 없었다. 다만, 노신영은 능력과 성실성으로 언론의 평가가 좋았다. 차관도 지냈으므로, 언젠가는 장관 한번 하리라는 기대주였다. 그리고 스위스의 제네바는 서울 고관들이 다녀가는 코스인데, 거기서 4년 반을 총영사로 지내는 동안,

식사 접대를 하고 연을 맺은 사람들에게 좋은 인상을 주었다고 한다."
(김홍수 전 바티칸 대사)

예를 들면, 노 총영사는 정성이 담긴 안부엽서를 서울에 보내곤 했다. (필자도 그가 일본의 하기[萩] 여행 중에 몇 자 적어 보내준 엽서 한 장을 보관하고 있다.) 군부의 허 씨들을 비롯한 실세 대령들도 그런 엽서를 받았고, 그 거칠기만 한 '영 커널'들이 감동했다.

전두환은 훗날 '본래 외교관은 옷이나 다려 입고, 힘든 일이나 책임질 일에는 궁둥이 빼고, 빤질거리는 데 반해 노신영은 다르다'라고 평했다고 한다. 소소하게 감동한 대령과 장성들이 이구동성으로 노신영을 입에 올린 것이다.

청와대에서 장관 임명장을 주면서, 전두환이 말했다.

"당신이 노신영이오? 정보 보고를 보니 괜찮다고 해 시켰으니 잘하시오."

그렇게 빽없이 기용된 평양 태생의 외교관이지만, 그사이 전두환의 신임을 얻었다.

노신영, 일본서 100억 달러 유치 힘쓰며 신임 얻어

외무부 장관 노신영은 곧 전통의 눈에 쏙 들었다.

신군부가 피 흘리며 집권한 1980년은 경제도 바닥이었다. 마이너스 성장에다, 경제를 살리려 해도 자본이 없어 손쓸 길이 없었다. 신군부 정권은 '일본에서 경제협력자금 100억 달러를 들여오자'라는 아이디어를 채택했다.

대통령은 귀가 번쩍 틔었다.

경제기획원 최창락 차관을 중심으로 한 실무팀이 일본에 요구할 초안을 작성하고 신병현 경제부총리, 노신영 장관, 김재익 경제수석이 대통령에게 보고하는 과정에서, 일본에서 100억 달러를 조달하기로 확정되었다.

81년 2월 2일, 전통이 워싱턴에 가서 레이건과 한미 정상회담을 할때, 그 밑자락을 깔았다. '김대중 감형(사형 면제)'을 맞바꾸는 조건으로 성시한 정상회담이다. 그 레이건 앞에서 밑자락(명분)을 깔아 일본에 선수를 친 것이다. 치밀한 노신영 장관의 아이디어였다.

전두환 대통령이 회담장에서 말했다.

"일본이 동북아 안전보장을 위해서 좀 더 적극적인 역할을 해주어야 한다. 일본이 오늘의 번영을 이룰 수 있었던 것은 한국과 미국이 공산 진영에 대한 방파제 역할을 하고 있기 때문이다. 그러므로 미국이 2개 사단의 병력을 한국에 주둔시키는 데 드는 만큼의 비용을 일본은 방위비 형태가 아닌 경제 협력의 방식으로 한국을 도와야 한다. 일본은 GNP 1조1600억 달러 가운데 0.9%만을 국방비로 쓰는데, 한국은 GNP 600억 달러의 6%를 방위비로 충당하고 있지 않은가." (노신영 회고록)[174]

본래 이 아이디어는 일본이 개도국에 싼 이자로 도와주는 공적개발원조(ODA) 제도에서 얻었다고 한다. 명분을 갖다 붙이기를, "일본은 한국이 공산권의 방파제가 되어주기 때문에 '공짜 안보'로 경제 번영을 누리지 않는가"라는 것이었다. 마침 1969년 미·일 공동성명에는 '한국의 안전이 일본의 안전을 위해 중요하다'라는 구절이 들어 있었다.

노신영 외무장관(오른쪽)은 스노베 료조 일본대사(왼쪽)에게 '안보경제협력자금' 조로 100억 달러를 빌려줄 것을 요구했고, 스노베 대사는 사전 조율도 없이 거액을 요구하는 통에 "귀를 의심했다"라고 회고했다. 전두환 정부는 한국이 국방비를 과다하게 지출하며 공산권의 방파제가 되어주므로, 그 덕을 보는 일본이 안보 협력 차원에서 100억 달러를 차관으로 내라고 요구했다. 사진은 1980년 11월 1일 스노베 대사가 외무부를 방문한 자리.

   100억 달러라는 근거는 주한 미군 2개 사단의 주둔비(1년 20억 달러) 5년 치. 이 100억 달러를 한국에 지원하면, 한국 경제가 일어서고 일본의 안보도 든든해진다는 논리였다. 밀실에서 짜낸 봉이 김선달식의 아이디어인 만큼, 어디에 쓸 것인지 사용계획 자체도 없는 상태였다.

   계산에 밝고 약은 일본을 쥐어짜려면 미국의 도움도 필요했다.

   한미 정상회담에서 레이건의 엄호 사격을 요청했다.

   전두환은 짐짓 레이건 앞에서 "미국이 한국에 2개 사단을 주둔시키는 데 필요한 만큼의 금액을, 일본이 방위비 형태가 아닌 경제 협력의 방식으로 한국에 지원해주어야 한다"라고 자락을 깔았다.

노 장관은 따로 홀드리지 국무부 차관보를 만나 부추겼고, 미국은 안 그래도 일본의 '안보 무임승차'에 배 아프던 차여서, 이런 호소는 먹혀들었다.

노신영이 총대를 메고 일본에 정식으로 손을 내밀었다.

4월 22일 노신영 장관은 이임하는 스노베(須之部量三) 주한 일본대사를 외무부로 불러서, '안보경제협력'이라며 100억 달러를 내라고 했다. 기습적으로 밀실 조율도 없이 내미는 요구에, 스노베는 훗날 "기상천외한 숫자에 귀를 의심했다"라고 술회했다.

일본도 녹록하지 않았다.

"한국이 발표한 경제개발계획(제5차 5개년 계획)에 일본의 차관 100억 달러는 없지 않은가"라며 비틀고 나왔다. 그제야 청와대는 사용계획서를 짜내느라 법석이었다. 81년 8월 일본의 소노다 외상은 도쿄를 방문한 노 장관을 향해, "다른 명분이라면 몰라도, 방위비 분담 명목으로 한다면 받아들일 수 없다"라고 발을 뺐다.

빡빡한 교착 상태가 이어지고, 밀사가 오고 갔다.

전통의 육사 11기 동기생 권익현(나중에 민정당 대표)과 일본 이토추상사의 고문 세지마 류조(瀬島龍三)가 그들이다. 권익현이 73년 윤필용 사건으로 예편당해 삼성그룹(삼성정밀 전무)에서 밥을 먹을 때, 세지마와 알게 되었다. 절친이라는 두 사람이 나선다고 해서, 국익이 맞부딪치는 판에 뾰족한 답이 나올 턱이 없었다.

그러는 사이에 82년 5월 이철희·장영자 부부의 어음 사기 사건이 터졌다.

한일 경협은 벽에 갇힌 상태지만, 그런 난제에 심혈을 기울여준 노신영 장관은 진지한 충성심을 인정받아 일약 안기부장으로 발탁된다. 물론 김대중 감형─한미 정상회담을 협상해낸 수완도 평가된 것이다.

그리고 권익현은 민정당 사무총장(권정달의 후임)으로 약진한다.

권익현은 80년에 정치 전면에 나서고 싶어 했으나 허화평, 허삼수 두 대령의 견제로 가로막혔다. '새 시대의 새 정치를 구닥다리들이 흐려놓아서는 안 된다'라는 논리였다고 한다. 그래서 권의 등용에 두 허는 가슴이 철렁 내려앉았을 터이다.

전통은 노신영을 안기부장으로 앉힌 후에도 '한일 경협'을 챙기라고 했다.

그러자 노신영은 각하의 신임에 충성을 다하기 위해 외무부 바깥에서 리모컨을 들고, 왕년의 외무부 후배들을 지휘했다.

그 바람에 평양고보 5년 선배인 이범석 외무부 장관의 분노를 불러일으켜, 두 사람은 영 서먹한 사이가 되고 말았다. 그 전·후임 두 장관 사이에서 공로명 차관보, 최동진 아주(亞洲)국장이 난처해서, 진땀을 뺀 것은 두말할 나위도 없다.

제9장

총칼 대신 세 치 혀로 이간질·회유

전두환 "안기부장 소질 없으면 70m만 뛰시오"

6월 1일, 민심 수습용 개각 발표 하루 전이다.

대통령은 노신영을 부르더니, 엄숙하게 말했다.

"안기부장을 맡아주세요. 외무부는 이범석 실장(청와대 비서실장)을 보냅니다."

노신영은 어리둥절했다.

"각하, 제가 어떻게 안기부장을 할 수 있겠습니까?"

"나도 별 네 개, 육군 대장을 하고 싶었는데, 그렇게 안 되고 대통령이 되었소. 그런데 막상 해보니, 하겠습디다. 무슨 일이든 충성심 하나만 있으면 됩니다."

충성심이라!

문득 노신영은 대통령이 육사 시절 축구 선수였다는 생각이 났다.

"각하, 충성심이 중요한 것은 알겠습니다. 그런데 소질도 중요합니다. 타고난 게 있으면 10초에 100m도 달리지만, 그런 소질이 없으면 70m도 달리지 못합니다."

대통령이 즉시 대답했다.

"그러면 70m만 뛰시오!"

그러면서 "그 안기부장 자리 오래 하라고도 안 할 것이니, 서둘러 내려가서 이·취임식이나 준비하라"는 것이었다. (오래 시키지 않을 거라는 말은, 언제인가 김대중 문제가 마무리되면, '장세동 안기부장'을 생각한다는 의미인가. 눈앞에 벌어지는 '어음 사건', 유학성 경질에 급급해서 그렇게 말하는 것일 수도 있다.)

노신영은 청와대를 나서면서, 70년대 후반 몸소 겪은 악몽의 시간을 떠올렸다. 외무부 차관 시절, 그는 안기부(중정) 지하실에서 치도곤을 당한 기억이 있다. 국회의장 정일권에게 '박정희 대통령의 외유 일정'을 슬쩍 귀띔해준 것이 드러나, 잡혀가서 두들겨 맞았다. 국가기밀 누설죄로 하마터면 목이 달아날 뻔했는데, 구사일생으로 살아났지 않던가.

노가 침통한 표정으로 귀가하자, 부인이 물었다.

"갑자기 어디 아프신가요?"

"날더러 안기부장을 맡으라네."

부인은 기겁했다. "그것만은 절대 안 된다"며 극구 반대했다. 노 장관도 도저히 엄두가 나지 않는 일이라고 고개를 끄덕였다.

입산대호(入山對虎)!

산중에서 호랑이를 마주친 격이다. 걸걸한 장성들 틈바구니에서,

이북 출신 외톨이 문민이 살아남을 수 있을까? 죽지만 않는다면 기회도 될 터이지만, 엄두가 나질 않았다.

부부는 밤새 고민하다, 날이 밝으면 대통령에게 고사(固辭)의 뜻을 직접 고하기로 했다.

노신영은 출근하자마자, 김병훈 청와대 의전수석에게 대통령 면담을 신청했다. 한일 경협에 관한 긴급보고라고 둘러댔다. 그런데 면담은 성사되지 않고, 낮 방송에 '안기부장 노신영!'이 발표되고 말았다.

노 장관이 직원 식당에서, 직원들과 점심을 하던 참이다, 모두 놀라서 아연실색. 그때 대통령의 전화를 받으라고 해서 수화기를 들었다. 전통이다.

"뉴스 들었지요? 오후에 안기부장 취임식이 있으니, 시간 늦지 않도록 남산으로 들어가시오!"

27년간의 외교관 생활을 그것으로 마감했다.

5월 18일경. 어음 사기 사건으로 이규광 구속 방침이 확정될 무렵, 돌연 이학봉 민정수석이 사표를 내버리고 짐을 쌌다.

허화평, 허삼수 수석들은 육사 1기 후배인 이학봉이 친인척 관리를 맡는 민정수석으로서 일을 엉망으로 해왔다고 몰아세웠다.

허화평은 그즈음, 전두환 대통령도 모르게 5공 공신, 실세들을 비밀리에 집합시켜 신군부 단합대회로 힘을 모았다. 5공 정권 이래 처음 갖는 이례적인 자리였다.

궁정동 안가에 유학성 안기부장, 노태우 내무, 황영시 육참총장, 차규헌 2군사령관, 정호용 3군사령관, 백운택 1군단장, 박준병 보안사

이학봉 민정수석은 이·장 부부 어음 사기 사건이 나자 허화평, 허삼수 두 수석으로부터 "각하의 친인척 관리를 소홀히 했다"라는 공격을 받고 1982년 5월 중순 사표를 내고 짐을 쌌다. 이범석 비서실장이 머리를 써서 다시 복귀시켰다. 그러나 두 허와 이학봉의 갈등은 영영 풀리지 않았고, 반년 뒤에 두 허가 짐을 써서 청와대를 떠났다. 사진은 1988년 노량진수산시장 운영권 강탈과 관련해 이학봉(왼쪽)과 손진곤 비서관(오른쪽, 판사 출신)이 검찰 조사를 받고 귀가하는 장면.

령관, 최세창 수경사령관, 안무혁 국세청장, 정도영 보안사 참모장, 허화평 정무수석, 허삼수 사정수석 등이 모였다.

반란군 대주주들이 모두 모인 자리다.

허화평의 시나리오대로 갔다. '대통령 친인척들의 공직 사퇴!'

조리 있고 치밀한 그의 논리, 그리고 들끓는 여론을 무마해야 정권이 산다는 정의로운 명분에, 아무 반론 없이 만장일치가 되어갔다. 혹여 장세동, 이학봉 '주주'라도 있었으면 다른 소리가 나왔을지 모르지만 두 사람은 없었다.

그러면 누가 전두환 앞에 나아가, '방울'을 달 것인가.

총칼 대신 세 치 혀로 이간질·회유

정보 권력의 수장인 안기부장 유학성을 다들 쳐다보자, 그는 손사래 쳤다.

"나는 이미 각하께 안기부장 사의를 표한 상황이라 불가합니다."

처음 듣는 소리에 다들 놀랐다. 휘둥그레진 사람들을 향해 유학성은, 이·장 사건에 책임을 지고 물러나겠다고 말씀드린 처지에, 다시 각하 독대(獨對)해 심한 소리를 할 수는 없지 않느냐라고 했다.

그러자 좌중의 시선은 노태우 장관에게 쏠렸다.

하는 수 없이 노태우가 '총대'를 메야 했다. 그의 성격상 죽기보다 싫지만, 피할 도리가 없다.

노태우, 총대 메야 할 처지에 '편지'로 때우다

그다음 날, 전통은 노태우로부터 장문의 눈물겨운 '읍소'(泣訴) 편지를 받는다. 노태우는 차마 얼굴 맞대고 아뢰옵기가 어려워, 밤사이 고민한 끝에 절절한 편지로 때운 것이다.

노태우 스타일이다.

그렇게 전달된 '뒷방 결의'를 알게 된 대통령 전두환은 배신감으로 치를 떨었다. 유학성 안기부장을 포함한 12·12 거사 실세 전원이, 대통령 몰래 만났다는 사실 자체가 괴롭고 찜찜했다.

이건 작당이 아니고 뭔가.

코너에 몰린 대통령을 도와주기는커녕, 저희끼리 모여서 저희만 깨끗한 척 집단 건의라니. 하는 짓들이 괘씸했다. 두 허가 유학성 안기부장을 앞세우더니, 이제 이렇게까지 대든다는 말인가. 일단 유학성의 목을 쳐서라도, 뭔가를 보여주어야 했다. 전두환은 이를 갈았다.

특히 허화평을 불신·경계하고 벼르기 시작했다. (노태우 회고)[175]

허화평은 그 노여움의 뒤끝 작렬로, 반년 후 12월 말에 허삼수와 함께 청와대에서 쫓겨나게 된다. 그리고 5공이 끝나도록 담 밖에서 겉돈다.

두 허 씨, 안기부장 유학성이 일단 주군을 꺾었다.

마침내 이규광 구속에 이어, 형 규동은 대한노인회장에서 물러나고, 전통의 동서 김상구 평통 사무차장도 면직되었다. 아우 전경환도 새마을 사무총장직에 사표를 냈다. (사표는 나중에 수리되지 않았다.) 이처럼 줄줄이 사탕으로 물러선 것은 유학성 안기부장, 그의 배후 두 허의 매서운 압박 때문이었다. (은행장과 전직 중정 직원, 기업체 간부 30여 명도 구속되었다.)

전통은 분했다. 허화평 표현대로 '후폭풍'이 거셌다.[176]

5월 20일 최종 수사 결과 발표를 앞두고, 이종원 법무, 정치근 검찰총장이 청와대로 들어오자 분노를 터트렸다.

"앞으로 여론에 의한 인민재판은 안 된다. 법에 따라 처리해야지."

이규광 구속이 언짢다는 말이었다. 거기에 한술 더 떴다.

"쓰리 허(許)가 벌이는 식으로, 비판 여론 때문에 멀쩡한 사람을 죽인다면 앞으로 일할 사람이 없어지고 말 것 아닌가."[177]

5월 22일, 비서실장 이범석이 중남미 4개국 순방에서 돌아와보니 이학봉 수석이 사표를 내고 출근하지 않는다고 했다. 이학봉은 짐을 정리해서 나가버렸다는 것이다.

내부의 '파워 게임'을 어찌할 것인가. 노회한 외교관은 머리를 썼다.

이학봉 사표 반려에 앞장서면 두 허와 적이 될 것이다.

비서실장 주재의 회의를 열었다.

"이번 사건으로, 권력 비호설이 나오는 마당에 우리 비서실이 책임을 느껴야 마땅하지 않겠습니까. 나를 포함해 수석비서관 모두가 사표를 제출하고 각하께 '프리 핸드'를 드립시다."

일괄 사표로 판을 키우자, 허화평이 예상대로 토를 달았다.

"왜, 전원이 사표를 내야 합니까?"

민정(이학봉) 탓으로 저질러진 일이니, 나는 억울하다는 투다.

그러나 이범석 실장이 낮은 목소리로 내놓은 점잖은 제안에 김재익 경제, 김태호 정무2, 이웅희 공보수석이 사표를 썼다. 마지못해 두 허 수석도 사표를 써내야 했다.

전통은 이범석의 일괄 사표를 받고는, 일괄 반려로 이학봉을 살려냈다.

이범석 실장은 사표 서류를 파쇄기에 넣어 돌려버렸다.

그렇게 없는 일이 되었으나, 두 허와 이학봉의 사이는 돌아올 수 없는 강을 건너고 말았다. 어제의 '거사 동지'들이 이제 '남'이 되었다. 동고(同苦)는 했으되, 동락(同樂)은 그처럼 어려운 법이었다.

김기춘, 박철언 통해서 허화평에게 '충성 편지' 보내

이·장 어음 사기 사건의 유탄이 김기춘에게도 날아갔다.

82년 6월 법무부 검찰국장 김기춘이 난데없이 법무연수원 연수부장으로 곤두박질쳤다. '검찰의 꽃' 검찰국장이 날벼락을 맞아 겨우 목숨만 붙어서 연수원이라니, 그 좌천은 장안의 화제가 되었다.

오늘날 '법꾸라지' 혹은 '법비(法匪)'라는 별명으로 통하는 김기춘, 그는 거제도의 한미한 시골에서 자라 검사가 되었다. 초년 검사 시절에는 법무부 신직수 장관 눈에 띄기 위해 아침 일찍 그 집 앞 언덕을 오르는 부지런도 떨었다고 심재륜 전 고검장(중수부장 역임)은 말했다.[178]

유신 시절인 1974년, 신직수 정보부장의 눈에 들어 현홍주와 함께 발탁된 검사 김기춘. 그는 젊은 나이에 중정 대공수사국장으로 펄펄 날았다. 그런 시절에, 전방 부대의 대대장 유운학 중령이 통신병을 데리고 월북해버리는 사건이 생겼다.

박통이 그 이유를 캐고 보안사의 행패 때문인 것을 알게 되었다.

박통이 격노하여 김재규 중정에 보안사 특감을 지시했을 때, 칼자루를 쥐고 내려간 해부(解剖) 검객이 김기춘 국장이었다. 이 무렵의 진종채 사령관 밑에 허화평, 허삼수, 이학봉 등 보안사의 장교들이 있었다. 그들은 매섭게 칼을 휘두르는 김기춘의 품새에 당하고 한을 품었다. 민간 정보를 수집하는 보안사 정보처가 없어진 것도 그때다.

'해도 너무한다, 김기춘!'

보안사라도 민간 정보를 수집하지 않으면 별 볼 일 없게 된다. 병영 안에서만 거드름 피우니, 거세(去勢)당한 꼴이다. 정보처는 79년 3월 전두환(1사단장)이 사령관으로 와서야 겨우 재건되었다.[179]

'양아들'처럼 총애하는 전두환의 논리를 박통이 받아들인 것이다.

"각하, 정보기관은 서로 경쟁하고 감시도 하면서 질 좋고 정확한 정보를 보고해야, 각하께서도 '크로스 체크'가 가능하고 균형이 잡힙니다. 정보의 객관성, 진실성, 정확성 면에서 그 질을 높여야 합니다. 보안사가 민간 정보를 수집하도록 정보처를 되살려주십시오."

박통은 그 문제는 김재규 부장의 건의(김기춘의 기안)로 그렇게 된 것이니 직접 상의해보라고 했다. 그렇지만 김재규가 응할 리가 없다. 정보부가 독점해서 즐거운 판이다.

전두환은 머리를 썼다.

박통 독대를 마치고 나오면서 그 길로 김계원 비서실장, 차지철 경호실장을 차례로 찾아가 대화 내용을 말하며 협조를 구했다.

박통이 수긍한다는데 두 실장도 이의가 있을 리 없다.

그런 협공작전을 통해 김재규를 찾아가니 김재규인 듯 어쩔 도리가 없었다. 흔쾌한 듯 받아주었다. 그렇게 해서 수년간 거세된 보안사가 다시 민간 정보 수집으로 활개 치게 된다.[180] 전두환 사령관은 휘하 처장들로부터 '과연 하나회장이시다!'라고 존경받고, 보안사 사기(士氣)는 충천했다.

절치부심, 김기춘에게 당했던 보안사가 1980년 정권을 쥐고, 청와대를 접수해버렸다. 보안사 세상이 온 것이다.

김기춘은 숨죽이며 지내야 했다.

그러나 허화평은 해묵은 구원을 잊지 못했다. 81년 허화평은 그 앙갚음으로, 김기춘의 검사 옷을 벗기려 들었다. 서울지검 공안부장에서 검사장 승진 때를 맞는 김기춘을 누락시켜, 내쫓을 심산이었다.

그 낌새에 불안해진 김기춘은 새카만 후배 검사인 박철언 비서관을 찾아, 구명의 손길을 내민다. 듣고 난 박은 김에게, "허화평 보좌관에게 줄 테니, 편지 한 장을 간절하게 적어주세요"라고 했다.

그래서 김기춘이 진지하게 무릎 꿇은 자세로 충성 맹세(박철언의 표현)를 담은, 구구절절 장문의 편지 한 통을 적어주었다. 이 편지가 김기춘을 살리고 역사를 바꾸었다. 허화평의 은사(恩赦)로 천신만고 끝에 검사장으로 턱걸이 승진했다.

그런데 롤러코스트는 끝난 게 아니었다.

82년 이철희·장영자 어음 사기 사건 때, 너무 빠른 두뇌 회전이 문제가 되었다.

5월 31일, 대통령이 박철언을 불렀다.

"이종찬 원내총무한테 들은 얘기야. 김기춘이가 국회 어느 자리에서 이·장 사건의 초점을 '이철희가 주동한 것으로 맞추라고 한 것은 윗분의 지시'라며 발뺌했다고 해. 법무부 장관에게 지시하여, 검찰국장 김기춘이를 당장 조사하라고 해!"[181]

아닌 게 아니라, 전두환은 "이규광의 처제인 장영자가 무슨 힘으로 사기를 치겠냐, 중앙정보부 차장 출신 이철희가 한 짓이다"라고 목청 높이던 판이다. 그런데 김기춘에게 아픈 구석을 찔린 셈이다.

6월 9일, 새파랗게 질린 김기춘 국장이 박철언 비서관에게 또 읍소했다.

"누군가가 대통령에게 잘못 보고한 것 같으니, 그 노여움을 좀 풀어주세요."

박철언이 또 총대를 멨다.

"김기춘은 후배 검사들의 신망도 있고, 국회에서 나온 이야기도 사실과는 조금 다른 것 같습니다"라고, 전두환에게 진언했다. 그리하여 김기춘은 목숨만 건져, 법무연수원 연수부장으로 처박혔다.

그 김기춘이 와신상담, 세상이 6공으로 바뀔 때까지 버텨냈다.

그는 상가(喪家) 등에서 마주쳐 불쌍하게 쳐다보는 후배들의 눈빛도 꿋꿋하게 참아냈다. 피 끓는 '관직(官職)주의자'였다고 한다. 심지어 그는 공직을 잃고 노는 기간에도, 아침 식사 후 넥타이 정장 차림으로 자기 집 2층에 올라가, 정상 근무자처럼 세월을 기다렸다고 자랑하곤 했다. (박주선 등의 증언)

한 법무부 장관이 5공 기간에 김기춘을 긍휼히 여겨 지검장으로 발령하려 하자, 청와대 수석으로부터 전화가 걸려왔다.

'장관직을 걸고 싶습니까?'

김기춘과 '보안사 정권'의 악연은 그토록 질겼다.

그는 인고의 세월을 떨쳐내고, 마침내 6공 노태우의 첫 검찰총장으로 오르고, 마침내 5공의 안기부장 장세동을 비롯한 전두환 장졸들 무려 49명을 구속했다. 되로 받고 말로 갚은 김기춘의 복수라고들 평했다.

그 5공 청산, 피바람의 공로인지 법무부 장관까지 지냈다.

통일민주당 총재 김영삼은 경남고 후배인 김기춘 검찰총장을 한때 지독히 미워했다.

김기춘의 경남고 동기이기도 한 김광일(작고, 국회의원 역임)은, 89년경 국회 야당총재실에서 필자에게 조용히 물었다.

"YS 총재가 김기춘이를 죽이라고 명령하는데, 무슨 수가 없겠소? 초선인 내가 정치판 길목을 알아야 해먹지."

기자가 피식 웃으면서 그에게 물었다.

"도대체 총재가 왜 김기춘을 죽이라고 하는지 짐작하는 바 없나요?"

노태우에게 충성하려고 뭔가 김영삼 상도동의 뒤를 캐서 사법적으로 물어뜯을 낌새인 것 같다고, 김광일은 대답했다.

필자는 훗날 이원종(2021년 작고, 정무수석 역임)에게 그 연유를 물었으나, 구체적인 것은 기억하지 못한다고 대답했다. 다만, YS가 김기춘을 좋아하지 않았던 것만은 분명하다고 답변했다.

그처럼 김기춘에게 치를 떨며 분노하던 YS가 대통령이 되고 나서도, 어쩐 영문인지 김기춘은 거제 국회의원으로 건재했다. 그 지역구를 YS 아들 김현철이 노린다는 보도가 있었지만 빼앗기지 않았고 3번이나 국회의원을 지냈다.

그리하여 마침내 2015년 대통령이 된 박근혜의 오른팔이 되고, 대통령 비서실장이 되어 '블랙리스트' 권력 놀음에 취하다가 몰락하게 된다. 스스로 판 함정에 빠져 문화체육관광부 장관 조윤선과 함께 감옥에 갇혔다.

어음 사기에 분노한 민심 수습용, 금융실명제 쿠데타

사상 초유의 금융사기 사건(이·장 어음 사기)에 코가 납작해진 전두환 대통령이 어느 날 김재익 경제수석을 불러 물었다.

무슨 수가 없겠느냐, 어찌하면 좋겠는가?

김 수석이 속으로 별러온 '금융실명화'라는 것을 털어놓을 기회였다. 재무부의 강경식 장관과도 은밀하게 공감을 나누어온 이야기다.[182]

"각하, 지금 시중은행의 자본금이 각 700억 원 정도입니다. 그런데 이번 어음 사기 금액이 무려 6000억 원이 넘습니다. 서민은 평생 벌어

전두환의 경제교사 김재익 경제수석은 1982년 봄 어음 사기 사건으로 정권이 위기에 처하자 '금융실명제'를 도입해야 한다고
대통령에게 건의했다. 재무부 장관 강경식과 은밀히 소통하여 전통을 설득하는 데 성공. 7월 3일 전두환이 전격적으로 발표했
다. 그러나 청와대의 허화평, 허삼수 수석은 자신들도 몰랐던 '경제 쿠데타'에 반발하고, 민정당의 노태우 등도 반대가 심해서
금융실명화는 무산되고 말았다.

도 모을까 말까 한 거액을 이철희, 장영자는 물 쓰듯이 탕진했습니다.
이것은 단지 개인 비리가 아니고, 사회 시스템의 문제입니다."

"근본적인 해결 방안이 뭔가?"

"지하에서 유통되고 있는 음성자금을 양성화하는 겁니다. 모든 금
융 거래를 실명화하는 것이지요."

김 수석이 정의사회 구현을 위해서도 반드시 실명제가 필요하다고
하자, 전통은 고개를 끄덕였다. 정권의 근간을 흔들었던 사기 사건,
가뜩이나 정통성이 결여된 정권에 치명상을 준, 그 지겨운 터널을 벗
어나 체면을 되찾기 위해서라면 무엇인들 못 하랴.

김재익은 재무부 장관 강경식을 우군 삼았다. 강 장관 역시 같은 생각이었기에, 두 사람은 극비리에 작업을 진행했다. 두 사람은 저항이 빤한 위험 항로라는 것을 직감하고 있었다.

전광석화처럼, 쇠뿔을 단김에 뽑듯이 해야만 했다.

극소수의 재무부 실무자를 차출해 극비 작업을 벌여 방안을 만들었다.

7월 3일, 전격적으로 금융실명제가 발표되었다.

기습적인 발표의 내용은, 첫째 1년 뒤인 83년부터 모든 금융 거래는 실명화한다, 둘째 금융소득은 종합 과세한다, 셋째 실명이 아닌 3000만 원 이상의 금융자산에 대해서는 과징금 5%를 내야 자금 출처 조사를 하지 않는다는 거였다. (이는 '자수하면 용서한다'가 아니라, '자수해도 치죄한다'라는 다소 과격한 개혁안이었다.)

'개국공신'처럼 자처하던 허화평, 허삼수, 두 허가 펄쩍 뛰었다.

감히 쓰리 허도 모르게 경제 쿠데타를 한다는 말인가? 대통령이 서명할 때까지 감쪽같이 몰랐다는 데에 분노했다.

허화평은 '보좌관' 이래 정무수석 때까지 비서실장실보다 센 사람으로 통했다. 비서실장은 '칼집'에 불과하고, '칼'은 허화평이던 구조다. 그런데 정무수석과 일언반구도 없이 대통령의 서명까지 받아낼 수 있는가!

물론 전두환의 뜻이 미운 '쓰리 허 빼고!'였지만 그걸 말할 수도 없다.

김재익 수석에게 육두문자가 날아갔다. 나중에 전통은 김 수석에게 "화평이와 삼수한테 그렇게 무례하게 당했다는데 나한테 한마디도 하지 않았나?"라고 위로할 정도였다.

쿠데타로 해치운 것이 맞다.

강경식 재무장관 취임이 82년 6월 25일, 실명제 발표가 일주일 지난 7월 3일이었으니까.

이·장 어음 사기 사건의 후유증으로 고통받던 대통령에게, 재무장관 강경식, 경제수석 김재익이 밀실에서 내민 극약 처방이다. 허를 찔려 물먹은 쓰리 허가 발끈해서 반대 깃발을 들고 나섰다. 여당의 노태우, 권익현 등도 경제 현실과 자본 도피 우려 등을 내세워, 3허에 호응하고 반대하는 상황으로 흘러갔다.

김종인 "금융실명제 부작용 많고 실효성 적은데 왜 강행?"

7월 중순, 초선 국회의원 김종인은 강원도 속초 바닷가로 휴가를 갔다. 해변에서 쉬다가 호텔로 돌아가는 길에 교통순경에게 붙잡혔다. 교통 위반도 아닌데 왜 그런가 물어보니, 치안본부에서 김종인 수배령이 내렸다고 했다.

"무슨 일로 수배란 말인가?" (김종인)

"발견 즉시, 의원님을 붙잡아서 민정당 대표에게 전화를 걸게 하라는 지시입니다." (경찰관)

휴대전화도 없고 이메일도 없던 시절이니, 연락이 끊기면 그렇게 찾아내던 시절이다.

김종인이 급히 전화해서 알아보니, "내일 오후 대통령에게 금융실명제에 관해서 보고해야 하니, 급히 청와대 회의에 참석하라"라는 것이었다.

그리하여 이미 대통령이 사인까지 해서 결정된, 금융실명제를 보류
시키는 '고양이 목에 방울 다는 역할'을 맡게 되었다.

이 뜨거운 감자에 대해 익히 알고는 있었다.

김종인이 청와대 어전회의에서 말했다.

"금융실명제란, 무엇인가요? 완전한 형태의 종합소득세를 징수하
자는 것입니다. 그런데 금융실명제는 부작용은 분명하고, 실효성은
희박합니다. 지금 우리 국세청이 400만 명도 채 되지 않는 자영업자
의 부가가치세(78년 본격 도입)도 제대로 못 거두는 행정력입니다. 이
런 능력으로 1000만 명에 달하는 종합소득세를 도대체 어떻게 관리
할 수 있겠습니까. 애초부터 말이 되지 않습니다. 잘 모르는 것을 왜
강행하려 하십니까?"

전두환은 처음 듣는 반대 논리인 듯, 안색이 변하더니 선선히 물
러섰다.

"이 시간 이후 이 문제에 경제수석은 빠지고, 당에서 정무수석과
상의하라."[183]

김재익 말고 실명제를 반대해온 허화평 정무수석(그것도 이미 눈 밖에
나 있던)과 상의하라는 말은 실명제 카드를 버린다는 의미였다.

이렇게 후퇴한 금융실명제는 87년 노태우의 대선 공약으로 내걸렸
으나, 대통령에 당선된 이후 노태우의 경제수석 김종인에 의해 무산
되었다. 그러다 93년 8월 김영삼 정부의 전격적인 선언으로 도입되었
다. 김재익, 강경식의 경제 쿠데타로 거론된 지 13년 만의 결실이다.

훗날 허화평은 말했다.

"당시 금융실명제는 정치 현실을 간과한 것이다. (뒤로 정치자금을 받

는) 고비용 저효율의 정치 모순을 내버려두고, 기업 모순부터 해결하라고 할 수 있는가? 순서가 잘못되었다. 나도 반대하고 민정당도 반대했다. 마침내 대통령이 생각을 바꾸었는데 정치자금에 대한 실명제 도입이 어렵다는 것이 영향을 미쳤을 것이다."[184]

아무튼, 대통령이 서명까지 해버린 정책을 번복한 경우는 5공의 금융실명제가 한국 현대사에 유일무이하다.

어음 사건으로 두 허와 남이 되어버린 이학봉은 허 씨들을 비판했다.

"금융실명제는 모든 것을 투명하게 하자는 것이다. 그런데 (두 허 씨가) 개혁과 정의사회를 주장하면서, 실명제를 반대하는 것은 자가당착이고 모순 아닌가?" (이학봉)

누가 알겠는가, 역사의 아이러니다.

5공이 청사(青史)에 정의롭게 빛나야 한다던 허 씨들이 실명제를 지지했다면?

"만일 혁명적인 실명제를 그대로 관철했다면, 전두환, 노태우의 천문학적 액수의 비자금 사건은 없었을 것이다. 조성 자체가 불가능했을 것이다. 그랬다면 김영삼 정부가 자다가 벌떡 일어나듯, 5·18 특별법을 만들어 전·노를 반란 수괴로 감옥에 때려 넣는 일도 없었지 않았을까?" (이장규 경제 저널리스트)

'역사에는 가정(假定)도, 만약(if)도 없다'라고 한다.

그러나 허화평, 허삼수 그리고 노태우가 죽기 살기로 실명제를 반대하지 않고 내버려두었더라면 어찌 되었을까. 먼 훗날(1996) '12·12 반란군'으로 확정판결을 받고, 말년의 군인연금까지 날리는 일은 없

지 않았을까. 전·노 비자금이 아니
었다면, '성공한 쿠데타'로 남아 무사
했지 않을까.

김영삼 정권이 전·노 비자금을 겨
냥해 쿠데타처럼 강행한 금융실명제
(자금 추적 기능)는 급기야 아들 김현철
을 잡아가게 만들고, 김대중의 아들
들 '홍삼 트리오'를 감옥에 보내며,
노무현을 자살로 이끄는 덫도 되었
다. 역사의 역설(逆說)은 참 기가 막
힌다.

노신영 안기부장은 담대하게도 김영삼(오른쪽)의 선
봉장 최형우(왼쪽)를 5공 내각의 교통부 장관으로 모
서 야권을 분열시키는 공작에 나섰다. 노 부장은 현홍
주 차장과 열성적으로 공을 들였고, 심지어 최형우의
부인(원영일)까지 설득했으나 끝내 실패했다. 최형우
는 "만일 그 유혹에 넘어갔더라면 버마 아웅산 테러 때
참변을 당했을지 모른다"라고 회고했다.

최형우를 5공 장관 시키려 유혹한 노신영

82년 6월 2일 유학성 안기부장이 떠났다.

유학성은 '김영삼 2차 연금'을 마지막 공작으로 서명하고, 노신영에
게 안기부장을 인계했다.

노신영은, 치밀하고 영리한 문민의 특장(特長)을 살려 부지런히 뛰
었다.

대통령은 그에게 "안기부장으로서 100m를 못 뛰면 70m만 뛰시
오"라고 했건만, 노신영은 그 못 미치는 30m를 '충성심'으로 때우려
는 듯 분투했다.

김영삼의 수족 최형우(나중에 YS 정부의 내무부 장관)를 돌려세우는 회
유 공작도 펼친다. 하필 야성 넘치고, 기가 센 최형우를 찍었다는 것

은 노신영·현홍주 팀의, 담대하고도 기발한 이간책이었다.

성사만 되면 장안의 화제가 되고, '대박'일 터이다.

노신영은 먼저 현홍주 차장을 내세워 최형우를 만나라고 시켰다.

최형우가 연금 상태의 보스(김영삼)에게 가서 상의하니, '가서 만나보고, 하는 얘기나 들어보라'라고 했다.

플라자호텔에서 만난 현홍주를, 최형우는 선비 스타일이라고 느꼈다.

"인상도 좋고 교수 할 양반인데, 우리 야당 정치를 주무른다고요? 당신이 굉장히 악질이라고 소문났던데 좋은 자리에 있을 때 좋은 일 많이 하시오."(최)

"말씀은 많이 듣고 있습니다. 대단한 활동을 하신다고요. 그동안 미안한 점이 많습니다만, 정치하다 보니 불가피하게 그런 일이 생긴 것 같습니다."(현)

딴전을 피던 현홍주가 비로소 운을 뗐다.

"최 의원님, 행정부에 들어와서 일하는 것이 어떻겠습니까. 5공화국의 이념과 정책이 그리 나쁘지는 않습니다."(현)

최형우가 대번에 거절했다.

현홍주는 그 뒤로도 몇 차례 더 연락해왔다. 최형우나 YS로서는 적정(敵情) 내부를 파악하는 것도 필요했기에 만남 자체를 뿌리치진 않았다. 남북회담도 실적보다, 적정 탐색의 의미가 강한 것 아닌가.

계속 권유를 사절하니, 이번에는 최형우의 동국대 동창인 정재철 정무장관을 보냈다. 보건사회부 장관이나 건설부 장관을 해보라는 제안이었다. 정재철은 "이봐요, 조상님들의 묘소에 훈김이 모락모락 날 때, 한자리 차고 출세해봐. 식어버리면 그만이야"라고 넉살로 유혹했다. 그래도 최가 요지부동이었다.

그러자 노신영 안기부장이 직접 나섰다. 집요했다.

궁정동 안가에서 노 부장을 만난 최가 말했다.

"노 부장은 합리적이고 일을 순리대로 풀어가는 분이라고 알고 있소. 그 자리에 있는 동안 좋은 일 많이 하시고, 역사에 박수받으세요."(최)

"제가 젊어서 꿈은 대학교수였는데, 이런 일을 할 줄은 꿈에도 생각하지 못했습니다. 그런데 말입니다, 최 의원, 대통령 각하께서 당신을 굉장히 좋아해요."(노)

노신영은 주머니에서 쪽지 하나를 꺼내 보여주면서 말을 이어나갔다.

"각하께서 당신을 설득해 행정부에서 함께 일하도록 하라는 특별 지시입니다. 우리가 뒷조사를 해보니, 청렴결백하고, 당신이야말로 우리가 추구하는 이념과 가장 부합하는 정치인이라고 각하께서 수차례 말씀했소. 야당 하는 것만이 애국이 아닙니다. 대통령의 곁에서 그분이 바른 길로 가도록, 국가와 민족을 위해 한번 힘을 모아봅시다."

최가 고개를 흔들면서 말했다. 능력이 없다, 동지들을 배반할 수 없다, 나는 민주주의 하자는 것이지, 출세에는 관심이 없다.

그래도 노신영 부장은 고집스럽게 매달렸다.

"노신영의 설득이 거듭되자, 나도 마음이 흔들리기 시작했다. 열 번 찍어 안 넘어가는 나무가 없다는 말처럼, 만사 제쳐놓고, 고생만 해온 마누라에게 호강이나 시켜줄까 생각도 들었다. 한자리 꿰차고,

나를 핍박하던 놈들에게 본때나 보여줄까, 하는 별생각이 다 들었다. 집사람이 의리를 지켜야 한다고, 나를 다잡아주지 않았으면, 하마터면 넘어갈 뻔했다."[185]

노 안기부장은 "장관이 싫으면, 민정당 공천으로 출마하라"라고 권했다.

"앞으로 두 김 씨의 신당이 창당될성싶소? 아마도 안 될 겁니다. 김영삼 씨의 정치 생명은 이제 끝났습니다."(노)

부드럽고 차분했지만, 칼이 숨겨진 말투였다.

"무슨 소리 하는 거요? 나는 김영삼 총재를 20년이나 모신 사람이오. 당신들 말대로 그분 정치 생명이 끝난다 칩시다. 그러면 나는 그 시체를 밟고 변절해서 당신네 도우란 말이오? 나는 민정당 가느니, 차라리 국회의원 안 하고 말겠소."(최)

노신영 안기부장은 참으로 질겼다.

최형우 몰래 그의 아내(원영일)까지 궁정동 안가에 불러내, 설득하고 최형우를 포섭하려 했다. 그런데 정작 거절하고 뿌리치는 것이, 남편 최형우보다 더 단호했다.

"그때 버티기를 얼마나 잘한 일인가. 자칫 변절해 넘어갔으면, 전두환 대통령의 해외 순방길에 따라나섰다가, '버마 아웅산 테러 폭파 사건'(1983년 10월 9일)으로 황천객이 될 뻔했지 않은가?"[186]

그 무렵, 전통은 노신영의 이런 진지한 끈기와 충성이 대견스러워서 극찬했다. 거기엔 유학성 전임부장이 두 실세 허 대령의 눈치를 살핀 데 대한 서운한 감정도 묻어 있어 보인다.

"역대 정보부장들은 무식하고 돌대가리들이었다. 그런데 노신영

부장은 책임감이 강하고 열심이야. 요즘도 책을 많이 읽고 재야인사 함세웅 신부 같은 사람을 6시간 동안 밥도 걸러가며, 설득하고 발 벗고 나서서 일하고 있어." (1982.10.22, 박철언 기록)[187]

노래 가사 바꾼 풍자곡은 저작권법 위반?

1982년 여름, 노신영 안기부는 유행가를 노동요로 바꾸어 부르는 것을 수상하게 보았다.

반정부·반(反)정권 분위기 확산에 대한 섬세하고 예리한 관찰의 결과다. 노신영 체제는 보안사나 과거의 중정, 혹은 유학성 안기부장 시절과는 다른 지능적 어프로치를 보여주었다.

진원지를 캐들어가 보니 유명한 민청학련 사건 옹호자이자 빈민 운동에 앞장서온 허병섭 목사(2012년 71세로 작고)였다. 그는 소설《꼬방동네 사람들》(이동철 작)의 실제 주인공이자 노동 현장에서 투쟁해온 목회자.

> 못 견디게 잠이 와도 자지 못하고
> 오는 잠을 깨워가며 일하는 신세
> 사장님이 알아주랴, 사모가 알아주랴
> 돌아라 미싱아, 밤이 새도록~~

이미자가 부른 '불어라 열풍아'를 개사한 노래다. 허병섭 목사는 이런 식으로 노동 현장에서 풍자적으로 불리는 가사 바꾼 저항적 노래(이른바 노가바)들을 모아 《노동과 노래》라는 책으로 만들어 배포했다.

안기부가 문제의 허 목사를 연행(서울 중부경찰서에 하청)해서 그런 노래의 확산을 막으려 했다. 그러나 막상 검찰은 처벌 법규가 마땅히 없었다. 그러자 서울지검 공안부는 궁여지책으로 '저작권법' 위반으로 기소했다.

저작권법 사건을 공안부가 맡는 기이한 일이 벌어진 것이다.

2심 변호를 맡은 한승헌 변호사(김대중 정부의 감사원장)는 신경림 시인을 재판 증인으로 불렀다.

"신경림 증인은 TV에서 노래 가사 바꾸어 부르기 프로그램을 본 적이 있지요?"

"예, 있습니다."

"그 프로에서 잘한 사람에게 상을 주던가요, 벌을 주던가요?"

"푸짐한 상을 주는 건 봤지만, 벌 받는 건 못 보았습니다."

"그러면 왜 이 사건의 피고인은 재판을 받게 되었을까요?"

"노동자들이 즐겨 부르는 노가바가 현실 비판적이어서, 정부가 탄압하는 줄로 압니다."

2심 재판은 무죄. 대성공이었다.

저작권 침해가 아니라는 판결이었다.

그러나 안기부는 가만두지 않았다. 유태흥 대법원에 손을 써서 기어이 뒤집어 파기 환송시키고, 유죄를 유도해냈다. 한승헌 변호사는 "대법관들의 식견과 안목에 실망했다"라고 술회했다.

노래 가사 하나도 그냥 흘려버리지 않고, 법원도 배후에서 잘 조종했다.

김대중 무기수가 1982년 청주교도소에서 이희호(가운데), 김홍일(왼쪽), 김홍업(오른쪽) 등 가족과 만나고 있다. 법무부 교정국이 보관했던 자료 사진.

김대중은 여전히 5공 전두환의 목에 걸린 가시였다.

81년 1월에 사형에서 무기, 또 20년 징역으로 감형되었으나 미국, 일본에서 석방 운동과 탄원이 끊이지 않았다.

82년 2월 초 허화평 정무수석이 이희호에게 전화했다.[188]

플라자호텔 21층에 만나자고 했다. 3·1절 특별사면이라도 해주는 건가.

"왜 해외에서 구명운동을 합니까?"(허)

"그분들이 스스로 돕는 것이지요."(이)

"국내에서 구명운동을 하시지 않겠습니까?"

"…"

"(대통령) 각하를 뵐 의향이 있습니까?"

"만나주신다면야 뵙지요."

"그럼 나중에 시간, 장소를 알려드리겠습니다."

며칠 후, 허화평이 오늘이 그날이라고 연락해왔다.

그리고 공중전화로 다시 걸어달라고 했다. 청와대 사람들도 도청(盜
聽)은 싫어하는 것인가. 공중전화로 거니, 허가 말했다.

"택시를 타고, 오후 6시에 박물관 서문 쪽으로 오시면 정 비서가 모
실 것입니다."

자그마한 단독 건물에 안내되고, 전두환이 들어서면서 말했다.

"이 여사, 고생이 많으시지요."

"석방해주시면 감사하겠습니다."

"그건 나 혼자서 결정을 못 합니다. 다른 사람들도 있고 해서, 어렵
습니다. 그러나 앞으로 나아질 겁니다."

그렇게 입담 좋은 전두환은 2시간 남짓 이희호와 대담했다.

이희호 앞에서 다리 걷어 긁는 전두환의 숫기

이희호는 대통령의 숫기와 입담이 인상적이었다.

"사형을 시키려던 내란 음모 '수괴'의 안사람을 상대로 동네 복덕
방 아저씨가 아주머니 대하듯, 일상적으로 대했다. 때로는 바지 끝
을 들어 올리고 다리를 긁적거리면서 편안하게 얘기하는 독특한 사
람이었다."[189]

이 면담이 있고 나서 3·1절 특별사면에서, 남편 김대중은 무기징
역에서 20년으로 감형되었다. 무기나 20년이나 평생을 감옥에서 썩
기는 마찬가지이니, 이희호는 크게 실망했다.

김대중의 청주교도소 생활은 거의 2년이었다.

김대중은 책을 읽는 데 시간을 보내면서 거의 600권을 들여다 섭렵했다. 철학, 신학, 역사, 정치, 경제 서적을 닥치는 대로 읽었고 앨빈 토플러의 《제3의 물결》을 읽고 새로운 시대 조류에 눈을 뜬 것도 그때였다고 자서전에 기록했다.[190]

교도소에서는 꿈에 시계가 나타나면 석방된다는 속설이 있다.

그래서 김대중도 시계가 나오는 꿈을 꾸기를 간절히 소망했다. 그러던 어느 날 끝내 시계 꿈을 꾸었다. 벽마다 시계가 무더기로 걸려 있는 시계의 방 꿈이었다. 그는 속으로 대단한 꿈이라 여기면서, 석방을 기다렸다. 그러나 별무소용, 석방의 날은 오지 않았다. 스스로 돌아보며, 초라한 신세에 쓴웃음 지었다.[191]

"책을 읽고 정신의 곳간에 지식은 쌓여갔으나 육체적으로는 너무 힘들었다. 신경 장애가 생기고 왼쪽 귀에 이명(耳鳴)이 왔다. 지병인 고관절 통증이 심하고 다리가 자주 붓고 쥐가 났다. 아내가 여러 번 법무부에 진료 허가를 내달라고 요청서를 보냈으나 받아들여지지 않았다."(김대중 자서전)[192]

82년 12월 초 전두환은 노신영에게 지시했다.

"전두환 대통령은 82년 8·15 광복절 특별사면 때도 김대중 석방을 고려했으나 주위(신군부)의 반대로 성사되지 못했다. 그러더니 대통령이 12월 들어서, 나(노신영 안기부장)를 불러 근일 내에 이희호를 접촉해 협의하라고 했다."(노신영 회고록)[193]

12월 10일, 노신영 안기부의 간부(단장)가 옥중의 김대중을 찾아갔다. "몸도 불편한데 미국에 가서 치료받지 않으시겠습니까."

김대중은 아직도 광주항쟁 관련자 등 수없이 많은 구속자가 있는데, 선뜻 응할 수 없었다. 그래도 고관절 통증으로 고생하던 터라, "정 그러면 국내에서 치료나 받게 해달라"고 했다.

며칠 뒤 노신영 안기부장이 직접 이희호를 찾아 만났다.

12월 14일 노신영이 직접 이희호를 만나자고 해, 안기부 단장이 안내했다. 플라자호텔 21층으로 오라고 해서 갔더니, 노신영 부장한테 안내한다면서 경복궁 부근 안가로 데려갔다.

노 부장이 이희호에게 말했다.

"내가 안기부장으로 재임하는 중에 이 문제를 해결하고 싶습니다. 2~3년간 미국에서 병을 치료하도록 권해보세요. 응답을 알려주면 대통령 각하께 건의해서 가족과 함께 떠나도록 하겠습니다. 단, 나의 개인 생각이니 비밀로 해주세요."[194]

대통령의 지시였으나, 자신의 아이디어라고 완충지대를 설정하는 노신영의 신중함.

며칠 후 청주교도소로 면회 간 이희호는 남편에게 미국에 가서 치료받자고 했다. 김대중은 구속된 동지들이 아직 있는데 나만 갈 수 없지 않느냐라고 했다.

힘없는 걸음걸이로 나갔던 이희호가 안기부 단장과 함께 다시 와서, "우리가 미국으로 가야 구속된 분들도 나올 수 있다고 합니다"라고 했다. 옆에 있던 단장도 확인한다고 거들었다. 그러면서 건의서 한 장을 쓰라고 요구했다.

'미국에서 병 치료에만 전념하고 정치 활동은 안 하겠다'라는 취지. 그가 원하는 대로 건의서를 써주었다. 그런데 귀가해서 아들 김홍일이 읽더니 그 문안 가운데, '구속자 석방'이 빠져 있다고 일깨워주었다.

이희호가 부랴부랴 노신영 부장을 만나 그 사정을 말하고 수정해야하니, 남편을 다시 만나게 해달라고 간청했다.

그러나 노 안기부장은 대수롭지 않게 받아넘겼다.

"이 건의서는 대통령 각하께 올리기 위한 것이지, 달리 어디에 발표할 사항이 아닙니다. 그런 문제라면 염려하지 마세요. 제가 필요하다면 증인이 되겠습니다." (이희호 기록)[195]

이희호는 "노신영 부장님의 인격을 믿겠다"라고 하며 물러섰다. 하지만 고스란히 언론에 공개되었다. 어떻게든 정치에 다시 나서지 못하게 족쇄를 채우려는 5공 수법이었다.

이희호 자서전에는 노신영 부장의 '활약'이 더 나온다.

김대중이 미국 갈 때, 안기부가 여비를 주었다고 재야인사들에게 이간질했다는 것이다.

"박영숙(나중에 평민당 부총재, 국회의원) 씨가 와서 물었다. '이상한 소리가 나돕니다. 박형규, 김관석, 이해동 목사가 노신영 안기부장을 만났더니, 김대중 씨에게 15만 달러를 주었다고 하더랍니다.' 그것이 사실입니까? 하고 물었다."

이희호는 기가 막혔다.[196]

그래서 증거를 보여주었다. 자비로 환전한 6만 8000달러와 비행기 티켓비용 영수증 234만 2400원의 영수증을 보여주자, 박영숙이 안심하고 돌아갔다.

노신영 안기부장이 1982년 12월 말, 무기수 김대중을 미국으로 치료차 보내기로 했다고 말하자, 리처드 워커 주한대사는 "정말인가? 당장이라도 비자를 내주겠다"라며 반겼다. 사진은 1981년 8월 워커 대사(오른쪽)가 부임하면서 노신영 당시 외무장관(왼쪽)에게 신임장 사본을 제출하는 자리.

이희호의 기록은 더 이어진다.

노신영 부장이 김지하 시인에게 외유를 권하면서, 김대중을 음해한 대목이다.

김지하의 저서 《흰 그늘의 길》을, 어떤 사람이 갖다주어서 읽었다는 것이다.

"노신영이 말했다. '김대중 씨 잘 아시지요? 애국하는 방향이야 서로 다르니 뭘 따지겠습니까. 하지만 요즘 나라의 외환 사정이 매우 나쁩니다. 그런데 자기 동산(動産) 전체를 달러로 바꾸게 해주지 않으면, 미국에 가지 않겠다고 해요. 미국에 안 가면 어떡합니까. 큰일 나지요. 그래서 바꿔주었습니다만, 웬 돈을 그렇게 많이 가졌는지. 그걸 모두 달러로 바꾸다니. 조금 서운했습니다'라고 말했다."(김지

하, 《흰 그늘의 길》)

이희호는 "상대에 따른 그의 노회함에 소름이 끼친다"라면서 해명을 덧붙였다.

"미국에서 남편이 고관절 수술을 받으려면 돈이 많이 들 것이니, 가족으로서 걱정이 많았다. 제부(弟夫)가 은행 다니는 여동생에게 특별히 부탁하여 변통한 돈을 그들(안기부)을 통해서 환전을 부탁했었다. 그런데 두 번이나 집 안을 샅샅이 뒤져서 현금과 약간의 달러까지 압수해간 사람들이 누구인가? 그 뒤로도 우리는 '이희호가 이순자한테서 20만 달러를 받았다', 혹은 '김대중은 전두환이 제공한 특별기를 타고 미국에 가서 호화로운 망명 생활을 한다'는 등의 악소문이 일본 신문 등에 보도되었다. 이처럼 민주화 운동을 함께한 사람들 사이를 이간시키는 야비함은 견디기 힘들었다."(이희호 기록)[197]

문민 안기부장의 간절한 충성 공작은 늘 청와대를 감동케 했던 모양이다.

83년 10월에도 전통은 노신영 안기부장의 집념, 열성과 충정에 찬사를 보냈다.

"종교 문제에 노신영 부장이 헌신적으로 뛰고 있다. 고영근, 윤반웅, 문익환, 함세웅, 박형규, 이문영 등 종교계, 학계 사람들을 만나 7~8시간씩 잠도 식사도 거르고, 수차례 설득하여 대화한 결과, 조금씩 회유되고 있다는 보고를 받았다. (노신영의 과장된 보고일 수 있다.) 강경책만으로 문제가 해결되는 것이 아니야. 과거에 강경책이 오히려 그들을 키워준 꼴이 되기도 했다. 노신영 부장은 국제 문제에 밝아서 그런 보고는 안 들어도 환히 알기 때문에, 국내 문제에만 전력을 기울이고 있다고 한다. 허문도(문공부 차관)도 종교인들을 많이 만나야 한다. 아랫사람들은 '안기부장이 나서니 그 사람들 만나서 일하기 어렵다'라는 소리들 하는데, 아래 있는 자들이 할 일을 안 하니, (노신영) 안기부장이 직접 나서는 것 아닌가?" (1983.10.27.)[198]

노신영 부장은 김대중 석방 발표 2일 전, 워커 주한대사와 CIA 서울 책임자인 케네디 지부장을 만났다.

미국이 학수고대하던 놀라운 소식에 워커 대사는 "농담 아니냐?"고 되물었고, 미국 비자를 내줄 겁니까, 라고 하니, "그렇게만 되면 얼마나 좋겠소. 오늘이라도 당장 발급해주겠소"라고 반겼다.[199]

12월 15일 오후 6시, 대통령 전두환은 노신영 부장과 관계 장관, 측근들을 청와대 회의실로 불렀다. 모인 사람들과 차 한잔을 나눈 뒤 일어서 나가면서 엄숙하게 말했다.

"김대중을 석방해서 미국으로 보내기로 했습니다."

딱 한마디, 일체의 반론도 듣지 않겠다는 듯 일방적인 통보였다.

한 해 전만 해도 김대중 말만 나오면 사형시켜 없애야 한다고 쌍심지를 켜던 신군부 동지들은 놀라서 어안이 벙벙했다. 과연 정치란 생물(生物)이로구나, 실감하는 순간이었다.

12월 16일 김대중은 서울대병원으로 옮겨졌다.

일주일 뒤 23일 출국한다는 통보에 놀랐다. 김대중은 도미를 허락한 이유를 이렇게 분석했다.

'5공 정권이 나를 서둘러 출국시킨 이유는, 철권통치로 민주 세력을 말살한 데 대해 국내외의 역풍을 맞은 데다, 이철희·장영자 어음 사기 같은 대형 악재가 터져 석방을 통해 이미지를 반전시키려 한 것이다. 나아가 구금된 나를 석방하라는 국내외의 압력을 더는 감당하기 어려웠을 것이다. (김대중 회고록)[200]

김대중이 출국하는 시간에 김포공항 길가의 가로등은 모두 꺼져 칠흑같이 어두웠다.

미국행 비행기도 대한항공 표를 받았지만, 막상 태운 비행기는 노스웨스트였다. 기자들의 동승 취재를 막기 위한 양동(陽動)작전이었다.

비행기 좌석에 앉으니, 청주교도소 부소장이라는 사람이 다가와서, 주머니에서 뭔가 종이를 꺼내 읽었다.

"형 집행정지로 석방한다."

비행기는 워싱턴 내셔널공항을 향해 날기 시작했다. 이희호와 두 아들을 태운 채였다. 미국 체류 770일의 시작이었다. [2권에 계속]

제1장

1. 문홍구, 《나의 군 나의 삶》 138쪽, 서문당, 1993

2. 문홍구, 《나의 군 나의 삶》 114쪽, 서문당, 1993

3. 문홍구, 《나의 군 나의 삶》 87쪽, 서문당, 1993

4. 문홍구, 《나의 군 나의 삶》 45쪽, 서문당, 1993

5. 문홍구, 《나의 군 나의 삶》 52쪽, 서문당, 1993

6. 고건, 《고건 회고록》 257쪽, 나남, 2017

7. 문홍구, 《나의 군 나의 삶》 86쪽, 서문당, 1993

8. 노태우, 《노태우 회고록》(상) 50쪽, 조선뉴스프레스, 2011

9. 이영진, 신동아 1999년 5월호 '논픽션' 육사 12기 장교 출신이 쓴 회한의 육필 수기 – 내가 겪은 전두환, 노태우와 박태준

10. 전두환, 《전두환 회고록》(3권) 80쪽, 자작나무숲, 2017

11. 허화평, 《나의 생각, 나의 답변》 249쪽, 새로운사람들, 2020

12. 노태우, 《노태우 회고록》(상) 201쪽, 조선뉴스프레스, 2011

13. 노태우, 《노태우 회고록》(상) 215쪽, 조선뉴스프레스, 2011

제2장

14. 허화평, 《나의 생각, 나의 답변》 248쪽, 새로운사람들, 2020

15. 전두환, 《전두환 회고록》(3권) 127쪽, 자작나무숲, 2017

16. 이장규, 《경제는 당신이 대통령이야》 19쪽, 중앙일보사, 1991

17. 문홍구, 《나의 군 나의 삶》 20쪽, 서문당, 1993

18. 존 위컴, 《위컴 회고록》 123쪽, 중앙M&B, 2000

19. 김충식, 《남산의 부장들》 767쪽, 폴리티쿠스, 2012

20. 문홍구, 《나의 군 나의 삶》 20쪽, 서문당, 1993

21. 김충식, 《남산의 부장들》 767쪽, 폴리티쿠스, 2012

22. 신철식, 《신현확의 증언》 318쪽, 메디치, 2017

23. 신철식, 《신현확의 증언》 메디치, 2017

24. 신철식, 《신현확의 증언》 310쪽, 메디치, 2017

25. 허화평, 《나의 생각, 나의 답변》 268쪽, 새로운사람들, 2020

26. 장태완, 《12·12 쿠데타와 나》 208쪽, 명성출판사, 1993

27. 문홍구, 《나의 군 나의 삶》 29쪽, 서문당, 1993

28. 문홍구, 《나의 군 나의 삶》 32쪽, 서문당, 1993

29. 황진하, 《황진하 회고록》 160쪽, 연장통, 2012

30. 황진하, 《황진하 회고록》 161쪽, 연장통, 2012

31. 허화평, 《나의 생각, 나의 답변》 271쪽, 새로운사람들, 2020

32. 신철식, 《신현확의 증언》 316쪽, 메디치, 2017

33. 존 위컴, 《위컴 회고록》, 122쪽, 중앙M&B, 2000

34. 윌리엄 글라이스틴, 《알려지지 않은 역사》, 황정일 옮김, 138쪽, RHK, 2014

35. 존 위컴, 《위컴 회고록》 114쪽, 중앙M&B, 2000

36. 존 위컴, 《위컴 회고록》 115쪽, 중앙M&B, 2000

37. 존 위컴, 《위컴 회고록》 116쪽, 중앙M&B, 2000

38. 문홍구, 《나의 군 나의 삶》 40쪽, 서문당, 1993

39. 이계성, 《뜨는 별 지는 별》 296쪽, 한국종합물산, 1992

40. 존 위컴, 《위컴 회고록》 112쪽, 중앙M&B, 2000

41. 허화평, 《나의 생각, 나의 답변》 270쪽, 새로운사람들, 2020

42. 허화평, 《나의 생각, 나의 답변》 270쪽, 새로운사람들, 2020

43. 월간조선 2013년 3월호 박준병 인터뷰

44. 유충엽, WIN 12월호 '역문관야화', 1995

45. 문홍구, 《나의 군 나의 삶》 129쪽, 서문당, 1993 [정승화 수기 재인용]

46. 문홍구, 《나의 군 나의 삶》 98쪽, 서문당, 1993

47. 김효순, 《간도특설대》, 서해문집, 2014

48. 동아일보 1993년 2월 6일 자 11면

제3장

49. 이희호, 《이희호 자서전 '동행'》 194쪽, 웅진지식하우스, 2008

50. 전두환 육성 증언 414

51. 이종찬, 《숲은 고요하지 않다》 364쪽, 도서출판 한울, 2015

52. 문홍구, 《나의 군 나의 삶》 162쪽, 서문당, 1993

53. 이종찬 전 국정원장이 최근 저자와 인터뷰에서 답변

54. 김종필, 《김종필 증언록》(2권) 75쪽, 미래엔, 2016

55. 한겨레신문 2005년 3월 1일 자, '밝혀야 할 국정원의 과거: 정치자금'

56. 이종찬, 《숲은 고요하지 않다》 346쪽, 도서출판 한울, 2015

57. 윌리엄 글라이스틴, 《알려지지 않은 역사》 142쪽, 황정일 옮김, RHK, 2014

58. 윌리엄 글라이스틴, 《알려지지 않은 역사》 145쪽, 황정일 옮김, RHK, 2014

59. MBC 2010년 9월 8일 이희성 인터뷰

60. MBC 2017년 9월 13일, 검찰 12·12 수사기록 보도

61. 존 위컴, 《위컴 회고록》 132쪽, 중앙M&B, 2000

62. 존 위컴, 《위컴 회고록》 132쪽, 중앙M&B, 2000

63. 신철식, 《신현확의 증언》 335쪽, 메디치, 2017

64. 김영삼, 《김영삼 회고록》(2권) 204쪽, 백산서당, 2015

65. 노태우, 《노태우 회고록》(상) 249쪽, 조선뉴스프레스, 2011

66. 고건, 《고건 회고록》 275쪽, 나남, 2017

67. 신철식, 《신현확의 증언》, 322쪽, 메디치, 2017

68. 문홍구, 《나의 군 나의 삶》 41쪽, 서문당, 1993

69. 황용희, 《가시 울타리의 증언》 멘토프레스, 2010

70. 존 위컴, 《위컴 회고록》 167쪽, 중앙M&B, 2000

71. 경향신문 2021년 7월 9일 자 윤석열 인터뷰

72. 진실화해조사위원회

제4장

73. 고건, 《고건 회고록》 274쪽, 나남, 2017

74. 한겨레신문 2005년 3월 1일 자, '밝혀야 할 국정원의 과거: 정치자금'

75. 김당, 《시크릿 파일-반역의 국정원》 229쪽, 메디치, 2017

76. 이종찬, 《숲은 고요하지 않다》(1권) 339쪽, 도서출판 한울, 2015

77. 박관용, 《나는 영원한 의회인으로 기억되고 싶다》 52쪽, 조선뉴스프레스, 2014

78. 신철식, 《신현확의 증언》, 메디치, 2017

79. 김준형, 《영원한 동맹이라는 역설》 164쪽, 창비

80. 전성각, 《장군의 비망록: 격동의 현대사를 주도한 장군들 이야기》 별방, 1998

81. 신철식, 《신현확의 증언》, 메디치, 2017

제5장

82. 문재인, 《문재인의 운명》 184쪽, 북팔, 2021

83. 강창성, 필자의 1991년 인터뷰에서 증언

84. 김종필, 《김종필 증언록》(2권) 91쪽, 미래엔, 2016

85. 이희호, 《이희호 자서전 '동행'》 203쪽, 웅진지식하우스, 2008

86. 이기동, 《남산, 더 비하인드 스토리》 279쪽, 시사문화사, 2011

87. 이기동, 《남산, 더 비하인드 스토리》 284쪽, 시사문화사, 2011

88. 이종찬, 《숲은 고요하지 않다》 359쪽, 도서출판 한울, 2015

89. 한홍구, 《사법부》 154쪽, 돌베개, 2016

90. 5·18 사건 수사기록 중 '보안사 대공처장 이학봉에 대한 검사의 질문'

91. 한홍구, 《사법부》 157쪽, 돌베개, 2016

92. 이종찬, 《숲은 고요하지 않다》(2권) 361쪽, 도서출판 한울, 2015

93. 한용원, 《한용원 회고록》 75쪽, 선인, 2012

94. 존 위컴, 《위컴 회고록》 178쪽, 중앙M&B, 2000

95. 존 위컴, 《위컴 회고록》178쪽, 중앙M&B, 2000

96. 존 위컴, 《위컴 회고록》 179쪽, 중앙M&B, 2000

97. 한용원, 《한용원 회고록》 71쪽, 선인, 2012

98. 김종필, 《김종필 증언록》(2권) 94쪽, 미래엔, 2016

99. 한용원, 《한용원 회고록》 71쪽, 선인, 2012

100. 이종찬, 《숲은 고요하지 않다》(1권) 328쪽, 도서출판 한울, 2015

101. 윌리엄 글라이스틴, 《알려지지 않은 역사》 154쪽, 황정일 옮김, RHK, 2014

102. 이종찬, 《숲은 고요하지 않다》(1권) 368쪽, 도서출판 한울, 2015

103. 이종찬, 《숲은 고요하지 않다》(1권) 371쪽, 도서출판 한울, 2015

104. 이종찬, 《숲은 고요하지 않다》(1권) 371쪽, 도서출판 한울, 2015

105. 한용원, 《한용원 회고록》 83쪽, 선인, 2012

106. 이재형, 《정치 이전의 것을 하러 왔소》 449쪽, 삼신각, 2002

제6장

107. 김종필, 《김종필 증언록》(2권) 117쪽, 미래엔, 2016

108. 노태우, 《노태우 회고록》(상) 258쪽, 조선뉴스프레스, 2011

109. 노태우, 《노태우 회고록》(상) 261쪽, 조선뉴스프레스, 2011

110. 노태우, 《노태우 회고록》(상) 261쪽, 조선뉴스프레스, 2011

111. 이종찬, 《숲은 고요하지 않다》(1권) 389쪽, 도서출판 한울, 2015

112. 허화평, 《나의 생각, 나의 답변》 275쪽, 새로운사람들, 2020

113. 박철언, 《바른 역사를 위한 증언》(1권) 41쪽, 랜덤하우스중앙, 2002

114. 박철언, 《바른 역사를 위한 증언》(1권) 46쪽, 랜덤하우스중앙, 2002

115. 허화평, 《나의 생각, 나의 답변》 230쪽, 새로운사람들, 2020

116. 허화평, 《나의 생각, 나의 답변》 290쪽, 새로운사람들, 2020

117. 동아일보 1993년 6월 25일 자

118. 박철언, 《바른 역사를 위한 증언》(1권) 53쪽, 랜덤하우스중앙, 2002

119. 김대중, 《김대중 자서전》 412쪽, 삼인, 2010

120. 김대중, 《김대중 자서전》 413쪽, 삼인, 2010

121. 한홍구, 《사법부》 156쪽, 돌베개, 2016

122. 한홍구, 《사법부》 156쪽, 돌베개, 2016

123. 허화평, 《나의 생각, 나의 답변》 288쪽, 새로운사람들, 2020

124. 김대중, 《김대중 자서전》 254쪽, 삼인, 2010

125. 윌리엄 글라이스틴, 《알려지지 않은 역사》 241쪽, 황정일 옮김, RHK, 2014

126. 윌리엄 글라이스틴, 《알려지지 않은 역사》 254쪽, 황정일 옮김, RHK, 2014

127. 윌리엄 글라이스틴, 《알려지지 않은 역사》 255쪽, 황정일 옮김, RHK, 2014

128. 윌리엄 글라이스틴, 《알려지지 않은 역사》 262쪽, 황정일 옮김, RHK, 2014

129. 이희호, 《이희호 자서전 '동행'》 220쪽, 웅진지식하우스, 2008

130. 김병국, 미주한국일보 2004년 6월 15일 자

131. 윌리엄 글라이스틴, 《알려지지 않은 역사》 263쪽, 황정일 옮김, RHK, 2014

132. 한용원, 《한용원 회고록》 81쪽, 선인, 2012

133. 한용원, 《한용원 회고록》 82쪽, 선인, 2012

134. 한용원, 《한용원 회고록》 82쪽, 선인, 2012

135. 윌리엄 글라이스틴, 《알려지지 않은 역사》 263쪽, 황정일 옮김, RHK, 2014

136. 김병국, 미주한국일보 2004년 6월 15일 자

137. 김대중, 《김대중 자서전》 427쪽, 삼인, 2010

138. 이희호, 《이희호 자서전 '동행'》 242쪽, 웅진지식하우스, 2008

제7장

139. 한용원, 《한용원 회고록》 96쪽, 선인, 2012

140. 한용원, 《한용원 회고록》 81쪽, 선인, 2012

141. 박관용, 《나는 영원한 의회인으로 기억되고 싶다》 65쪽, 조선뉴스프레스, 2014

142. 김영삼, 《김영삼 회고록》(2권) 213쪽, 백산서당, 2015

143. 김영삼, 《김영삼 회고록》(2권) 212쪽, 백산서당, 2015

144. 봉두완, 《앵커맨》 148쪽, 랜덤하우스중앙, 2004

145. 봉두완, 《앵커맨》 150쪽, 랜덤하우스중앙, 2004

146. 존 위컴, 《위컴 회고록》 97쪽, 중앙M&B, 2000

147. 존 위컴, 《위컴 회고록》 130쪽, 중앙M&B, 2000

148. 존 위컴, 《위컴 회고록》 130쪽, 중앙M&B, 2000

149. 존 위컴, 《위컴 회고록》 131쪽, 중앙M&B, 2000

150. 윌리엄 글라이스틴, 《알려지지 않은 역사》 142쪽, 황정일 옮김, RHK, 2014

151. 윌리엄 글라이스틴, 《알려지지 않은 역사》 143쪽, 황정일 옮김, RHK, 2014

152. 김영삼, 《김영삼 회고록》(2권) 216쪽, 백산서당, 2015

153. 박철언, 《바른 역사를 위한 증언》(1권) 53쪽, 랜덤하우스중앙, 2002

154. 박철언, 《바른 역사를 위한 증언》(1권) 55쪽, 랜덤하우스중앙, 2002

155. 월간조선 2021년 6월호, 엄상익 변호사 인터뷰

156. 월간조선 2013년 3월호, 배진영 기자

157. 중앙일보 1993년 2월 12일 자

158. 박철언, 《바른 역사를 위한 증언》(1권) 64쪽, 랜덤하우스중앙, 2002

159. 노태우, 《노태우 회고록》(상) 271쪽, 조선뉴스프레스, 2011

160. 박철언, 《바른 역사를 위한 증언》(1권) 73쪽, 랜덤하우스중앙, 2002

제8장

161. 일요서울 2013년 11월 18일 자, 권정달 인터뷰

162. 문홍구, 《나의 군 나의 삶》 45쪽, 서문당, 1993

163. 박철언, 《바른 역사를 위한 증언》(1권) 76쪽, 랜덤하우스중앙, 2002

164. 박철언, 《바른 역사를 위한 증언》(1권) 78쪽, 랜덤하우스중앙, 2002

165. 김대중, 《김대중 자서전》 434쪽, 삼인, 2010

166. 박철언, 《바른 역사를 위한 증언》(1권) 79쪽, 랜덤하우스중앙, 2002

167. 김종인, 《영원한 권력은 없다》 142쪽, 시공사, 2020

168. 박철언, 《바른 역사를 위한 증언》(1권) 83쪽, 랜덤하우스중앙, 2002

169. 박철언, 《바른 역사를 위한 증언》(1권) 83쪽, 랜덤하우스중앙, 2002

170. 노태우, 《노태우 회고록》(상) 287쪽, 조선뉴스프레스, 2011

171. 이종찬, 《숲은 고요하지 않다》 1권, 435쪽, 도서출판 한울, 2015

172. 노신영, 《노신영 회고록》 311쪽, 고려서적, 2000

173. 노신영, 《노신영 회고록》 227쪽, 고려서적, 2000

174. 노신영, 《노신영 회고록》 243쪽, 고려서적, 2000

175. 노태우, 《노태우 회고록》(상) 289쪽, 조선뉴스프레스, 2011

176. 허화평, 《나의 생각, 나의 답변》 296쪽, 새로운사람들, 2020

177. 박철언, 《바른 역사를 위한 증언》(1권) 89쪽, 랜덤하우스중앙, 2002

178. 시사IN 2019년 11월 27일 자

179. 전두환, 《전두환 회고록》(3권) 128쪽, 자작나무숲, 2017

180. 전두환, 《전두환 회고록》(3권) 129쪽, 자작나무숲, 2017

181. 박철언, 《바른 역사를 위한 증언》(1권) 93쪽, 랜덤하우스중앙, 2002

182. 고승철·이완배, 《김재익 평전》 232쪽, 미래를소유한사람들, 2013

183. 김종인, 《영원한 권력은 없다》 149쪽, 시공사, 2020

184. 허화평, 《나의 생각, 나의 답변》 295쪽, 새로운사람들, 2020

185. 최형우, 《더 넓은 가슴으로 내일을》 깊은사랑, 1993

186. 김충식, 1991년 최형우 인터뷰

187. 박철언, 《바른 역사를 위한 증언》(1권) 95쪽, 랜덤하우스중앙, 2002

188. 이희호, 《이희호 자서전 '동행'》 229쪽, 웅진지식하우스, 2008

189. 이희호, 《이희호 자서전 '동행'》 231쪽, 웅진지식하우스, 2008

190. 김대중, 《김대중 자서전》 442쪽, 삼인, 2010

191. 김대중, 《김대중 자서전》 450쪽, 삼인, 2010

192. 김대중, 《김대중 자서전》 442쪽, 삼인, 2010

193. 노신영, 《노신영 회고록》 327쪽, 고려서적, 2000

194. 이희호, 《이희호 자서전 '동행'》 239쪽, 웅진지식하우스, 2008

195. 이희호, 《이희호 자서전 '동행'》 242쪽, 웅진지식하우스, 2008

196. 이희호, 《이희호 자서전 '동행'》 243쪽, 웅진지식하우스, 2008

197. 이희호, 《이희호 자서전 '동행'》 243쪽, 웅진지식하우스, 2008

198. 박철언, 《바른 역사를 위한 증언》(1권) 116쪽, 랜덤하우스중앙, 2002

199. 노신영, 《노신영 회고록》 327쪽, 고려서적, 2000

200. 김대중, 《김대중 자서전》 453쪽, 삼인, 2010

1. 남산(중앙정보부/국가안전기획부) 창설

'남산'은 중앙정보부의 별칭. 남산 중턱의 1호 터널 북측 입구에 중앙정보부 본부가 존재한 데서 비롯한다. 1960년대와 1970, 80년대에는 "남산에서 데려갔다"고 하면 중앙정보부 지하실에서 가혹한 고문을 당한다는 의미였다. 박정희 정권 때 국회의원도 수십 명씩 잡혀가 중상에 이르도록 얻어맞기도 했고, 간첩 수사를 빌미로 가혹한 고문을 하다 사상자가 나오기도 했다. 중앙정보부가 사용하던 건물은 10여 동이고 그 건물들의 지하에서 가혹 행위가 이루어졌다. 대표적인 건물은 현재 유스호스텔로 사용되는 곳이고 그 외에 대한적십자사, 서울시 교통방송, 소방재난본부, 균형발전본부 등이 옛 중앙정보부 건물이다. '남산'은 5공 때 국가안전기획부로, 김대중 정부 때 국가정보원으로 이름이 바뀌어 1994년 서울 구룡산 남쪽의 내곡동으로 이전했다.

2. 유신헌법 유신체제(1972년 10·17 조치)

한국 헌정 사상 7번째로 개정된 이른바 '제4공화국 헌법'의 통칭으로 1972년 10월 17일 확정되었다. 일본의 메이지유신(維新)을 본떠 10월유신으로 불리기도 한다.

3선 개헌과 1971년의 대통령 선거 승리로 1975년까지의 집권 기간을 확보한 박정희는 여기에 머물지 않고 영구 집권을 준비하기 시작했다. 당시 이후락이 수장으로 있던 중앙정보부는 1972년 5월 초부터 김기춘 등 젊은 검사들을 차출해 유신헌법 기초안을 작성하는 한편 갈봉근, 한태연 등의 교수들에게도 기초안 작성을 주문했다. 그렇게 만들어진 유신 개헌안은 1972년 10월 17일 비상계엄령 선포와 더불어 탱크를 앞세운 국회 해산, 정당 및 정치 활동의 금지, 헌법의 일부 효력 정지를 통해 폭력적으로 확정되었다.

유신헌법은 삼권분립, 견제와 균형이라는 의회민주주의의 기본 원칙을 전면 부정하고 대통령에게만 권력을 집중하는 한편 반정부 세력의 비판을 원천 봉쇄하는 게 특징이다. 주요 내용은 국민기본권을 법률 유보 조항으로 대폭 축소, 입법부의 국정감사권 박탈과 연간 회기 제한, 통일주체국민회의의 간선(間選)에 의한 국회의원 3분의 1 선출, 사법적 헌법기관인 헌법재판소를 정치적 헌법보장기관인 헌법위원회로 개편, 긴급조치권 및 국회해산권 등 대통령에게 초헌법적 권한 부여, 대통령 임기를 6년으로 연장하는 것과 중임제한 조항 철폐(영구 집권) 등이다.

3. 민청학련 사건

1974년 4월 유신에 반대하는 반정부 세력을 탄압하기 위해 '전국민주청년학생총연맹' 관련자들을 체포한 사건으로, 통칭 민청학련 사건이라 한다. 이해찬(전 국무총리), 유인태 등이 핵심 연루자이다. 민청학련 학생들의 배후 세력으로 지목된 여정남, 도예종 등 이른바 인혁당 8인도 극심한 고문을 당했고, 1975년 4월 9일 대법원의 사형 확정판결이 내려진 18시간 만에 전격적으로 사형이 집행됐다(2007년 재심에서 무죄).

1972년의 10월유신, 73년 김대중 납치 사건 등으로 민심 이반이 두드러지자 1974년 4월 유인태, 이철 등 민청학련 관련자 180여 명은 대규모 시위를 기획했고, 박정희와 중앙정보부는 이들을 '불온 세력의 조종을 받아 국가를 전복하고 공산정권 수립을 꾀했다'라며 체포했다.

중앙정보부는 이들이 인민혁명당과 조총련, 일본 공산당, 혁신계 좌파의 배후 조종을 받아 1973년 12월부터 전국적 민중 봉기를 통해 4월 3일 정부를 전복하고 4단계 혁명을 통해 남한에 공산정권 수립을 기도했다는 혐의로 구속 기소하였고, 이들은 사형, 무기징역 등 실형을 선고받았다.

그러나 2005년 12월 7일 국정원의 '과거사건 진실규명을 통한 발전위원회(여야 합의로 구성)'는 "이 사건은 순수한 반정부 데모를 대통령이 직접 나서 공산주의자들의 배후 조종을 받는 인민혁명 시도로 왜곡한 대한민국 최대의 학생운동 탄압 사건"이라고 결론지었다. 2012년 9월 24일 임진택, 안병욱 등 사건 관련자 31명은 국가를 상대로 모두 97억5000만 원의 손해배상 청구 소송을 서울중앙지법에 제기했다.

4. 인혁당 사건

1974년 유신체제에 반기를 든 반정부 대학생 그룹인 민청학련의 배후로 몰려 살인적인 고문 끝에 사형을 당한 도예종, 여정남, 서도원, 하재완, 송상진, 이수병, 김용원, 우홍선 등 8인의 비극을 말한다. 피고인들은 국가보안법, 대통령 긴급조치 4호 위반 혐의로 기소되었다. 그보다 10년 앞선 1964년의 제1차 사건 때는 도예종 등에게 반공법이 적용되었다. 1차 사건은 한일협정 반대 데모가 피크를 이루었던 6·3 데모사태 두 달여 만에 발표되었다. 2012년 박근혜 후보의 대통령 출마로 새삼 부각된 '인혁당 사건'은 주로 2차 사건이고 인혁당 재건위원회 사건이라고도 한다.

도예종 등 8명은 1975년 4월 대법원의 사형 확정판결 18시간 만에 형장의 이슬로 사라졌다. 그래서 인혁당 사건은 국가가 무고한 국민을 죽인 사법살인 사건이자 박정희 정권 시기에 일어난 대표적인 용공 조작 인권 탄압 사례로 규탄받았다. 중앙정보부의 무자비한 고문으로 육신이 망가진 피해자 중에는 유족들에게 시신조차 인도되지 않고 화장된 케이스도 있다.

이 사법살인에 대해 스위스 제네바에 본부를 둔 국제법학자회는 사형이 집행된 1975년 4월 9일을 '사법사상 암흑의 날'로 선포했다. 2007년 법원은 피고인 8명의 대통령 긴급조치 위반, 국가보안법 위반, 내란 예비·음모, 반공법 위반 혐의에 대해 무죄를 선고했다. 같은 해 8월 21일 유족들이 국가를 상대로 제기한 손해배상 청구 소송에서 법원은 국가의 불법 행위 책임을 인정하고 국가의 소멸시효 완성의 항변을 배척하면서 시국 사건으로는 최대의 배상 액수인 637억여 원(원금 245억여 원+이자 392억여 원)을 지급하라고 판결했다.

2005년 '국가정보원 과거사건 진실규명을 통한 발전위원회(약칭 진실위)'는 "학생 시위로 인한 정권의 위기 상황 속에서 대통령과 중앙정보부에 의해 사건의 실체가 매우 과장되었고, 짜 맞추기 수사로 이 단체를 무리하게 반국가단체로 만들었으며, 이 과정에서 불리한 진술을 강요하고 핵심 인물들의 소재를 찾기 위해 고문이나 가혹 행위가 자행되었다"고 발표했다.

5. 10 · 26 사태

1979년 10월 26일 중앙정보부장 김재규가 부하인 박선호, 박흥주 등과 함께 대통령 박
정희, 경호실장 차지철 등을 살해한 사건이다. 당시 박정희의 나이는 만 62세. 이로써
박정희 통치 18년과 유신체제가 막을 내렸다.

김재규는 재판에서 민주화에 대한 열망으로 대통령을 살해했다고 주장했다. 그러나 권
력 암투에서 김재규가 차지철에게 밀리는 상황이었고, 이에 충동적으로 일으킨 반발 범
행이라는 견해가 많다. 김재규는 박정희가 10월유신을 선포할 때도 노골적인 반대 의사
를 드러낸 적이 있다. 박정희 정권의 핵 개발 추진과 박동선의 코리아게이트 사건 등으
로 한미관계가 악화되자 김재규가 암살에 자신을 갖게 되었다는 추론이 있다.

6. 12 · 12 사태

1979년 12월 12일 전두환, 노태우 등이 이끌던 군부 내 사조직인 '하나회' 장교 중심의
신군부 세력이 일으킨 군사반란 사건. 10 · 26 사태로 대통령 박정희가 살해된 뒤 합동
수사본부장을 맡고 있던 보안사령관 전두환은 육군참모총장이자 계엄사령관인 정승화
에게 맞서 사건 수사와 군 인사 문제 등을 놓고 대립각을 세웠다. 전두환을 중심으로
한 신군부 세력은 주도권을 장악하기 위해 정승화가 김재규로부터 돈을 받고 내란을
방조했다고 덮어씌워 정승화를 강제 연행하고자 했다.

전두환 세력에 국방부 군수차관보 유학성, 1군단장 황영시, 수도군단장 차규헌, 9사단
장 노태우, 20사단장 박준병, 1공수여단장 박희도, 3공수여단장 최세창, 5공수여단장
장기오 등이 가담했다. 12월 12일 저녁 허삼수, 우경윤 등 전두환 측 병력 50명은 한남
동 육군참모총장 공관에 난입하여 경비원들에게 총격을 가해 제압한 후 정승화를 보안
사 서빙고 분실로 강제 연행했다.

한편 특전사령관 정병주, 수경사령관 장태완, 육군본부 헌병감 김진기 등 정승화 측 군
인들은 사전에 전두환 측 연회에 유인되어 별다른 손을 쓰지 못했다. 당시 대통령 최규
하는 협박과 강압에도 버티다가 13일 새벽 5시에 이르러, 피신해 있다가 나타난 노재현
국방부 장관의 건의를 받아 정승화 체포를 재가하였다. 김영삼 정부 때인 1996년 전두
환, 노태우 등 신군부 인사들은 5 · 18 특별법 제정과 함께 처벌되었다.

7. 5 · 17 비상계엄 확대 조치

1980년 5월 17일 신군부 세력은 권력을 찬탈하기 위해 비상계엄을 확대했다. 당시 최규하 대통령이나 신현확 국무총리 등과 계엄 확대를 사전에 협의한 적이 없다. 신군부는 오전에 '전군 지휘관회의'를 통해 계엄 확대를 결의하고, 이 결의를 임시국무회의에서 의결하라고 대통령과 총리에게 강요했다. 지역 계엄을 전국으로 확대하는 것은 내각 기능을 정지시키고 군부가 통치하겠다는 것인데, 이 안건은 삼엄한 경비 속에 8분 만에 의결되었다. 국무회의 이후 신현확 총리와 장관들은 "내각이 할 역할이 더는 없다"라며 총사퇴해버렸다. 그다음 날부터 광주에서 항의 시위(광주항쟁)가 격화되고, 공수부대의 유혈 진압 발포로 사상자가 다수 발생해 5공 정권 임기 중은 물론 지금까지도 멍에가 되고 있다.

8. 이철희 · 장영자 어음 사기

1982년 5월 이철희 · 장영자 부부가 검찰에 구속되면서 알려진 이 사건은 당시 '역사상 최대 사기 사건'으로 보도될 만큼 큰 충격을 줬다. 이들 부부는 견질 어음을 할인해 다른 회사에 빌려주는 방식으로 사기 행각을 벌였다. 이들이 유통시킨 어음은 7111억 원 규모로 사기를 벌인 액수는 6404억 원이었다. 이 때문에 일신제강, 공영토건 등이 부도가 났다. '정의사회, 청탁 배격'을 내건 정부하에서 대통령 친인척이 개입된 초대형 사기 사건이어서 민심이 폭발했다. 장영자의 형부가 전두환 대통령의 처삼촌인 이규광이었고, 그는 당시 대한광업진흥공사 사장이었다. 이 사건으로 권정달 민정당 사무총장이 물러났고, 안기부장을 포함한 내각이 개편되는 소동을 빚었다. 역설적이게도 이 사건 때문에 금융실명제 도입이 시작되었다.

9. 김철호 명성 사건

관광 콘도 사업을 최초로 일으킨 명성그룹 김철호 회장이 은행원에게서 자금을 조달받고, 세금을 포탈하고 횡령한 사건. 김 회장은 1979년 4월부터 1983년 7월까지 상업은행 서울 혜화동지점 김동겸 대리를 통해 1066억 원을 조달받았는데, 김동겸은 은행 몰래 수기통장으로 은행 예금을 빼내어 사기극을 벌인 것이 드러났다. 검찰은 김 회장으로부터 뇌물을 받은 윤자중 교통부 장관, 박창권 대한주택공사 부사장 등을 구속했다. 명성의 콘도 등 자산은 한화에 넘어가 지금은 한화 설악콘도, 오산 한화프라자 골프장 등으로 운영되고 있다.

10. 중공 민항기 불시착

1983년 5월 5일 승객 91명을 태우고 중국 선양에서 상하이로 향하던 중국 민항기가 강원도 춘천에 불시착한 사건. 당시 중공에서 휴전선을 가로질러 비행기가 날아오자 공습경보가 울리고 라디오에서는 실제 상황이라고 중계해 대피 소동을 빚었다. 6명의 무장납치범은 조종사에게 중화민국으로 가자고 했는데, 조종사가 평양 상공으로 갔다가 납치범에게 들켜 한국으로 방향을 돌리게 됐다. 한국 공군이 이를 발견하고 민항기를 유도해 춘천의 미군 비행장으로 착륙케 하였다. 한국은 이 사건으로 당시 미수교국이었던 중공과 직접 협상하면서 한중 수교의 물꼬를 트게 됐다.

11. 2·12 총선

1985년 2월 12일의 제12대 총선에서 창당한 지 한 달도 안 된 신생 정당 신한민주당이 서울을 비롯한 대도시에서 압승을 거두며 지역구 50석과 전국구 17석을 차지했다. 당시 여당이 과반 의석을 차지했지만, 민한당에서 이탈한 의원들이 가세하면서 신민당 의석수가 103석으로 늘어나 거대 강성 야당으로 변했다. 전두환은 개각을 통해 전열을 가다듬었지만, 두 김 씨 주도의 신민당이 대통령 직선제 개헌과 민주화를 더욱 강하게 밀어붙여 정국은 여야가 가파르게 대치하는 국면으로 치달았다.

12. 학원안정법 파동

1985년 7월 하순 전두환 정부가 대학 시위를 근절한다면서 구상한 학원안정법(시안)이 보도되면서 여야가 격돌한 사건. 전두환, 장세동, 허문도가 주도해서 시위 학생을 영장도 없이 붙잡아 격리 수용하여 순화 교육하는 이른바 '대학생 삼청교육대'의 발상으로 위헌적 요소가 있었다. 민정당 내에서 이 법 제정에 반대한 이한동 사무총장과 이종찬 총무를 전격 경질하는 강수로 나왔으나, 나중에 전두환도 야당과 종교단체, 재야의 극렬한 반대와 민정당 국회의원, 청와대 참모 이학봉 등의 만류로 결국 백지화했다.

13. 중공 어뢰정 표착

1985년 서해에서 표류하던 중공 어뢰정이 우리 어선에 의해 전북 부안 앞바다로 예인

된 사건. 승무원 19명을 태운 중공 어뢰정이 산둥성 기지를 출항해 훈련을 마치고 귀환하던 중 2명이 선상 반란을 일으켜 6명이 죽고 2명이 중상을 입었다. 연료가 떨어져 공해상을 떠다니던 어뢰정은 흑산도 근해에서 우리 어선에 발견됐다. 중공 구축함들이 사라진 어뢰정을 찾다가 한국 영해를 침범해 우리 해군과 일촉즉발의 충돌 위기를 맞았다. 우리 해군은 공군에 항공기 출격을 요청했고, 전함과 전투기가 중공 구축함과 대치하는 일이 벌어졌다. 중공과 직통 채널이 없었던 우리 정부는 미국의 협조를 얻어 수습했다. 반란 난동자들은 대만으로 가기를 희망했으나, 정부는 중공과의 관계 개선을 겨냥해 승무원 전원과 어뢰정을 중공으로 송환했다. 이후 중공과 정기적인 대화 창구가 개설돼 한중 수교의 발판이 됐다.

14. 중공 폭격기 망명

1985년 8월 24일 중공 경폭격기 한 대가 전북 익산시 정수장 제방 밑에 불시착했다. 탑승자 3명 가운데 1명은 숨지고 조종사는 대만으로 망명을, 통신사는 중공으로 귀환을 희망했다. 조종사는 산둥반도에서 이륙한 뒤 기수를 한국으로 잡고 "방향타가 고장 났다"라며 다른 승무원을 속여서 넘어왔다. 정부는 국제법과 관행에 따라 조종사를 대만에, 통신사는 중공에 보냈다.

15. 5·3 인천사태

1986년 5월 3일 신민당이 추진하던 개헌추진위 경인지부 결성대회를 둘러싼 경찰과 시위대의 충돌. 이듬해 벌어진 6월 항쟁의 불씨가 되는 민주화운동 역사의 중요한 사건이다. 시위대는 대통령 직선제의 '국민 헌법' 제정과 헌법제정 민중회의 소집을 요구했다. 1만여 명이 참가한 이 시위로 319명이 연행됐고, 129명이 구속됐다. 이 사태로 서울과 인천지역 운동권 지도부 60여 명이 지명수배를 받고 잠적했으며, 그 수배자를 추적하는 과정에서 6월 4일 부천경찰서 문귀동의 성고문 사건이 발생했다. 뒤이어 일어난 1987년 박종철 고문·치사 사건과 4·13 호헌 조치와 맞물려 6월 항쟁의 발단이 되었다.

16. 부천서 성고문 사건

서울대 재학생 권인숙이 주민등록증을 변조하고 위장 취업해 있다가 1986년 6월 6일

부천경찰서에 잡혀가 성적 모욕과 폭행을 당한 사건. 문귀동 경장은 권인숙에게 5·3 인천사태 수배자들의 소재를 물으며 성고문을 자행했다. 조영래 변호사는 "차라리 죽어버리고 싶다"라는 권 양을 설득하고, 대규모 변호인단을 구성해 경찰서장과 문귀동 등 관련자들을 고발했다. 그러나 당국은 7월 16일 '성고문은 날조된 주장이고, 성적 수치심까지 혁명에 이용한다'라고 반격했다. 인천지검 김수장 부장검사는 문귀동을 구속하려 했으나 윗선의 압력으로 불기소 결정을 내렸고, 오히려 권인숙만 징역 1년 6월을 선고받았다. 당시 인천지검장 김경회는 나중에 회고록을 통해 서동권 검찰총장과 입씨름을 벌인 사실 등을 폭로하며 검찰 역사에 남을 치욕이었다고 술회했다. 이즈음 대통령의 친형, 경찰 출신 전기환의 영향력이 막강해 검찰을 눌렀다고 박철언은 기록했다.

17. 금강산댐 수공(水攻)과 평화의 댐

북한은 북한강 상류를 막고 그 물을 태백산맥의 동쪽 비탈로 내려보내 전기를 생산하는 수로 변경식 발전소(금강산발전소, 현재 명칭은 안변청년발전소)에 보낼 용수를 가두기 위해 1986년 10월 강원도 창도군 임남면에서 금강산댐(임남댐) 공사에 들어갔다. 전두환 정부는 이 댐이 남한을 물로 공격하기 위한 것이므로 이를 막아야 한다는 명분으로 강원도 화천에 평화의 댐을 건설했다. 1987년 2월 기공된 평화의 댐은 길이 601m, 높이 125m의 대규모 홍수조절용 댐이다. 1단계 공사 비용은 국민 성금 639억 원, 총 1506억 원이 소요됐다. 1993년 임남댐의 수공 위협과 피해 예측이 크게 부풀려진 것으로 밝혀지면서 2단계 공사가 미뤄졌다. 이후 1995, 1996년 집중호우가 발생했을 때 홍수 조절 기능이 입증돼 2, 3단계 보강 공사가 이뤄졌다.

18. 박종철 고문치사 사건

1987년 1월 14일 서울대 언어학과 학생 박종철이 치안본부 남영동 대공분실에서 조사를 받다 고문과 폭행으로 사망한 사건. 경찰은 '민주화 추진위원회' 수배자 박종운을 찾기 위해 박종철을 연행해 조사했다. 경찰의 물고문으로 박종철의 숨이 멎어가자, 인근 중앙대 용산병원에 연락해 의사 오연상이 왔으나 도착하기 전에 이미 사망했다. 동아일보가 물고문에 의한 사망 가능성을 오연상을 인용해 보도했고, 국립과학수사연구소의 황적준 박사가 물고문과 전기고문 흔적이 드러나는 부검 결과를 발표했다. 이 사건으로 내무부 장관과 치안본부장을 경질했으나, 천주교 정의구현전국사제단이 5월 13일 정부의 사건 축소·조작을 폭로했다. 여론이 들끓으면서 장세동 안기부장이 날아갔다.

19. 수지 김 간첩 조작 사건

1987년 1월 안기부가 정국 반전을 노려 꾸며낸 '간첩 조작' 사건으로 장세동 안기부의
치욕적인 오점. 홍콩에서 살던 윤태식이 사업 자금 문제로 부부싸움을 하다가 부인 수
지 김(본명 김옥분)을 살해하고 사체를 유기한 뒤 싱가포르로 가서 "여간첩에게 속아 북
으로 끌려갈 뻔했다"라고 한국대사관에 거짓으로 말했다. 대사관과 안기부 파견관은
수상쩍게 여겼으나, 서울의 안기부는 기자회견을 시켜서 '북의 흉계'를 강조하고 발표
하게 했다. 사건의 진상을 알면서도 왜곡했던 안기부의 조작 및 은폐는 처벌되고 나중
에 유가족에게 42억 원에 달하는 배상금을 물어야 했다. 장세동은 공소시효가 지나 처
벌은 면했으나, 국가가 42억 원 배상금의 일부(6억 원)를 물어내라는 구상권을 행사했
는데 재산이 없다는 이유로 내지 않았다.

20. 정치깡패 용팔이 사건

1987년 4월 안기부 자금을 받은 폭력배들이 통일민주당의 창당을 방해한 사건. 김영삼,
김대중 등 재야 유력 정치인들이 '내각제 개헌 협상'을 내건 이민우 총재 주도의 신민당
에 반발해 대통령 직선제 관철을 주장하며 통일민주당을 창당해나갔다. 이에 장세동 안
기부가 이택희, 이택돈 의원에게 5억 원을 제공해 청부 폭력을 행사토록 유도했다. 통
일민주당 지부를 창설하려는 20여 개 지구당에 김용남(별명 용팔이) 등 폭력배가 각목,
쇠파이프를 들고 난입해 기물을 부수고 폭행을 가해 창당대회는 인근 식당이나 길거리
에서 치러졌다. 김영삼 정부가 수사에 나서 장세동 등이 처벌되었다.

21. 4·13 호헌

1987년 4월 13일 전두환 대통령이 개헌 논의를 중단하고 현행 헌법을 임기 말까지 그
대로 유지하겠다고 발표한 담화. 직선제 개헌을 요구하는 시민사회의 봇물 터지듯 쏟
아지는 목소리를 차단하려는 시도였지만, 오히려 역풍이 불어 6월 항쟁으로 이어졌다.
1985년 2월 총선에서 신민당 돌풍이 불고 직선제 개헌 열망이 달아올라, 이듬해 국회
에서 여야 합의로 헌법개정특별위원회가 출범하기도 했다. 그런데 1987년 1월 박종철
고문·치사 사건이 일어나면서 여론이 악화하고 민주화 요구가 더 거세지자, 전두환은

호헌 조치라는 역공세로 어깃장을 놓았다.

22. 6 · 29 선언

1987년 6월 29일 대통령 직선제 개헌을 받는 것을 골자로 하는 노태우 민정당 대통령 후보(여당 대표)의 시국 수습 선언. 4월 13일 호헌 조치에도 불구하고 민주화 요구가 더 거세지고 6월 26일에는 전국적으로 100만여 명이 시위를 벌이는 등 혁명적 상황으로 치달았다. 전두환 정권은 군병력 동원을 고려했지만, 미국의 압력과 군 일부의 반대로 관철하기 어려웠고, 이듬해 1988년 서울올림픽을 앞두고 있어 국제 여론도 의식해야 했다. 이에 전두환과 노태우가 '직선제 개헌과 김대중 씨 사면 · 복권'으로 정면 돌파하자는 데 의견이 합치, 전격 선언으로 정국 반전을 꾀했다.

11장 가봉 방문 '전두환 암살', 김일성이 말렸다

12장 버마 폭탄 테러 넘어서니 중국이 성큼

15장 단말마로 치닫는 '몽둥이 정권'

16장 살인 권력에 맞서는 레지스탕스들

17장 설익은 정치 공작 제 무덤 판 장세동

18장 노태우 총선서 지고, 안무혁 떠나다

권력, 그 치명적 유혹

5공 남산의 부장들 1

1판 1쇄 발행 2022년 5월 25일
1판 2쇄 발행 2022년 6월 20일

지은이   김충식
발행인   임채청

펴낸 곳   동아일보사
등 록   1968. 11. 9.(1-75)
주 소   서울특별시 서대문구 충정로 29(03737)
디자인   이인선
표 지   오필민
편 집   02-361-0919
팩 스   02-361-0979
인 쇄   삼영인쇄사

저작권   ⓒ2022 김충식
편집저작권   ⓒ2022 동아일보사

사진 저작권

ISBN   979-11-92101-11-8 (03300)
        값 19,000원